Gespräche, Diskussionen, Aufsätze

IRMGARD FEIX

ERNESTINE SCHLANT
STATE UNIVERSITY OF NEW YORK AT STONY BROOK

Gespräche,

Diskussionen, Aufsätze

HOLT, RINEHART AND WINSTON
New York   Toronto   London

PREFACE

The aim of this book is to provide an introduction to German conversation and composition for the college student entering his third year of German and for the correspondingly advanced high school student. Each chapter contains a German literary text, a grammar section with exercises (*Anmerkungen und Übungen*) and topics for conversation and composition (*Konversationsthemen und Aufsatzthemen*).

The German texts were selected for their literary merit, general interest and the degree to which these texts would lend themselves to discussions and compositions and the possibilities they could offer as points of departure for further investigations.

It has been our experience in teaching conversation and composition that students tend to make certain mistakes over and over again, despite the fact that they have studied the rules of grammar. Therefore, in the grammar sections we have concentrated on those aspects of structure and stylistics which need repeated stress.

We have found that students who enroll in the conversation and composition courses come from a variety of backgrounds and possess various degrees of fluency in German. With this in mind we have graded in difficulty the exercises of the conversation and composition sections. The teacher may thus assign exercises based upon the needs of a particular class or even a particular student. There is, we believe, sufficient exercise material for all students.

The end-vocabulary should give students the help they need in reading the material of this book but, of course, at this level, the students should also be encouraged to use a good dictionary. Some of the projects suggested for weekly or monthly assignment require some research in the library or current German newspapers or periodicals.

It is the authors' hope that this text will give students of German the desire and the skill to develop beyond the material presented here.

I. F. & E. S.

INHALTSVERZEICHNIS

Gespräche, Diskussionen, Aufsätze

1 | ERSTES KAPITEL

AUF DER FLUCHT

Wolfdietrich Schnurre

Der Mann hatte einen Bart und war schon etwas älter, zu alt fast für die Frau. Und dann war auch noch das Kind da, ein ganz kleines. Das schrie dauernd, denn es hatte Hunger. Auch die Frau hatte Hunger. Aber sie war still, und wenn der Mann zu ihr hinsah,
5 dann lächelte sie; oder sie versuchte es doch wenigstens. Der Mann hatte auch Hunger.

Sie wußten nicht, wohin sie wollten; sie wußten nur, sie konnten in ihrer Heimat nicht bleiben, sie war zerstört.

Sie liefen durch Wald, durch Kiefern. In denen knisterte es.
10 Sonst war es still. Beeren oder Pilze gab es nicht; die hatte die Sonne verbrannt.

Über den Schneisen flackerte Hitze. Das bißchen Wind wehte nur oben. Es war für den Bussard gut; Reh und Hase lagen hechelnd im Farn.
15 »Kannst du noch?« fragte der Mann.

Die Frau blieb stehen. »Nein,« sagte sie.

Sie setzten sich. Die Kiefern waren mit langsam wandernden Raupen bedeckt. Blieb der Wind weg, hörte man sie die Nadeln raspeln. Das knisterte so; und es rieselte auch: Nadelstücke und
20 Kot, wie Regen.

»Nonnen,« sagte der Mann; »sie fressen den Wald auf.«

»Wo sind die Vögel?« fragte die Frau.

»Ich weiß nicht,« sagte der Mann; »ich glaube, es gibt keine Vögel mehr.«

Die Frau legte das Kind an die Brust. Doch die Brust war leer. Da schrie das Kind wieder.

Der Mann schluckte. Als das Kind anfing, heiser zu werden, 5 stand er auf.

Er sagte: »Es geht so nicht länger.«

»Nein«, sagte die Frau. Sie versuchte zu lächeln, es gelang ihr nicht.

»Ich hol was zu essen«, sagte der Mann. 10

»Woher?« fragte sie.

»Laß mich nur machen«, sagte er.

Dann ging er.

Er ging durch den sterbenden Wald. Er schnitt Zeichen ein in die Bäume. 15

Er kam an eine Sandrinne. Die war ein Bach gewesen. Er lief über einen schwarz staubenden Platz. Der war eine Wiese gewesen.

Er lief zwei Stunden. Dann fing die Sandheide an.

Auf einem Stein lag eine Kreuzotter; sie war verdorrt. Das 20 Heidekraut staubte.

Später kam er an einen unbestellten Acker. Darauf auch in ein Dorf; das war tot.

Der Mann setzte sich auf eine Wagendeichsel. Er schlief ein. Im Schlaf fiel er herunter. Als er aufwachte, hatte er Durst; sein 25 Gaumen brannte.

Er stand auf, er taumelte in ein Haus. In dem Haus war es kahl. Die Schublade war aus dem Tisch gerissen und lag auf der Erde. Die Töpfe waren zerschlagen; auch die Fenster. Auf der Ofenbank lag ein Tuch. In das Tuch war ein halbes Brot eingebunden; es 30 war hart.

Der Mann nahm es und ging. In den andern Häusern fand er nichts; auch kein Wasser. In den Brunnen lag Aas.

Von dem Brot wagte er nichts abzubrechen. Er wollte es der

Frau aufheben. Feldfrüchte fand er nicht. Auch Tiere gab es nicht
mehr; nur tote: Katzen, einige Hühner. Sie westen.

Ein Gewitter hing in der Luft.

Auf dem Feld zertrat der Mann eine Eidechse. Sie zerfiel in
5 Staub.

Es donnerte. Vor dem Wald standen Glutwände.

Er ging vornübergebeugt. Das Brot trug er unter dem Arm.
Schweiß troff ihm in den Bart. Seine Fußsohlen brannten. Er lief
schneller. Er kniff die Augen zusammen. Er sah in den Himmel.
10 Der Himmel war schweflig; es blitzte. Nachtwolken kamen.
Die Sonne verschwand.

Der Mann lief schneller. Er hatte das Brot in den Hemdausschnitt geschoben, er preßte die Ellenbogen dagegen.

Wind kam. Tropfen fielen. Sie knallten wie Erbsen auf den
15 dörrenden Boden.

Der Mann rannte. Das Brot, dachte er, das Brot.

Aber der Regen war schneller. Weit vor dem Wald noch holte
er den Mann ein.

Blitze zerrissen den Himmel. Es goß.
20 Der Mann drückte die Arme gegen das Brot. Es klebte. Der
Mann fluchte. Doch der Regen nahm zu. Der Wald vorn und das
Dorf hinten waren wie weggewischt. Dunstfahnen flappten über
die Heide. In den Sand gruben sich Bäche.

Der Mann blieb stehen; er keuchte. Er stand vornübergebeugt.
25 Das Brot hing ihm im Hemd, unter der Brust. Er wagte nicht, es
anzufassen. Es war weich; es trieb auf; es blätterte ab.

Er dachte an die Frau, an das Kind. Er knirschte mit den Zähnen.
Er verkrampfte die Hände. Die Oberarme preßte er eng an den
Leib. So glaubte er, es besser schützen zu können.
30 Ich muß mich mehr über es beugen, dachte er; ich muß ihm ein
Dach machen mit meiner Brust. Er darf's mir nicht schlucken, der
Regen; er darf nicht. Er kniete sich hin. Er neigte sich über die
Knie. Der Regen rauschte; nicht zehn Schritte weit konnte man
sehen.

Der Mann legte die Hände auf den Rücken. Dann beugte er die Stirn in den Sand. Er sah sich in den Halsausschnitt. Er sah das Brot. Es war fleckig; es bröckelte; es sah aus wie ein Schwamm.

Ich werde warten, dachte der Mann. So werde ich warten, bis es vorbei ist.

Er wußte: er log; keine fünf Minuten hielt das Brot mehr zusammen. Dann würde es sich auflösen, würde wegfließen; vor seinen Augen.

Er sah, wie ihm der Regen um die Rippen herumfloß. Auch unter den Achseln schossen zwei Bäche hervor. Alles spülte über das Brot hin, sickerte in es ein, nagte an ihm. Was abtropfte, war trüb, und Krümel schwammen darin.

Eben noch war es geschwollen, das Brot, jetzt nahm es ab; Stück um Stück, und zerrann.

Da begriff er: Frau hin, Frau her; er hatte die Wahl jetzt: entweder es sich auflösen zu lassen oder es selber zu essen.

Er dachte: »Wenn ich es nicht esse, geht es kaputt, ich bleibe schlapp, und wir gehn alle drei vor die Hunde. Eß ich es aber, bin wenigstens ich wieder bei Kräften.«

Er sagte es laut, er mußte es laut sagen; wegen der andern Stimme in ihm, wegen der leisen.

Er sah nicht den Himmel, der im Westen aufhellte. Er gab nicht acht auf den Regen, der nachließ. Er sah auf das Brot.

Hunger, dachte es in ihm, Hunger. Und: Brot, dachte es, Brot. Da tat er's.

Er ergriff es mit beiden Händen. Er drückte es zu einer Kugel zusammen. Er preßte das Wasser heraus. Er biß hinein; er schlang; er schluckte: kniend, würgend; ein Tier. So aß er es auf.

Seine Finger krallten sich in die Heide, in den nassen Sand. Die Augen hielt er geschlossen. Dann fiel er um. Seine Schultern zuckten.

Als er auftaumelte, knirschte ihm Sand zwischen den Zähnen.

Er fuhr sich über die Augen. Er blinzelte. Er starrte in den Himmel.

ERSTES KAPITEL

Sonne brach durch das Grau. Die Regenfahnen hatten sich in Dunst aufgelöst. Ein paar Tropfen noch, dann war er vorüber, der Guß. Helles Blau; die Nässe verdampfte.

Der Mann stolperte weiter. Die Handgelenke schlenkerten ihm
5 gegen die Hüften. Das Kinn lag auf der Brust.

Am Waldrand lehnte er sich an eine Kiefer. Von weither war der Regenruf des Buchfinken zu hören; auch ein Kuckuck schrie kurz.

Der Mann suchte die Zeichen an den Bäumen; er tastete sich
10 zurück. Im Farn und im Blaubeerkraut gleißten die Tropfen. Die Luft war dick vor Schwüle und Dampf.

Den Nonnen war das Gewitter gut bekommen; sie wanderten schneller die Stämme hinauf.

Der Mann machte oft halt. Er fühlte sich schwächer als auf dem
15 Herweg. Sein Herz, seine Lunge bedrängten ihn. Und Stimmen; die vor allem.

Er lief noch einmal drei Stunden; die Rastpausen eingerechnet.

Dann sah er sie sitzen; sie hatte den Oberkörper an eine Kiefer gelehnt, das Kind lag ihr im Schoß. Er ging auf sie zu.
20 Sie lächelte. »Schön, daß du da bist.«

»Ich habe nichts gefunden«, sagte der Mann. Er setzte sich.

»Das macht nichts«, sagte die Frau. Sie wandte sich ab.

Wie grau sie aussieht, dachte der Mann.

»Du siehst elend aus«, sagte die Frau. »Versuch, ein bißchen zu
25 schlafen.«

Er streckte sich aus. »Was ist mit dem Kind; warum ist es so still?«

»Es ist müde«, sagte die Frau.

Der Atem des Mannes fing an, regelmäßig zu gehen.
30 »Schläfst du?« fragte die Frau.

Der Mann schwieg.

Nur die Nonnen raspelten jetzt.

Als er aufwachte, hatte die Frau sich auch hingelegt; sie sah in
35 den Himmel.

Das Kind lag neben ihr, sie hatte es in ihre Bluse gewickelt.
»Was ist?« fragte der Mann.
Die Frau rührte sich nicht. »Es ist tot«, sagte sie.
Der Mann fuhr auf. »Tot?« sagte er; »tot — ?!«
»Es ist gestorben, während du schliefst«, sagte die Frau. 5
»Warum hast du mich nicht geweckt?«
»Warum sollte ich dich wecken?« fragte die Frau.

I. ANMERKUNGEN

A. Die Wortstellung im Hauptsatz

Die normale Wortstellung im Hauptsatz ist:
Subjekt — Prädikat — weiteres Satzelement (z.B. Objekt oder
Adverb).

> **Er kauft einen Mantel.**
> **Sie hatten Hunger.**
> **Der Mann lief durch den Wald.**

1. DIE STELLUNG DES SUBJEKTS

Ein normaler deutscher Satz fängt mit dem Subjekt an. Falls
jedoch nicht das Subjekt, sondern ein beliebiges anderes
Satzelement den Satz eröffnet, so rückt das Subjekt hinter das
Verb an die dritte Stelle. Es kann sich bei diesem Element um ein
einzelnes Wort, aber auch um eine ganze Wortgruppe handeln.

> Heute kauft **er** einen Mantel.
> In den anderen Häusern fand **er** nichts.
> Von dem Brot wagte **er** nichts abzubrechen.

2. DIE STELLUNG DES VERBS

Das Verb ist im Hauptsatz das zweite Element, gleichgültig, ob der Satz mit dem Subjekt, einem Adverb usw. beginnt.

> Der Mann **blieb stehen;** er **keuchte.**
> Er **wußte:** er **log,** keine fünf Minuten **hielt** das Brot mehr zusammen.

Hat das Verb eine trennbare Vorsilbe, so steht diese im Präsens und Imperfekt getrennt am Ende des Satzes.

> Sie sah elend **aus.** (aussehen)
> Er schlief **ein.** (einschlafen)
> Er kniff die Augen **zusammen.** (zusammenkneifen)

Kommt das Verb in einer zusammengesetzten Zeit vor, so steht das gebeugte Hilfsverb an zweiter Stelle, das Partizip Perfekt oder der Infinitiv am Ende des Satzes.

> Die Regenfahnen **hatten** sich in Dunst **aufgelöst.**
> Von dem Brot **wagte** er nichts **abzubrechen.**
> Ich **werde** ihm einen Mantel **kaufen.**

Beachten Sie, daß Verben mit trennbaren Vorsilben im Partizip Perfekt **(aufgelöst)** und im erweiterten Infinitiv **(abzubrechen)** wieder mit ihren im Präsens und Imperfekt getrennten Vorsilben vereint sind.

> Der Regen hatte das Brot völlig **aufgelöst.**
> ABER: Der Regen **löste** das Brot völlig **auf.**

3. DIE STELLUNG DER OBJEKTE

a. Enthält ein Hauptsatz ein Dativ- und ein Akkusativobjekt, so steht das Dativobjekt vor dem Akkusativobjekt.

> Er kauft **seinem Bruder einen Mantel.**
> Er kauft **ihm einen Mantel.**
> Er wollte **der Frau das Brot** aufheben.
> Er wollte **ihr das Brot** aufheben.

Wird das Akkusativobjekt durch ein Pronomen ersetzt, so steht
es vor dem Dativobjekt.

Er kauft **seiner Schwester ein Kleid.**
Er kauft **ihr ein Kleid.**
Er kauft **es ihr.**
Er wollte **der Frau das Brot** aufheben.
Er wollte **ihr das Brot** aufheben.
Er wollte **es ihr** aufheben.

b. Enthält ein Hauptsatz außer einem Dativ- und (oder) Akku-
sativobjekt ein präpositionales Objekt (= präpositionale
Ergänzung), so ist dessen Stellung von seiner Bedeutung abhängig.
In jedem Falle steht das präpositionale Objekt hinter dem
Dativobjekt.

Das Kind lag **ihr im Schoß.**
Er lehnte **sich an eine Kiefer am Waldrand.**

In den nächsten beiden Beispielen stehen die Akkusativobjekte
(einen Mantel; kein Brot) am Ende des Satzes. Damit wird die
Bedeutung, die das Akkusativobjekt für den Satz hat, hervorgehoben.

Er kauft **seinem Bruder in dem Geschäft an der Ecke einen
Mantel.**
Er brachte **seiner Frau nach dem vergeblichen Kampf mit dem
Regen kein Brot.**

Das präpositionale Objekt kann aber auch hinter das Akkusativobjekt treten:

Er trug **das Brot unter dem Arm.**
Der Mann drückte **die Arme gegen das Brot.**
Er verteidigte **das Brot mit ganzer Kraft.**

In den letzten Beispielen hat die präpositionale Ergänzung einen
größeren Aussagewert als das Akkusativobjekt und steht deshalb
am Ende des Satzes.

4. DIE STELLUNG DER ADVERBIEN

Die Stellung der Adverbien wird im elften Kapitel ausführlich
behandelt.

ÜBUNGEN

a. *Bilden Sie aus den folgenden Satzelementen jeweils zwei Hauptsätze.*

1. Der Mann/ ergreifen/ das Brot. *(Imperfekt/Perfekt)*
2. Der Mann/ hineinbeißen/ in das Brot. *(Imperfekt/Plusquamperfekt)*
3. Er/ hinunterwürgen/ das Brot. *(Präsens/Perfekt)*
4. Der Mann/ sich setzen/ auf eine Wagendeichsel. *(Imperfekt/Futur)*
5. Er/ einschlafen/ bald. *(Präsens/Imperfekt)*
6. Plötzlich/ entdecken/ er/ ein Brot. *(Imperfekt/Plusquamperfekt)*
7. Er/ sich beugen/ über das Brot. *(Präsens/Futur)*
8. Die Hände/ der Mann/ auf den Rücken/ legen. *(Präsens/Imperfekt)*
9. Auf der Bank/ liegen/ das Brot. *(Präsens/Imperfekt)*
10. Am Waldrand/ der Mann/ sich lehnen/ an eine Kiefer. *(Imperfekt/Futur)*

b. *Ersetzen Sie die unterstrichenen Objekte mit den richtigen Personalpronomen.*

z.b. Er konnte das Dorf nur noch mit letzter Kraft erreichen.
Er konnte es nur noch mit letzter Kraft erreichen.

1. Die Frau legt das Kind an die Brust.
2. Die Frau gibt ihrem Kind Milch.
3. Der Junge schenkt ihr ein Buch.
4. Er wollte seiner Frau das Brot aufheben.
5. Man hörte die Nadeln raspeln.
6. Die Nonnen fressen den Wald auf.
7. Es gibt keine Vögel mehr.
8. Keine fünf Minuten hielt das Brot mehr zusammen.
9. Der Mann legte die Hände auf den Rücken.
10. Der Mann konnte der Frau das Brot nicht mehr geben.
11. Sein Herz bedrängte den Mann.
12. Leise Stimmen sprachen in dem Mann.
13. Das Kind lag der Frau im Schoß.

5. DIE STELLUNG VON <u>NICHT</u> IM HAUPTSATZ ODER SATZTEIL

a. Wenn **nicht** den ganzen Satz verneint, steht es am Ende des Satzes oder Satzteils:

> Ich verstehe diese Sprache **nicht.**
> Sie wußten **nicht,** wohin sie sollten.

b. Verneint **nicht** ein Wort oder einen Satzteil mit Nachdruck, so steht es vor diesem Wort oder Satzteil:

> Sprechen Sie **nicht Englisch;** sprechen Sie Deutsch!
> Er hat **nicht die erste,** sondern gleich die zweite Frage beantwortet.

c. Verneint **nicht** einen Satz, in dem das Verb in einer zusammengesetzten Zeit gebraucht wird (Perfekt, Plusquamperfekt, Futur), so steht **nicht** vor dem Partizip oder dem Infinitiv:

> Er hat das Brot **nicht** aufgehoben.
> Er hat das Brot **nicht** aufheben können.
> Er wird das Brot **nicht** aufheben.
> Er wird das Brot **nicht** aufheben können.

d. Nicht steht immer vor einem prädikativen Adjektiv:

> Das Auto ist **nicht** alt.
> Der Kuchen ist **nicht** gut.

e. Nicht steht immer vor einem prädikativen Substantiv:

> Das ist **nicht** mein Hund.
> Ist das **nicht** Ihre Schallplatte?

f. Nicht steht immer vor einem Adverb:

> Sie sprechen **nicht** laut genug.
> Es geht so **nicht** länger.

g. Nicht steht immer vor einer präpositionalen Ergänzung:

> Wir gehen **nicht** nach Hause.
> Das Auto ist **nicht** in der Garage.

h. Nicht steht immer vor idiomatischen Redewendungen:

> Kaufen Sie **nicht** die Katze im Sack!
> Er ist **nicht** auf den Kopf gefallen.

i. Nicht steht immer vor einer trennbaren Vorsilbe:

Ich stehe **nicht** auf.

Sie macht die Tür **nicht** auf.

j. BEACHTE: Bei Zeitadverbien, die einen **bestimmten** Zeitpunkt angeben, steht **nicht** hinter dem Adverb.

Ich gehe heute **nicht.**

Wir tanzen jetzt **nicht.**

ABER: Ich gehe **nicht** immer.

Wir tanzen **nicht** oft.

k. Verneinung eines unbestimmten Artikels

Verneint **nicht** ein Substantiv, vor dem ein unbestimmter Artikel steht, so bilden **nicht** und **ein(e)** zusammen **kein(e).**

Das ist **kein** gutes Zeichen.

FALSCH: Das ist nicht ein gutes Zeichen.

ÜBUNGEN

Verneinen Sie die folgenden Sätze.

1. Er beantwortet diese Frage.
2. Er konnte diese Frage beantworten.
3. Er konnte diese Frage gleich beantworten.
4. Er beantwortet meine Fragen immer.
5. Er beantwortet meine Frage, er beantwortet deine.
6. Ist Ihre Frage beantwortet?
7. Dieses Problem ist besprochen worden.
8. Man darf sich durch solche Zwischenfälle aus der Ruhe bringen lassen.
9. Wir gehen heute nachmittag spazieren.
10. Trägst du dein Haar immer so?
11. Ich finde diese Möbel sehr schön.
12. Warum kommst du mit?
13. Gehen wir jetzt?
14. Er hat eine einzige Mark.
15. Haben Sie ein Kind?

B. Interpunktion in Hauptsätzen.

1. Hauptsätze werden immer durch Satzzeichen voneinander getrennt. Gewöhnlich setzt man nach Hauptsätzen einen Punkt.

   > Der Mann drückte die Arme gegen das Brot. Es klebte.
   > Der Mann fluchte. Doch der Regen nahm zu.

2. Sind zwei Hauptsätze zu einem Ausspruch vereinigt, so kann man sie auch mit einem Komma voneinander trennen.

   > Er stand auf, er taumelte in ein Haus.
   > Sie versuchte zu lächeln, es gelang ihr nicht.

3. Will man aus stilistischen Gründen kein Komma setzen um anzudeuten, daß es sich nicht nur um zwei selbständige Sätze, sondern auch um verschiedene Gedankengänge handelt, so kann man das mit einem Semikolon anzeigen. (Beachten Sie, wie oft sich Schnurre in unserer Erzählung dieser Technik bedient hat.)

   > Der Regen rauschte; nicht zehn Schritte weit konnte man sehen.
   > Als er aufwachte, hatte die Frau sich auch hingelegt; sie sah in den Himmel.

   Zur Interpunktion in Nebensätzen vergleichen Sie bitte Kapitel 5, 6 und 12.

ÜBUNGEN

a. *Wolfdietrich Schnurre beschreibt die ausgetrocknete, zerstörte Natur mit den folgenden Verben.*

knistern	rieseln
flackern	verdorren
hecheln	stauben
raspeln	knirschen

In den Kiefern des Waldes knisterte es. Über den Schneisen flackerte die Hitze. Reh und Hase hechelten. Man hörte die Nadeln raspeln. Das knisterte so; und es rieselte auch. Auf einem

Stein lag eine Kreuzotter; sie war verdorrt. Das Heidekraut
staubte. Als er auftaumelte, knirschte ihm Sand zwischen den
Zähnen.

1. *Bilden Sie mit jedem der erwähnten Verben einen Hauptsatz.*

2. *Schreiben Sie jeden dieser Sätze jetzt im Plusquamperfekt und in
der Verneinung.*

b. *Das Gewitter wird mit den folgenden Verben beschrieben:*

donnern	hervorschießen
blitzen	spülen
fallen	einsickern
knallen	nagen
zerreißen	abtropfen
gießen	schwimmen
wegwischen	aufhellen
graben	durchbrechen
rauschen	auflösen
herumfließen	verdampfen

Es donnerte. Der Himmel war schweflig; es blitzte. Tropfen
fielen. Sie knallten wie Erbsen auf den dörrenden Boden. Blitze
zerrissen den Himmel. Es goß. Der Wald vorn und das Dorf
hinten waren wie weggewischt. In den Sand gruben sich Bäche.
Der Regen rauschte, nicht zehn Schritte weit konnte man sehen.
Er sah, wie ihm der Regen um die Rippen herumfloß. Auch unter
den Achseln schossen zwei Bäche hervor. Alles spülte über das
Brot hin, sickerte in es ein, nagte an ihm. Was abtropfte, war
trüb, und Krümel schwammen darin. Er sah nicht den Himmel,
der im Westen aufhellte. Die Sonne brach durch das Grau. Die
Regenfahnen hatten sich in Dunst aufgelöst. Helles Blau; die
Nässe verdampfte.

1. *Bilden Sie Sätze, indem Sie jeweils zwei der oben angegebenen
Verben in zwei durch ein Komma getrennten Hauptsätzen
gebrauchen.*

> z.b. blitzen — gießen
> **Kurz nach Mittag fing es an zu blitzen, und bald schon
> goß es wie aus Kübeln.**

c. *Die Nahrungssuche des Mannes wird in drei Phasen beschrieben. Beachten Sie, wie sich die verschiedenen Phasen an der Wahl der Verben ablesen lassen:*

1. Der Gang des hungrigen und durstigen Mannes durch den ausgestorbenen Wald und das Finden des Brotes:

aufstehen	Durst haben
sich setzen	taumeln
einschlafen	nehmen
herunterfallen	vornübergebeugt gehen
aufwachen	tragen

2. Der vergebliche Kampf gegen das Unwetter und gegen seine Schwäche:

zusammenkneifen	pressen
rennen	ergreifen
drücken	zusammendrücken
fluchen	hineinbeißen
mit den Zähnen knirschen	schlucken
die Arme verkrampfen	aufessen

3. Seine Reaktion danach und der Rückweg:

krallen	stolpern	tasten
umfallen	schlenkern	halt machen
zucken	sich anlehnen	sich schwach fühlen

Bilden Sie mit jedem der Verben je einen Hauptsatz und verwenden Sie in jedem Satz nach Möglichkeit zwei Objekte oder Pronomen Ihrer Wahl.

z.b. fluchen
Der Mann fluchte mit zusammengebissenen Zähnen auf das Gewitter.

d. *Schreiben Sie die folgenden drei Abschnitte in das Perfekt um und verbinden Sie dabei die vielen kurzen Hauptsätze zu drei bis vier Sätzen pro Abschnitt. Welche Wirkung geht durch diese stilistische Änderung verloren?*

1. Als das Kind anfing, heiser zu werden, stand der Mann auf. Er setzte sich auf eine Wagendeichsel. Er schlief ein. Im Schlaf fiel er herunter. Als er aufwachte, hatte er Durst. Er taumelte in ein Haus. Der Mann nahm das Brot und ging. Er ging vornübergebeugt. Das Brot trug er unter dem Arm.

2. Er kniff die Augen zusammen. Der Mann rannte. Er drückte die Arme gegen das Brot und fluchte. Er keuchte. Er knirschte mit den Zähnen. Er verkrampfte die Hände. Die Oberarme preßte er eng an den Leib. Er ergriff das Brot mit beiden Händen. Er drückte es zu einer Kugel zusammen. Er biß hinein, er schlang; er schluckte. So aß er es auf.

3. Seine Finger krallten sich in die Heide, in den nassen Sand. Dann fiel er um. Seine Schultern zuckten. Der Mann stolperte weiter. Seine Handgelenke schlenkerten ihm gegen die Hüften. Am Waldrand lehnte er sich an eine Kiefer. Er tastete sich zurück. Der Mann machte oft halt. Er fühlte sich schwächer als auf dem Herweg.

e. *Verneinen Sie alle Hauptsätze der Aufgabe* d.

f. *Viele Verben, mit denen der Autor die Natur (siehe Aufgabe* a) *und das Gewitter (siehe Aufgabe* b) *beschreibt, sind so lautmalend, daß Sie ihre Bedeutung leicht erraten können. Versuchen Sie herauszufinden, welche Laute es sind, die diese Verben so anschaulich machen.*

II. KONVERSATIONSTHEMEN

1. Der Dichter nennt keine Namen, es werden keine Zeitangaben gemacht. Verfolgt er damit einen bestimmten Zweck?
2. Glauben Sie, daß der Autor trotz der Abwesenheit jeglichen Zeitbezugs an einen bestimmten Krieg gedacht hat?
3. Wie wird die verzweifelte Situation der Flüchtlingsfamilie deutlich gemacht?
4. Warum beschreibt der Autor den Wald so genau? Hat der Zustand der Natur etwas mit der Notlage der Flüchtlinge zu tun?
5. Glauben Sie, daß die Ehepartner sich wirklich lieben?
6. Betrügt der Mann seine Frau, indem er das Brot aufißt?
7. Hätte es in dem schweren Unwetter einen Ausweg gegeben, das Brot zu retten?
8. Hatte der Mann ein schlechtes Gewissen, als er das Brot aß?

9. Warum sah er nicht, daß der Himmel sich aufhellte und der Regen nachließ?

10. Fühlte der Mann sich gestärkt, nachdem er endlich etwas gegessen hatte?

11. War die Frau sehr enttäuscht, als sie ihren Mann mit leeren Händen wiederkommen sah, oder hatte sie nichts anderes erwartet?

12. Warum hat die Frau ihren Mann nicht geweckt, als das Kind starb? Oder war das Kind schon tot, als der Mann zurückkam?

13. Glauben Sie, daß die Ehepartner sich jetzt gleichgültig geworden waren?

14. Glauben Sie, daß die Ehepartner später wieder eine gute Ehe führen könnten? Werden sie jemals über dieses traurige Erlebnis hinwegkommen?

15. Wie legen Sie den letzten Satz der Geschichte aus, ist er Spott oder Verzweiflung?

III. AUFSATZTHEMEN

1. Beschreiben Sie einen Menschen, der durch Not und Verzweiflung seelisch und körperlich so gelitten hat, daß er einer schrecklichen Versuchung nicht widerstehen kann. (Wie in unserer Geschichte der Mann, der das Brot aufißt).

2. Welche Aufgabe kommt der Frau in der Geschichte zu und welche dem Mann? Glauben Sie, es ist richtig zu sagen, die Frau sei hier die »Bewahrende« und der Mann der »Zerstörende«?

3. Schildern Sie eine Ihnen bekannte Landschaft nach einer langen Trockenperiode. Verwenden Sie dabei die Verben aus Aufgabe a.

4. Beschreiben Sie ein Gewitter und benutzen Sie dabei die Verben aus Aufgabe b.

5. Wie wird das Leben der beiden Menschen aus Wolfdietrich Schnurres Geschichte weitergehen?

2 | ZWEITES KAPITEL

DIE NORDSEE *aus: Reisebilder*

Heinrich Heine

Es geht ein starker Nordostwind, und die Hexen haben wieder viel Unheil im Sinne. Man hegt hier nämlich wunderliche Sagen von Hexen, die den Sturm zu beschwören wissen; wie es denn überhaupt auf allen nordischen Meeren viel Aberglauben gibt.
5 Die Seeleute behaupten, manche Insel stehe unter der geheimen Herrschaft ganz besonderer Hexen, und dem bösen Willen derselben sei es zuzuschreiben, wenn den vorbeifahrenden Schiffen allerlei Widerwärtigkeiten begegnen. Als ich voriges Jahr einige Zeit auf der See lag, erzählte mir der Steuermann unseres
10 Schiffes, die Hexen wären besonders mächtig auf der Insel Wight und suchten jedes Schiff, das bei Tage dort vorbeifahren wolle, bis zur Nachtzeit aufzuhalten, um es alsdann an Klippen oder an die Insel selbst zu treiben. In solchen Fällen höre man diese Hexen so laut durch die Luft sausen und um das Schiff herumheulen, daß
15 der Klabotermann* ihnen nur mit vieler Mühe widerstehen könne. Als ich nun fragte, wer der Klabotermann sei, antwortete der Erzähler sehr ernsthaft: »Das ist der gute, unsichtbare Schutzpatron der Schiffe, der da verhütet, daß den treuen und ordent-

---

* **Klabotermann** = **Klabautermann,** gebildet zu **kalfatern:** die Nähte der Schiffswände und des Decks abdichten.

lichen Schiffern Unglück begegne, der da überall selbst nachsieht und sowohl für die Ordnung wie für die gute Fahrt sorgt.« Der wackere Steuermann versicherte mit etwas heimlicherer Stimme, ich könne ihn selber sehr gut im Schiffsraume hören, wo er die Waren gern noch besser nachstaue, daher das Knarren der Fässer und Kisten, wenn das Meer hoch gehe, daher bisweilen das Dröhnen unserer Balken und Bretter; oft hämmere der Klabotermann auch außen am Schiffe, und das gelte dann dem Zimmermanne, der dadurch gemahnt werde, eine schadhafte Stelle ungesäumt auszubessern; am liebsten aber setze er sich auf das Bramsegel, zum Zeichen, daß guter Wind wehe oder sich nahe. Auf meine Frage, ob man ihn nicht sehen könne, erhielt ich zur Antwort: Nein, man sähe ihn nicht, auch wünsche keiner ihn zu sehen, da er sich nur dann zeige, wenn keine Rettung mehr vorhanden sei. Einen solchen Fall hatte zwar der gute Steuermann noch nicht selbst erlebt, aber von andern wollte er wissen, den Klabotermann höre man alsdann vom Bramsegel herab mit den Geistern sprechen, die ihm untertan sind; doch wenn der Sturm zu stark und das Scheitern unvermeidlich würde, setze er sich auf das Steuer, zeige sich da zum erstenmal und verschwinde, indem er das Steuer zerbräche — diejenigen aber, die ihn in diesem furchtbaren Augenblick sähen, fänden unmittelbar darauf den Tod in den Wellen.

Der Schiffskapitän, der dieser Erzählung mit zugehört hatte, lächelte so fein, wie ich seinem rauhen, wind- und wetterdienenden Gesichte nicht zugetraut hätte, und nachher versicherte er mir, vor fünfzig und gar vor hundert Jahren sei auf dem Meere der Glaube an den Klabotermann so stark gewesen, daß man bei Tische immer auch ein Gedeck für denselben aufgelegt und von jeder Speise, etwa das Beste, auf seinen Teller gelegt habe, ja, auf einigen Schiffen geschähe das noch jetzt.

Ich gehe hier oft am Strande spazieren und gedenke solcher seemännischen Wundersagen. Die anziehendste derselben ist wohl die Geschichte vom Fliegenden Holländer, den man im Sturm mit aufgespannten Segeln vorbeifahren sieht und der zuweilen ein

Boot aussetzt, um den begegnenden Schiffern allerlei Briefe mitzugeben, die man nachher nicht zu besorgen weiß, da sie an längst verstorbene Personen adressiert sind. Manchmal gedenke ich auch des alten, lieben Märchens von dem Fischerknaben, der am Strande den nächtlichen Reigen der Meernixen belauscht hatte und nachher mit seiner Geige die ganze Welt durchzog und alle Menschen zauberhaft entzückte, wenn er ihnen die Melodie des Nixenwalzers vorspielte. Diese Sage erzählte mir einst ein lieber Freund, als wir, im Konzerte zu Berlin, solch einen wundermächtigen Knaben, den Felix Mendelssohn-Bartholdy, spielen hörten.

I. ANMERKUNGEN

A. Der Konjunktiv

Es gibt zwei Arten von Konjunktiv: Konjunktiv I und Konjunktiv II.

Sowohl im Konjunktiv I als auch im Konjunktiv II gibt es nur eine Form für die Gegenwart und eine Form für die Vergangenheit. (Also kein Perfekt und Plusquamperfekt wie im Indikativ!) Konjunktiv I wird im Präsens vom Infinitiv, im Imperfekt vom Indikativ Perfekt gebildet.

er schreibt: **er schreibe, er habe geschrieben**

Konjunktiv II wird im Präsens vom Indikativ Imperfekt, im Imperfekt vom Indikativ Plusquamperfekt abgeleitet.

er schreibt: **er schriebe, er hätte geschrieben**

1. KONJUNKTIV I

a. Der Konjunktiv I wird hauptsächlich in der indirekten Rede gebraucht. Das trifft vor allem für die Schriftsprache zu. In der Umgangssprache wird der Konjunktiv in der indirekten Rede nicht regelmäßig verwendet.

Er hat mir erzählt, daß die Vorstellung ausgezeichnet **sei** (ist).
In der Zeitung steht, daß die Vorstellung ausgezeichnet **sei.**
Der Radiosprecher gab bekannt, daß der Minister **abgedankt habe.**

b. Wenn die Formen des Konjunktiv I mit denen des Indikativs übereinstimmen (das ist oft in der ersten Person Singular und im gesamten Plural der Fall), so verwendet man, um den Konjunktiv deutlich vom Indikativ abzuheben, den Konjunktiv II. Am deutlichsten unterscheidet sich der Konjunktiv I vom Indikativ in der dritten Person Singular.

> Sie behauptete, er **schnarche**. (*Indikativ:* schnarcht)
> Es heißt, er **habe** viel Geld. (*Indikativ:* hat)
> ABER: Sie behauptete, wir **schnarchten**. (*Indikativ und Konjunktiv I* = schnarchen)
> Es heißt, sie **hätten** viel Gold. (*Indikativ und Konjunktiv I =* haben)

Da das Verb **sein** und die modalen Hilfsverben **(dürfen, können, mögen, wollen, sollen, müssen)** im Konjunktiv I auch in der ersten Person Singular deutlich vom Indikativ zu unterscheiden sind, trifft die oben genannte Regel für die erste Person Singular der modalen Hilfsverben und für **sein** auch im Plural nicht zu.

> Er fragte mich, ob ich gesund **sei**. (*Indikativ:* bin)
> Sie fragten uns, ob wir gesund **seien**. (*Indikativ:* sind)
> Ich erzählte ihr, daß ich verreisen **wolle (solle, müsse)**. (*Indikativ:* will, soll, muß)
> Ich sagte ihm, daß ich nicht ausgehen **könne (dürfe, möge)**. (*Indikativ:* kann, darf, mag)

c. Außer in der indirekten Rede wird der Konjunktiv I in Sätzen gebraucht, die einen erfüllbaren Wunsch zum Ausdruck bringen.

> Edel **sei** der Mensch, hilfreich und gut!
> Der Herr **segne** dich und **behüte** dich!
> **Seien** Sie doch bitte so freundlich und **helfen** Sie mir!

Beachten Sie, daß der Konjunktiv I hier im Hauptsatz steht, während er in der indirekten Rede nur im Nebensatz verwendet wird.

2. KONJUNKTIV II

a. Der Konjunktiv II findet als irreales Konditional die häufigste Verwendung. Hängt der Hauptsatz von einer Bedingung ab, die nicht erfüllt wird, so spricht man von der Nichtwirklichkeit oder Irrealität des Ausgesagten. Die **wenn ... dann** Konstruktion wird in diesen Sätzen bevorzugt angewendet.

> **Wenn** es nicht **regnete, (dann) ginge** ich **spazieren.**
> **Wenn** das Kind Milch **getrunken hätte, (dann) wäre** es nicht **gestorben.**
> **Wenn** man den Klabautermann **sähe, fände** man unmittelbar darauf den Tod in den Wellen.

> ABER: **Wenn** es nicht **regnet, (dann) gehe** ich **spazieren.**
> **Wenn** man den Klabautermann **sieht, findet** man unmittelbar darauf den Tod in den Wellen.

In den letzten beiden Beispielen sind die Bedingungen nicht irreal, sondern durchaus möglich. Der ganze Satz steht deshalb im Indikativ.

Die in Konditionalsätzen oft gebrauchte **wenn ... dann** Konstruktion ist nicht unbedingt notwendig. Wenn sie wegfällt, ändert sich die Wortstellung. Es bieten sich die folgenden drei Möglichkeiten:

> **Wenn** man den Klabautermann **sähe, dann wäre** keine Rettung mehr vorhanden.
> **Sähe** man den Klabautermann, **(so) wäre** keine Rettung mehr vorhanden.
> Es **wäre** keine Rettung mehr vorhanden, **wenn** man den Klabautermann **sähe.**

b. Außerdem wird der Konjunktiv II auch in irrealen Wünschen verwendet:

> Das **hätte** nicht **passieren dürfen!**
> **Hätte** er doch vorher mit mir **gesprochen!**
> Ich **wollte,** ich **fände** einen Ausweg!

c. Weitere Anwendung findet der Konjunktiv II, wenn der Satz eine Möglichkeit, einen Zweifel, eine Unbestimmtheit oder Nichtwirklichkeit zum Ausdruck bringt:

> Er **wäre** bestimmt ein guter Steuermann.
> Ob das Schiff noch **gerettet werden könnte**?
> Ich **wünschte,** es **wäre** noch **zu retten**!
> Wir **wären gesegelt,** aber es **wehte** kein guter Wind.

d. Der Konjunktiv II kann im Hauptsatz auch mit **würde** + INFINITIV ausgedrückt werden. In der Alltagssprache nimmt die Umschreibung des Konjunktiv II mit **würde** immer mehr zu.

> Ich **würde mitkommen, wenn** ich Zeit **hätte.**
> (Ich **käme mit, wenn** ich Zeit **hätte.**)
> Wir **würden** Ihnen gern die Geschichte vom Fliegenden Holländer **erzählen.**

Die Umschreibung mit **würde** wird besonders dann bevorzugt, wenn sich die Konjunktivform eines starken Verbs lautlich kaum von der des Indikativs unterscheidet:

> **sähe — sehe; läse — lese; äße — esse;**

Bei schwachen Verben stimmt der Konjunktiv II völlig mit dem Indikativ Imperfekt überein:

antwortete	
sagte	
lernte	Konjunktiv II und Indikativ Imperfekt
baute	stimmen überein
lebte	
brauchte	

Auch hier gebraucht man lieber die Umschreibung mit **würde,** um den Konjunktiv deutlicher zu machen.
Beachten Sie bitte, daß im Nebensatz nie **würde** stehen darf. Das ist ein Fehler, der auch von Deutschen oft gemacht wird.

BEACHTE: Konjunktiv II und Konjunktiv I der schwachen Verben haben nie einen Umlaut.
Jedoch: hatte (Indikativ) — **hätte** (Konjunktiv II).

ZWEITES KAPITEL

ÜBUNGEN

a. *Schreiben Sie die folgenden Sätze in die direkte Rede um.*

> Z.B. Ich fragte, wer der Klabautermann sei.
> **Ich fragte:» Wer ist der Klabautermann?«**

1. Der Steuermann antwortete, daß es der Schutzpatron der Schiffe sei.
2. Er erzählte, man höre die Hexen manchmal laut durch die Luft sausen.
3. Er sagte, daß man sich an der Nordsee wunderliche Sagen von Hexen erzähle.
4. Die Seeleute bemerkten, das Hämmern außen am Schiff gelte dem Zimmermann.
5. Der Kapitän meinte, es nahe sich guter Wind.
6. Der Kapitän versicherte mir, daß der Glaube an den Klabautermann noch vor fünfzig Jahren sehr stark gewesen sei.
7. In der Zeitung steht, in der nächsten Woche werde der Fliegende Holländer von Richard Wagner aufgeführt.
8. Es heißt, es handele sich um den Stoff einer alten Volkssage.
9. Der Artikel führt weiter aus, daß Richard Wagner die alte Holländersage durch Heinrich Heine kennengelernt habe.
10. Heinrich Heine berichtet, er habe den berühmten Komponisten Felix Mendelssohn-Bartholdy in einem Konzert in Berlin spielen hören.

b. *Schreiben Sie die folgenden Sätze in die indirekte Rede um. (Achten Sie darauf, daß Sie in manchen Fällen den Konjunktiv II verwenden müssen!)*

> Z.B. Viele Menschen sind abergläubisch.
> **In dem Bericht stand, daß viele Menschen abergläubisch seien.**

1. Einige glauben sogar noch an Hexen.
   Dem Zeitungsartikel nach . . .
2. Menschen, die in einsamen Gegenden wohnen, neigen besonders stark zum Aberglauben.
   Man sagt, daß . . .
3. Die Bewohner der Nordseeinseln kennen viele alte Sagen.
   Heinrich Heine schreibt, . . .
4. Im Schiffsraum sind Kisten voller Edelsteine verstaut. Der Matrose behauptet, . . .

5. Haben Sie schon einmal einen Sturm auf hoher See erlebt?
Der Kapitän fragte, ob ich . . .

6. Kinder unter zehn Jahren dürfen die Hafenanlagen nicht betreten
Der Schild besagt, daß . . .

7. Du sollst gleich nach Hause kommen.
Deine Mutter hat gesagt, daß . . .

8. Der Verwaltungsrat wird im Mai pensioniert werden.
Die Sekretärin sagt, daß . . .

c. *Drücken Sie die folgenden Sätze als Wunsch aus, indem Sie Konjunktiv I verwenden!*

    z.b. Er ruht sanft.
    Er ruhe sanft! (ODER: **Ruhe er sanft!**)

1. Der König lebt lange.
2. Der Frühling kommt bald.
3. Es wird Licht.
4. Du magst immer glücklich sein.
5. Sie sind so gut und tragen mir meine Tasche.

d. *Schreiben Sie die folgenden Satzpaare.*
   (1) *als Konditionalsätze im Indikativ;*
   (2) *als irreale Konditionalsätze im Konjunktiv II;*
   (3) *mit dem Verb an erster Stelle.*

    z.b. Er läuft schnell. Er erreicht den Zug.
    Wenn er schnell läuft, erreicht er den Zug.
    Wenn er schnell liefe, erreichte er den Zug.
    Liefe er schnell, erreichte er den Zug.

1. Der Mathematiker denkt logisch. Er findet die Lösung des Problems.
2. Ich erhalte deinen Brief. Ich beantworte ihn.
3. Er beeilt sich. Er hat Zeit für einen kurzen Spaziergang.
4. Ich weiß ihre Telefonnummer nicht. Ich kann sie nicht anrufen.
5. Ich mache eine Reise zum Mond. Ich weiß nicht, was ich mitnehmen soll.
6. Wir haben keine Lust. Wir sagen es ihnen.
7. Die Zeitung berichtet alles sehr genau. Sie ist zuverlässig.
8. Du kannst mir helfen. Ich freue mich.
9. Es ist neblig. Du mußt langsam fahren.

e. *Schreiben Sie die folgenden* **wenn**-*Sätze im Imperfekt des Konjunktiv II und vollenden Sie sie.*

> z.b. Wenn ich viel Geld gewinne . . .
> **Wenn ich viel Geld gewonnen hätte, hätte ich eine Reise um die Welt gemacht.**

1. Wenn ich ihn zufällig treffe . . .
2. Wenn das Wetter gut ist . . .
3. Wenn du einverstanden bist . . .
4. Wenn ich einen Sportwagen habe . . .
5. Wenn ich auf Hawaii bin . . .
6. Wenn ich nicht arbeiten muß . . . (!)

f. *Schreiben Sie die Sätze der Aufgabe* **e** *im Präsens des Konjunktiv II und vollenden Sie sie, indem Sie die Umschreibung mit* **würde** *gebrauchen.*

> z.b. Wenn ich viel Geld gewinne . . .
> **Wenn ich viel Geld gewänne, würde ich eine Reise um die Welt machen.**

B. Verbgruppen

1. Wie Sie bemerkt haben werden, kommen in dem Text von Heinrich Heine viele Verben des Sagens und Erzählens vor. Die gebräuchlichsten Verben dieser Art finden Sie nachstehend aufgezeichnet.

a. Die folgenden Verben sind stilistisch neutral:

äußern	erzählen*
bemerken	feststellen
erklären*	mitteilen*
erwähnen	

b. Wollen Sie etwas nachdrücklich sagen, so gebrauchen Sie diese Verben:

behaupten	versichern*
beschwören	mahnen

c. Wollen Sie über einen Sachverhalt zusammenhängend sprechen, so können Sie die folgenden Verben gebrauchen:

berichten*	schildern*
beschreiben*	vortragen*

---

* Diese Verben erfordern den Dativ der Person, z.B. **Ich erkläre ihm die Zusammenhänge.**

2. Auch die Verben, mit denen Heine die Geräusche beschreibt, werden Ihnen aufgefallen sein. Die folgenden Verben werden zur Beschreibung eines speziellen Geräusches häufig gebraucht:

heulen:	Der Wind heult.
knarren:	Die Fässer und Kisten knarren.
dröhnen:	Die Balken dröhnen. — Die Stimme dröhnt.
sausen:	Die Hexen sausen durch die Luft.
zischen:	Das kochende Wasser zischt.
prasseln:	Das Feuer prasselt.
rattern:	Das alte Auto rattert.
pfeifen:	Die Lokomotive pfeift.
raunen:	Der Abendwind raunt.
murmeln:	Der Bach murmelt.
quietschen:	Das Fahrrad quietscht.

ÜBUNGEN

a. *Setzen Sie ein passendes Verb ein.*

Die Seeleute ——, manche Insel stehe unter der Herrschaft von Hexen. Der Steuermann unseres Schiffes —— mir, daß man diese Hexen oft durch die Luft —— und um das Schiff —— höre. Er —— mit leiser Stimme, ich könne ihn selber im Schiffsraum hören, daher das —— der Fässer und das —— der Kisten und bisweilen auch das —— der Balken und Bretter. Der Steuermann —— auch den Klabautermann, und auf meine Frage, wer das sei, —— er mir einen Vorfall, der sich vor Jahren auf seinem Schiff ereignet hatte.

b. *Vervollständigen Sie die nachstehenden Sätze.*

z.b. Dieter behauptete, (ich/ leichtsinnig/ sein)
Dieter behauptete, daß ich leichtsinnig sei.

1. Er bemerkte, (ich/ krank/ aussehen)
2. Ich erklärte, (er/ Unrecht/ haben)
3. Mein Freund stellte fest, (ich/ erhöhte Temperatur/ haben)
4. Ich äußerte, (das/ ohne Bedeutung/ sein)
5. Dieter erwähnte, (er/ Bekannter/ haben/ ebenso leichtsinnig wie ich/ gewesen sein)
6. Er teilte mir weiter mit, (sein Bekannter/ lange im Krankenhaus/ gewesen sein)
7. Er erzählte mir, (er/ diesen Leichtsinn/ sehr bereuen)

c. *Versuchen Sie für jedes der Geräuschsverben so viele Gegenstände wie möglich zu finden, die dieses Geräusch hervorbringen. (Vergleichen Sie dazu Seite 28)*

z.b. heulen: **Der Sturm heult.**
Die Sirene heult.
Das Kind heult.

II. KONVERSATIONSTHEMEN

1. DIE GLAUBWÜRDIGKEIT DER ERZÄHLUNG HEINES

a. Von welchem Gesichtspunkt aus präsentiert Heine uns seinen Text?
b. Ergreift er Partei in bezug auf die Glaubwürdigkeit des Geschilderten?
c. Glauben die Seeleute an den Klabautermann?
d. Was will der Kapitän mit seinem feinen Lächeln ausdrücken?
e. Der Klabautermann zeigt sich nur denen, die kurz darauf Schiffbruch erleiden. Wie erklären Sie sich, daß man von seinem Erscheinen weiß, wenn doch die Zeugen nie überleben?
f. Ist es möglich, den Klabautermann als die Verkörperung einer Warnung oder Vorahnung anzusehen? Was würde das in bezug auf die Menschen aussagen, die tatsächlich den Klabautermann und seine Hinweise ernst nehmen?
g. Heinrich Heine hat ein berühmtes Gedicht geschrieben: Die Lorelei. Lesen Sie dieses Gedicht und vergleichen Sie seinen Inhalt mit dem der Klabautermann-Geschichte.

2. SAGE, MÄRCHEN UND LEGENDE

a. Wie entstehen Sagen?
b. Welche seemännische Wundersage findet Heine am anziehendsten?
c. Welcher berühmte Deutsche war von der gleichen Geschichte fasziniert und hat sie musikalisch gestaltet?

d. Inwiefern mischt Heine die Märchenwelt mit der Wirklichkeit, wenn er von dem Märchen vom Fischerknaben spricht?

e. Kennen Sie einige Märchen, Sagen oder Legenden? Versuchen Sie, sie auf deutsch zu erzählen.

f. Denken Sie über den Unterschied zwischen einer Sage, einem Märchen und einer Legende nach und diskutieren Sie die Verschiedenheiten!

g. Sind Märchen nur für Kinder? Was ersetzt dem Erwachsenen das Märchen? Haben Sie schon einmal ein Märchen selbst geschrieben? Versuchen Sie es!

h. Würden Sie sagen, daß Märchen nur Phantasien sind oder sind sie im Grunde doch wahr?

i. Finden Sie nicht, daß Märchen manchmal sehr grausam sein können? Halten Sie es für richtig, Kindern solche Märchen zu erzählen?

j. Welches Märchen haben Sie am liebsten und warum?

k. Welcher wesentliche Unterschied besteht zwischen Märchen und »science fiction«?

l. Können Sie ein Abenteuer im Weltraum beschreiben?

m. Wie stellen Sie sich die Lebewesen auf dem Planeten Mars vor?

III. AUFSATZTHEMEN

1. Wählen Sie zehn Verben des Sagens und Erzählens und schreiben Sie damit eine kleine Geschichte. (Konjunktiv I!)

2. Beschreiben Sie einen Sturm, ein Feuer oder einen Unfall und verwenden Sie dabei möglichst viele Geräuschsverben.

3. Schreiben Sie eine kurze Gespenstergeschichte, in der Sie alle Geräuschsverben von Seite *28* verwenden. Beginnen Sie vielleicht so:

> Die Uhr schlug Mitternacht. Mit dem letzten Glockenschlag begann plötzlich ein starker Wind zu heulen. Die Dielen in dem alten, verfallenen Haus knarrten wie unter einem schweren Tritt . . .

4. Erzählen Sie dieselbe Geschichte nun in der indirekten Rede, so wie sie Ihnen vielleicht erzählt wurde. Beginnen Sie so oder ähnlich:

> Die Tochter unseres Nachbarn wußte immer viele Gespenstergeschichten. Meist gruselte mir davor, aber ich hörte doch immer wieder zu. In einer Geschichte schilderte sie einmal, wie mit dem letzten Glockenschlag um Mitternacht plötzlich ein starker Wind zu heulen begonnen habe und wie die Dielen in dem alten, verfallenen Haus wie unter einem schweren Tritt zu knarren begonnen hätten . . .

5. Schreiben Sie ein amerikanisches Märchen auf deutsch.

6. Suchen Sie sich einen Artikel in einer Zeitung (es kann auch eine amerikanische Zeitung sein) und erzählen Sie den Inhalt auf deutsch in der indirekten Rede nach.

7. Stellen Sie sich vor, sie befänden sich auf einem Schiff, das in Seenot gerät. Zusammen mit zwei Passagieren könnten Sie sich auf eine kleine, unbewohnte Insel retten. Wie wünschten Sie sich diese beiden Menschen im Idealfall? Welche Dinge würden Sie mitnehmen, wenn Sie die Möglichkeit hätten, einen Koffer zu retten? Führen Sie das in einer kleinen Geschichte aus. (Vergessen Sie nicht, daß Sie hier den Konjunktiv II anwenden müssen, da es sich um irreale Konditionalsätze handelt.)

3 | DRITTES KAPITEL

DIE NACHT IM HOTEL

Siegfried Lenz

Der Nachtportier strich mit seinen abgebissenen Fingerkuppen über eine Kladde, hob bedauernd die Schultern und drehte seinen Körper zur linken Seite, wobei sich der Stoff seiner Uniform gefährlich unter dem Arm spannte.

»Das ist die einzige Möglichkeit«, sagte er. »Zu so später Stunde werden Sie nirgendwo ein Einzelzimmer bekommen. Es steht Ihnen natürlich frei, in anderen Hotels nachzufragen. Aber ich kann Ihnen schon jetzt sagen, daß wir, wenn Sie ergebnislos zurückkommen, nicht mehr in der Lage sein werden, Ihnen zu dienen. Denn das freie Bett in dem Doppelzimmer, das Sie — ich weiß nicht aus welchen Gründen — nicht nehmen wollen, wird dann auch einen Müden gefunden haben.«

»Gut«, sagte Schwamm, »ich werde das Bett nehmen. Nur, wie Sie vielleicht verstehen werden, möchte ich wissen, mit wem ich das Zimmer zu teilen habe; nicht aus Vorsicht, gewiß nicht, denn ich habe nichts zu fürchten. Ist mein Partner — Leute, mit denen man eine Nacht verbringt, könnte man doch fast Partner nennen — schon da?«

»Ja, er ist da und schläft.«

»Er schläft«, wiederholte Schwamm, ließ sich die Anmeldeformulare geben, füllte sie aus und reichte sie dem Nachtportier zurück; dann ging er hinauf.

Unwillkürlich verlangsamte Schwamm, als er die Zimmertür mit der ihm genannten Zahl erblickte, seine Schritte, hielt den Atem an, in der Hoffnung, Geräusche, die der Fremde verursachen könnte, zu hören, und beugte sich dann zum Schlüsselloch hinab. Das Zimmer war dunkel. In diesem Augenblick hörte er jemanden die Treppe heraufkommen, und jetzt mußte er handeln. Er konnte fortgehen, selbstverständlich, und so tun, als ob er sich im Korridor geirrt habe. Eine andere Möglichkeit bestand darin, in das Zimmer zu treten, in welches er rechtmäßig eingewiesen worden war und in dessen einem Bett bereits ein Mann schlief.

Schwamm drückte die Klinke herab. Er schloß die Tür wieder und tastete mit flacher Hand nach dem Lichtschalter. Da hielt er plötzlich inne: neben ihm — und er schloß sofort, daß da die Betten stehen müßten — sagte jemand mit einer dunklen, aber auch energischen Stimme:

»Halt! Bitte machen Sie kein Licht. Sie würden mir einen Gefallen tun, wenn Sie das Zimmer dunkel ließen.«

»Haben Sie auf mich gewartet?« fragte Schwamm erschrocken; doch er erhielt keine Antwort. Statt dessen sagte der Fremde:

»Stolpern Sie nicht über meine Krücken, und seien Sie vorsichtig, daß Sie nicht über meinen Koffer fallen, der ungefähr in der Mitte des Zimmers steht. Ich werde Sie sicher zu Ihrem Bett dirigieren: Gehen Sie drei Schritte an der Wand entlang, und dann wenden Sie sich nach links, und wenn Sie wiederum drei Schritte getan haben, werden Sie den Bettpfosten berühren können.«

Schwamm gehorchte: er erreichte sein Bett, entkleidete sich und schlüpfte unter die Decke. Er hörte die Atemzüge des anderen und spürte, daß er vorerst nicht würde einschlafen können.

»Übrigens«, sagte er zögernd nach einer Weile, »mein Name ist Schwamm.«

»So,« sagte der andere.

»Ja.«

»Sind Sie zu einem Kongreß hierhergekommen?«

»Nein. Und Sie?«

»Nein.«

»Geschäftlich?«

»Nein, das kann man nicht sagen.«

»Wahrscheinlich habe ich den merkwürdigsten Grund, den je ein Mensch hatte, um in die Stadt zu fahren«, sagte Schwamm. Auf dem nahen Bahnhof rangierte ein Zug. Die Erde zitterte, und die Betten, in denen die Männer lagen, vibrierten.

»Wollen Sie in der Stadt Selbstmord begehen?« fragte der andere.

»Nein,« sagte Schwamm, »sehe ich so aus?«

»Ich weiß nicht, wie Sie aussehen«, sagte der andere, »es ist dunkel.«

Schwamm erklärte mit banger Fröhlichkeit in der Stimme:

»Gott bewahre, nein. Ich habe einen Sohn, Herr . . . (der andere nannte nicht seinen Namen), einen kleinen Lausejungen, und seinetwegen bin ich hierhergefahren.«

»Ist er im Krankenhaus?«

»Wieso denn? Er ist gesund, ein wenig bleich zwar, das mag sein, aber sonst sehr gesund. Ich wollte Ihnen sagen, warum ich hier bin, hier bei Ihnen, in diesem Zimmer. Wie ich schon sagte, hängt das mit meinem Jungen zusammen. Er ist äußerst sensibel, mimosenhaft, er reagiert bereits, wenn ein Schatten auf ihn fällt.«

»Also ist er doch im Krankenhaus.«

»Nein«, rief Schwamm, »ich sagte schon, daß er gesund ist, in jeder Hinsicht. Aber er ist gefährdet, dieser kleine Bengel hat eine Glasseele, und darum ist er bedroht.«

»Warum begeht er nicht Selbstmord?« fragte der andere.

»Aber hören Sie, ein Kind wie er, ungereift, in solch einem Alter! Warum sagen Sie das? Nein, mein Junge ist aus folgendem Grunde gefährdet: Jeden Morgen, wenn er zur Schule geht — er geht übrigens immer allein dorthin — jeden Morgen muß er vor einer Schranke stehen bleiben und warten, bis der Frühzug vorbei ist. Er steht dann da, der kleine Kerl, und winkt, winkt heftig und freundlich und verzweifelt.«

»Ja und?«

»Dann«, sagte Schwamm, »dann geht er in die Schule, und

wenn er nach Hause kommt, ist er verstört und benommen, und manchmal heult er auch. Er ist nicht imstande, seine Schularbeiten zu machen, er mag nicht spielen und nicht sprechen: das geht nun schon seit Monaten so, jeden lieben Tag. Der Junge geht mir kaputt dabei!«

»Was veranlaßt ihn denn zu solchem Verhalten?«

»Sehen Sie,« sagte Schwamm, »das ist merkwürdig: Der Junge winkt, und — wie er traurig sieht — es winkt ihm keiner der Reisenden zurück. Und das nimmt er sich so zu Herzen, daß wir — meine Frau und ich — die größten Befürchtungen haben. Er winkt, und keiner winkt zurück; man kann die Reisenden natürlich nicht dazu zwingen, und es wäre absurd und lächerlich, eine diesbezügliche Vorschrift zu erlassen, aber . . .«

»Und Sie, Herr Schwamm, wollen nun das Elend Ihres Jungen aufsaugen, indem Sie morgen den Frühzug nehmen, um dem Kleinen zu winken?«

»Ja«, sagte Schwamm, »ja.«

»Mich«, sagte der Fremde, »gehen Kinder nichts an. Ich hasse sie und weiche ihnen aus, denn ihretwegen habe ich — wenn man's genau nimmt — meine Frau verloren. Sie starb bei der Geburt.«

»Das tut mir leid,« sagte Schwamm und stützte sich im Bett auf. Eine angenehme Wärme floß durch seinen Körper; er spürte, daß er jetzt würde einschlafen können.

Der andere fragte: »Sie fahren nach Kurzbach, nicht wahr?«

»Ja.«

»Und Ihnen kommen keine Bedenken bei Ihrem Vorhaben? Offener gesagt: Sie schämen sich nicht, Ihren Jungen zu betrügen? Denn, was Sie vorhaben, Sie müssen es zugeben, ist doch ein glatter Betrug, eine Hintergehung.«

Schwamm sagte aufgebracht: »Was erlauben Sie sich, ich bitte Sie, wie kommen Sie dazu!« Er ließ sich fallen, zog die Decke über den Kopf, lag eine Weile überlegend da und schlief dann ein.

Als er am nächsten Morgen erwachte, stellte er fest, daß er allein im Zimmer war. Er blickte auf die Uhr und erschrak: bis zum Morgenzug blieben ihm noch fünf Minuten, es war ausgeschlossen, daß er ihn noch erreichte.

Am Nachmittag — er konnte es sich nicht leisten, noch eine Nacht in der Stadt zu bleiben — kam er niedergeschlagen und enttäuscht zu Hause an.

Sein Junge öffnete ihm die Tür, glücklich, außer sich vor Freude. Er warf sich ihm entgegen und hämmerte mit den Fäusten gegen seinen Schenkel und rief:

»Einer hat gewinkt, einer hat ganz lange gewinkt.«

»Mit einer Krücke?« fragte Schwamm.

»Ja, mit einem Stock. Und zuletzt hat er sein Taschentuch an den Stock gebunden und es so lange aus dem Fenster gehalten, bis ich es nicht mehr sehen konnte.«

I. ANMERKUNGEN

Das Passiv

In einem aktiven Satz handelt das Subjekt des Satzes und die Handlung ist auf das Objekt des Satzes gerichtet. Im passiven Satz dagegen ist der Empfänger der Handlung nicht mehr das Objekt, sondern das Subjekt des Satzes.

> Die Mutter wäscht das Kind.
> Das Kind **wird** von der Mutter **gewaschen.**

1. DER GEBRAUCH DES PASSIVS

Eine andere Bezeichnung für Passiv ist das deutsche Wort »Leideform« (von lat. *passivus*). Dieses Wort besagt, daß das Subjekt im Passiv immer etwas erleidet. In Sätzen wie: **das Kind wird bestraft,** oder: **die Krieger wurden besiegt,** trifft das auch zu. Wenn das Verb jedoch etwas Erfreuliches aussagt, kann man das Wort Leideform nicht mehr wörtlich nehmen, denn das Subjekt leidet ganz und gar nicht.

> **Das Kind wird gelobt.**
> **Die Krieger wurden** mit Jubel **empfangen.**

DRITTES KAPITEL

Das Passiv wird immer dann gebraucht, wenn man zum Ausdruck bringen will, daß an dem Subjekt gehandelt wird. (Im Gegensatz zum Aktiv, in dem das Subjekt tätig ist.)

Ein süddeutscher Architekt baute diese Autobahnbrücke.

Diese Autobahnbrücke wurde von einem süddeutschen Architekten gebaut.

Ist es unwichtig, zum Ausdruck zu bringen, von wem das Geschehen, das durch das Verb ausgedrückt wird, ausgeht, so wird man bevorzugt das Passiv verwenden. Sagt man z.b.: **dieses Lied wird oft gesungen,** so wird nichts darüber ausgesagt, wer das Lied oft singt. Im Aktiv wäre man gezwungen, einen Jemand zu benennen, der das Lied oft singt. (z.b. **Wir singen dieses Lied oft.**)

2. DIE BILDUNG DES PASSIVS

a. Im Passiv wird das Akkusativobjekt des aktiven Satzes zum Subjekt des passiven Satzes. Das Hilfsverb **werden** übernimmt die Stelle des konjugierten Verbs des aktiven Satzes; das Verb selbst rückt als Partizip Perfekt an das Ende des Satzes und ist unveränderlich. In den zusammengesetzten Zeiten steht das Partizip Perfekt von **werden** (d.h. **geworden,** das im Passiv immer zu **worden** verkürzt wird) oder der Infinitiv **werden** am Ende des Satzes. Die Wortstellung im passiven Satz folgt den Regeln, die in Kapitel I aufgestellt wurden.

PRÄSENS:	Er wird . . .	gelobt.
IMPERFEKT:	Er wurde . . .	gelobt.
PERFEKT:	Er ist . . .	gelobt worden.
PLUSQUAMPERFEKT:	Er war . . .	gelobt worden.
FUTUR I:	Er wird . . .	gelobt werden.
FUTUR II:	Er wird . . .	gelobt worden sein.

Englischsprechende Studenten übersehen oft den sehr wesentlichen Unterschied des Hilfsverbs **werden** bei der Verwendung im Passiv oder im Futur.

werden + PARTIZIP PERFEKT = PASSIV
Er wird gesehen.
werden + INFINITIV = AKTIV FUTUR
Er wird sehen.

b. Das Subjekt des aktiven Satzes bleibt auch im passiven Satz der handelnde Teil. Dies wird durch:

von + DATIV oder
durch + AKKUSATIV

zum Ausdruck gebracht. Die Präposition **durch** (anstatt **von**) wird dann gebraucht, wenn der handelnde Teil ein unpersönlicher Faktor ist. Meistens steht diesem unpersönlichen Faktor kein Artikel voran. In allen anderen Fällen wird **von** verwendet.

Der Verbrecher wird **von dem Zeugen** erkannt.
Der Brief wurde **von dem Postboten** ins Haus gebracht.
Das graue Kleid ist **von der älteren Dame** gekauft worden.
Der Mörder war **durch Fingerabdrücke** identifiziert worden.
Viele Menschen werden **durch Bombenangriffe** getötet werden.
Das Haus wird **durch Feuer** zerstört worden sein.

c. Es gibt eine ganze Reihe von Verben, die sowohl ein Akkusativ- als auch ein Dativobjekt nach sich ziehen, wie z.B. **erzählen, geben, glauben, sagen, versprechen** ... usw. Bei diesen Verben steht das, was erzählt, gegeben, geglaubt, gesagt, versprochen usw. wird, im Aktiv immer in der Akkusativform, während die Person, der etwas erzählt, gegeben ... usw. wird, immer im Dativ steht. Im Passiv wird das Akkusativobjekt, wie oben ausgeführt wurde, zum Subjekt und steht damit im Nominativ. Das Dativobjekt bleibt unverändert.

AKTIV: Der Vater gibt dem Sohn den Wagen.
PASSIV: Der Wagen wird **dem Sohn von dem Vater** gegeben.
ODER BESSER: **Der Wagen wird dem Sohn gegeben.**

BEACHTE: Um den Satz flüssiger zu machen, kann bei diesen Verben der Handelnde, d.h. das Subjekt des aktiven Satzes im Passiv oft weggelassen werden.

Dem Sohn wird der Wagen gegeben.
Dem Verletzten wurde geholfen.
Dem Kandidaten ist gratuliert worden.
Dem Kranken wird geholfen werden.

Englischsprechende Studenten haben mit diesen Satzkonstruktionen Schwierigkeiten, wenn sie zuerst auf englisch denken und den Satz dann ins Deutsche übersetzen. Das englische *he is given a present* wird häufig im Deutschen mit »er wird ein Geschenk gegeben« übersetzt und das ist natürlich vollkommen falsch. **Er wird gegeben** oder **er wird geschenkt** heißt, *he is* (literally) *handed over.* Die Bedeutung des Satzes sollte jedoch sein: *something is handed over to him.* Zur Vermeidung dieser Fehler ist es am besten, die Sätze gleich vom Deutschen her zu konstruieren.

3. SONDERFÄLLE DER PASSIVBILDUNG

a. Es gibt eine ganze Reihe von Verben, die kein Akkusativobjekt, sondern nur ein Dativobjekt nach sich ziehen. Zu diesen Verben gehören z.b. **antworten, danken, drohen, gratulieren, helfen** usw. (Vgl. dazu Kapitel 10.) Diese Verben sind intransitiv, das bedeutet, daß sie das Passiv nicht nach den oben angegebenen Regeln bilden können. Anstelle des fehlenden Akkusativobjekts, das normalerweise im passiven Satz zum Subjekt wird, tritt im Passiv als Subjekt ein unpersönliches **es.** Das Dativobjekt bleibt als ein solches erhalten. In vielen Fällen wird das unpersönliche **es** am Satzanfang weggelassen und an seine Stelle tritt das Dativobjekt. Der Satz hat dann kein grammatisches Subjekt.

Der Sohn dankt dem Vater für das Buch.
Es wird dem Vater von dem Sohn für das Buch gedankt.
Dem Vater **wird** von dem Sohn für das Buch gedankt.

Diese Art des Passivs wirkt oft plump und wird deshalb nur selten gebraucht. Die kürzere Form ohne **es** wird meistens vorgezogen.

Es wurde ihm nicht geantwortet.
Ihm wurde nicht geantwortet.
Es ist ihm wiederholt gedroht worden.
Ihm ist wiederholt gedroht worden.

b. Es gibt eine weitere Gruppe von intransitiven Verben, die weder ein Dativ- noch ein Akkusativobjekt haben (wohl aber ein Dativ- oder Akkusativobjekt nach einer Präposition). Diese Verben beschreiben einen Zustand und heißen daher Zustandsverben. (z.B. **bleiben, gehen, husten, lachen, laufen, schlagen, tanzen,** usw. . . .)

Die Zustandsverben kommen nur dann im Passiv vor, wenn das Subjekt ein unpersönliches **es** ist, wenn kein handelnder Teil genannt wird und wenn der Inhalt des Satzes sich auf etwas allgemeines bezieht. Der Inhalt des Satzes entspricht dann oft einem allgemein gehaltenen Befehl.

> **Es wurde** gestern abend viel **getanzt.**
> ODER: Gestern abend **wurde** viel **getanzt.**
> Jetzt **wird geschlafen!**
> **Es wird hiergeblieben!**
> Jetzt **wird** endlich **aufgestanden** und nach Hause **gegangen!**

Eine zweite Möglichkeit, mit den sogenannten Zustandsverben einen Passivsatz zu bilden, besteht darin, daß sich einige dieser intransitiven Verben mit Hilfe des Präfixes **be-** in transitive Verben umformen lassen. Der Satz im Aktiv: **Er lacht über die Geschichte** hieße dann im Passiv: **Die Geschichte wird von ihm belacht.** FALSCH: Es wird von ihm über die Geschichte gelacht!

c. Reflexive Verben können kein Passiv bilden, da das Subjekt (der Handelnde) mit dem Objekt (an dem gehandelt wird) identisch ist.

> Ich wasche mich.
> Wir schämen uns.
> Sie bereiteten sich vor.

ABER:	AKTIV:	PASSIV:
	Ich wasche das Kind.	**Das Kind wird von mir gewaschen.**

4. DAS ZUSTANDSPASSIV

Wenn anstelle einer Handlung, die ein Subjekt im Passiv erfährt, ein Zustand beschrieben wird, dann spricht man von einem »Zustandspassiv.«

PASSIV: Das Auto wird verkauft.
ZUSTANDSPASSIV: Das Auto **ist verkauft.**

Der Unterschied zwischen **wird verkauft** und **ist verkauft** entspricht im Englischen dem Unterschied zwischen *is being (in the process of being) sold* und *is sold*. Grammatikalisch entspricht das

Zustandspassiv der Satzaussage. Die Konstruktion und Konjugation von **das Auto ist verkauft** und **das Auto ist alt** sind daher identisch.

PASSIV	ZUSTANDSPASSIV
das Auto wird verkauft	das Auto ist verkauft
das Auto wurde verkauft	das Auto war verkauft
das Auto ist verkauft worden	das Auto ist verkauft gewesen
das Auto war verkauft worden	das Auto war verkauft gewesen
das Auto wird verkauft werden	das Auto wird verkauft sein
das Auto wird verkauft worden sein	das Auto wird verkauft gewesen sein

5. DIE MODALEN HILFSVERBEN IM PASSIV

Die modalen Hilfsverben **(können, dürfen, mögen, müssen, sollen** und **wollen)** können auch im Passiv verwendet werden. Sie übernehmen dann die Stelle des gebeugten Verbs, welches bei Verwendung von modalen Hilfsverben an das Satzende tritt. Beachten Sie bitte, daß die modalen Hilfsverben im Aktiv und Passiv die gleiche Satzstellung haben. Die richtige Reihenfolge der Partizipien und Infinitive am Satzende muß immer genau eingehalten werden, und zwar ist das Verb bzw. das Hilfsverb, das von seiner ursprünglichen Stellung als zweites Glied im Satz an das Satzende geschoben wird, das allerletzte Wort im Satz.

AKTIV	PASSIV
er sieht . . .	er wird . . . gesehen
er sah . . .	er wurde . . . gesehen
er hat . . . gesehen	er ist . . . gesehen worden
er kann . . . sehen	er kann . . . gesehen werden
er kann . . . gesehen haben	er kann . . . gesehen worden sein
er hat . . . sehen können	er hat . . . gesehen werden können

Wenn das modale Hilfsverb in einer zusammengesetzten Zeit auftritt **(er hat gesehen werden können),** muß der doppelte Infinitiv gebraucht werden.

Die Schwierigkeit der modalen Hilfsverben im Passiv besteht darin, daß eine wortwörtliche Übersetzung aus dem Englischen oder ins Englische zu keinem richtigen Ergebnis führt. Die Konjugation der modalen Hilfsverben folgt (im Aktiv sowohl wie im Passiv) denselben Regeln, die für alle Verben gelten, wobei zu beachten ist, daß das Hilfsverb **werden** in den zusammengesetzten Zeiten mit **sein,** die modalen Hilfsverben dagegen mit **haben** konjugiert werden. Im Englischen existieren viele dieser Formen gar nicht und müssen umschrieben werden.

> z.b.   Er kann gesehen werden = *he can be seen*
> aber: **Er hat gesehen werden können** = *it was possible to see him*

Es ist daher von großem Vorteil, gleich in deutsch zu denken, ohne den Versuch zu machen, aus dem Englischen zu übersetzen. (Die modalen Hilfsverben werden in Kapital 12 ausführlich behandelt.)

Zu den **Übungen** beachten Sie bitte folgendes:

Im täglichen Sprachgebrauch hat es wenig Sinn, Sätze aus dem Aktiv in das Passiv umzuwandeln, da man etwas von vornherein im Aktiv oder im Passiv sagt. Selbst bei grammatisch richtiger Umwandlung wirken manche Sätze im Passiv schwerfällig oder zu umständlich. Um jedoch ein besseres Sprachgefühl für das Passiv und seine Verwendungsmöglichkeiten zu bekommen, folgen Übungen, die diese Umwandlung verlangen. Beachten Sie dabei, daß eine häufige Fehlerquelle bei diesen Übertragungen daher rührt, daß beim Verb auf Grund des Subjektwechsels ein möglicher Wechsel vom Singular in den Plural nicht beachtet wird.

> Das Kind (*Singular*) pflückt die Blumen.
> Die Blumen (*Plural*) **werden von dem Kind gepflückt.**

ÜBUNGEN

a. *Ändern Sie die nachstehenden Sätze vom Aktiv ins Passiv um. Beachten Sie dabei die Zeiten, den Gebrauch von* **durch** *oder* **von** *und die Wortstellung.*

1. Das kleine Kind sah die Katzen.
2. Die Frau gratuliert ihrem Mann zu seinem Geburtstag.
3. Fliegerangriffe zerstörten einen großen Teil der Stadt.
4. Die Regierung unterstützte die Flüchtlinge nur unzureichend.
5. Das laute Ticken der Uhr hat mich aufgeweckt.
6. Ein Autounfall raubte ihm das Leben.

7. Verkehrsunfälle verletzen jeden Tag viele Menschen.
8. Fast alle jungen Leute lesen diesen Roman.
9. Während seines Aufenthalts im Sanatorium hat der Kranke viele Bücher gelesen.
10. Der Pianist spielte den letzten Satz des Klavierkonzerts mit zu viel Gefühl.
11. Der Pianist hat die Kritiker durch sein fahriges und nervöses Spiel enttäuscht.
12. Die Baufirma errichtete das Hochhaus in einer Rekordzeit.
13. Das Dienstmädchen bringt der Frau des Hauses jeden Morgen die Zeitung.
14. Die Frau des Hauses deckt den Tisch nur an wenigen Feiertagen so besonders schön.
15. Die Wissenschaftler dieses Werkes entwickelten ein neues Verfahren für eine billigere und schnellere Gewinnung von Eisenerz.
16. Dieser Staat hatte die Freiheit jedes einzelnen Bürgers schon lange anerkannt.
17. Die Hausbewohner grüßen den Herrn Oberlandesgerichtsdirektor immer mit großer Hochachtung.

b. *Sagen Sie in sinngemäßem Englisch.*

1. Dieser Artikel wird sehr viel verkauft.
2. Meine Freundin wird ihre abgelegten Kleider verkaufen.
3. Ich bin überzeugt, daß an diesem Artikel sehr viel verdient werden wird.
4. Er wird durch diese unbedachten Bemerkungen sehr oft verletzt.
5. Er wird seine Freundin durch diese unbedachten Bemerkungen noch sehr oft verletzen.
6. Er hat mich noch nie verletzt.
7. Bist du schon oft verletzt worden?
8. Wer hat mich jemals gelobt?
9. Wer möchte nicht gerne gelobt werden?
10. Das Kind wird von der Erzieherin nur sehr selten gelobt.
11. Der Vater hat seine Kinder zu häufig gelobt.
12. Dieses Sofa ist schon vor langer Zeit gekauft worden.
13. Wir hatten es von unseren ersten Ersparnissen gekauft.
14. Demnächst wird ein neues Sofa gekauft werden.

c. *Bilden Sie aus den nachstehenden Satzelementen Passivsätze in der in Klammern angegebenen Zeit.*

1. Champagner/ bevorzugt/ vor anderen Getränken. *(Präsens)*
2. Die Arbeit/ ausgeteilt/ vom Abteilungsleiter/ an die Angestellten. *(Imperfekt)*
3. Der Gefangene/ behandelt/ höflich/ von den Wärtern. *(Perfekt)*
4. Die Liste/ für den wöchentlichen Einkauf/ zusammengestellt. *(Präsens)*
5. Die Preise/ heruntergedrückt/ vom Einkaufschef. *(Imperfekt)*
6. Die Ideen des Architekten/ angehört/ mit viel Skepsis. *(Plusquamperfekt)*
7. Die Glückwünsche/ entgegengenommen/ von dem Greis/ mit strahlender Miene. *(Plusquamperfekt)*
8. Die Post/ heute schon/ durchgesehen? *(Perfekt)*
9. Die alte Tante/ behandelt/ von der ganzen Familie/ mit ausgesuchter Höflichkeit. *(Präsens)*
10. Durch sein langes Zögern/ das Geschäft/ nicht abgeschlossen. *(Imperfekt)*
11. Von welchem Arzt/ Sie/ behandelt? *(Präsens)*
12. Mir/ gestohlen/ gestern/ meine Brieftasche! *(Imperfekt)*
13. Das Haus/ noch nicht/ verkauft. *(Imperfekt)*
14. Seine Karriere/ ruiniert/ durch sein vieles Trinken. *(Präsens)*
15. Seine Vorschläge/ angehört/ mit großer Aufmerksamkeit. *(Perfekt)*

d. *Bilden Sie aus nachstehenden Aktivsätzen je zwei Passivsätze. Sie können dabei auch den* **von** ... *Teil weglassen, wenn der Satz Ihnen zu plump erscheint.*

> z.b. Der Sohn schenkt dem Vater ein Buch.
>
> **Es wird dem Vater vom Sohn ein Buch geschenkt.**
> (*Richtig, aber plump*)
> **Dem Vater wird ein Buch geschenkt.** (*Besser*)

1. Niemand antwortete dem kleinen Kind auf seine Fragen.
2. Die Angestellten gratulierten dem Chef zu seinem Betriebsjubiläum.
3. Die Krankenpflegerin hat dem Patienten durch viele schwere Anfälle hindurchgeholfen.
4. Keiner dankte dem Autofahrer für seine Hilfsbereitschaft.
5. Der Ingenieur drohte dem Betriebsleiter mit seinem Austritt

aus der Firma, falls sich die Arbeitsbedingungen nicht besserten.

6. Die Polizei glaubte dem Mann die umständlichen Erklärungen nicht.
7. Ich erzählte ihm den Vorfall wiederholt, aber er kann sich die Zusammenhänge nicht merken.
8. Der Arzt hat dem Kranken baldige Genesung versprochen.
9. Wir haben es dir ja schon oft gesagt!
10. Niemand hilft ihm in seiner Not.
11. Ich gebe ihm für dieses Projekt keinen Pfennig.
12. Seine Freunde sagen ihm nicht die Wahrheit.
13. Der junge Mann versprach seiner Angebeteten das Blaue vom Himmel.
14. Sie antwortet ihm schon seit langem nicht mehr auf seine Briefe.
15. Der Angeklagte hat auf die Fragen des Verteidigers ausführlich geantwortet.
16. Die Frau hat ihrem Mann eine Krawatte geschenkt.
17. Der Hausherr hat den lauten Mietern mit der Polizei gedroht.
18. Der Mann dankte seiner Frau für die schöne Krawatte.

e. *Nicht alle nachstehenden Sätze können ein Passiv bilden. Bilden Sie ein Passiv, wenn grammatikalisch möglich und kommentieren Sie, ob es ein stilistisch guter oder schlechter Satz ist. Wenn es nicht möglich ist, ein Passiv zu bilden, so geben Sie den Grund dafür an.*

1. Ich wasche meine Hände in Unschuld.
2. Er verspricht immer sehr viel und hält es dann nicht.
3. Er verspricht sich am laufenden Band.
4. Das kleine Kind läuft den Weg hinunter.
5. Viele der jungen Leute tanzten die ganze Nacht hindurch.
6. Ich freue mich über dein Kommen.
7. Die Eltern schämen sich für ihr Kind.
8. Die Eltern schämen sich über ihr Kind.
9. Ich kann mir seine Antwort nicht erklären.
10. Einige der Gäste gingen frühzeitig nach Hause.
11. Niemand schläft traumlos.
12. Das Mädchen bürstet sich die Haare.
13. Das Mädchen bürstet ihrer Schwester die Haare.
14. Die Gäste bedankten sich bei den Gastgebern für den schönen Abend.

f. *Beantworten Sie folgende Fragen mit einem deutschen Satz im Passiv. Verwenden Sie dabei das in Klammern angegebene Verb.*

z.b. Was sagt die Mutter, wenn die Kinder schlafen sollen?

Jetzt wird geschlafen!

1. Was sagt der Lehrer, wenn die Kinder zu viel schwätzen? *(schweigen)*
2. Was steht an den Ladentüren von Geschäften, in denen die Verkäufer mehrere Sprachen können? *(italienisch und französisch sprechen)*
3. Was sagt Frau Krause, wenn die Kinder im Treppenhaus auf- und ablaufen? *(nicht laufen)*
4. Was sagt die Frau, wenn der Hund auf der Straße davonlaufen will? *(hierbleiben)*
5. Was sagt die Frau auf einer Abendgesellschaft zu ihrem Mann, wenn es schon sehr spät ist? *(nach Hause gehen)*
6. Was sagt der Hausmeister, wenn die Kinder im Hof auf die Wäschestangen klettern? *(nicht herumturnen)*
7. Was sagt der Schwimmlehrer, wenn das Kind nicht schwimmen lernen will? *(schwimmen)*

g. *Schreiben Sie folgende Sätze in die in Klammern angegebenen Zeiten um.*

P = Passiv   ZP = Zustandspassiv

1. Die Tür wird langsam geöffnet. *(P; Perfekt)*
2. Die Tür wird geöffnet *(ZP; Perfekt)*
3. Das Auto wird von dem Händler verkauft. *(P; Futur)*
4. Das Auto ist schnell verkauft. *(ZP; Futur)*
5. Die Tür ist geschlossen. *(P; Imperfekt)*
6. Die Tür ist seit langem geschlossen. *(ZP; Imperfekt)*
7. Das Auto ist verkauft gewesen. *(P; Plusquamperfekt)*
8. Das Auto wird verkauft werden. *(ZP; Plusquamperfekt)*
9. Die Wasserleitung wurde repariert. *(P; Plusquamperfekt)*
10. Die Wasserleitung ist schon lange repariert. *(ZP; Perfekt)*
11. Die Wasserleitung ist repariert. *(ZP; Futur)*
12. Die Wasserleitung ist repariert gewesen. *(P; Futur)*
13. Das Geschäft war am Sonntag geschlossen *(ZP; Plusquamperfekt)*
14. Das Geschäft wurde am Sonntag geschlossen. *(P; Plusquamperfekt)*

DRITTES KAPITEL

h. *Bilden Sie neue Sätze, indem Sie die in Klammern angegebenen modalen Hilfsverben verwenden. Beachten Sie dabei die Zeiten.*

> z.b. Die Tür wurde geschlossen. *(müssen)*
> **Die Tür mußte geschlossen werden.**

1. Der Brief ist heute geschrieben worden. *(müssen)*
2. Das Mädchen ist eingeladen worden. *(wollen)*
3. Diese Arbeit wurde nicht erledigt. *(können)*
4. Hier wird nicht geschwiegen. *(dürfen)*
5. Der Philanthrop wird um Hilfe gebeten. *(sollen)*
6. Solch eine Frechheit wird nicht zugelassen. *(dürfen)*
7. Dieses Haus wurde mit großem Gewinn verkauft. *(können)*
8. Dieses Pferd ist mit großem Gewinn verkauft worden. *(können)*
9. Das junge Mädchen wird auf dem Ball von allen seinen Verehrern gesehen. *(wollen)*
10. Dem Kranken wird bald geholfen. *(müssen)*
11. Dem Arzt ist zu der erfolgreichen Operation gratuliert worden. *(dürfen)*
12. Das Versprechen wurde nicht gehalten. *(können)*
13. Jetzt wird nicht mehr gezögert. *(dürfen)*
14. Er wurde von niemandem an sein Versprechen erinnert. *(wollen)*
15. Hier wurde noch nie gelacht. *(dürfen)*
16. Er wird um jede Kleinigkeit zu Rate gezogen. *(müssen)*
17. Seine guten Taten werden von der Gemeinde nie vergessen werden. *(können)*
18. Für seine Großzügigkeit ist ihm eine Ovation dargebracht worden. *(müssen)*

i. *Sagen Sie in gutem Englisch.*

1. Er kann gesehen worden sein.
2. Es ist möglich, daß er gesehen worden ist.
3. Der Plan mußte schon lange vorbereitet gewesen sein.
4. Der Filmstar wollte von allen gesehen werden.
5. Die private Ausstellung konnte nur von wenigen besucht werden.
6. Das Versteck konnte unmöglich entdeckt werden.

7. Das Versteck mußte entdeckt worden sein.
8. Das Versteck hat unmöglich entdeckt werden können.
9. Das Versteck mußte entdeckt werden.
10. Das Versteck hat von dem Felsen aus nicht gesehen werden können.
11. Das Versteck hat über kurz oder lang entdeckt werden müssen.
12. Der Dieb wollte nicht gehört werden.
13. Der junge Mann muß für die Position empfohlen werden.
14. Der junge Mann muß für die Position empfohlen worden sein.
15. Der junge Mann hat für die Position mit ruhigem Gewissen empfohlen werden können.
16. Das sollte doch gemacht werden können!
17. Es mußte ihm doch auf alle Fälle geholfen werden!
18. Er darf nicht so schäbig behandelt werden.
19. Er muß besser behandelt werden.
20. Er kann überhaupt nur mit größter Vorsicht behandelt werden.
21. Er ist früher bestimmt nicht so gut behandelt worden.
22. Er kann früher bestimmt nicht so gut behandelt worden sein.
23. Er hat früher bestimmt nicht so gut behandelt werden können.

j. *Sagen Sie die nachstehenden Sätze in gutem Deutsch und verwenden Sie dabei nach Möglichkeit passive Konstruktionen.*

1. It is possible that he was lied to. *(belügen + Akkusativ)*
2. He must have been informed of the accident. *(unterrichten)*
3. One must have informed him of the accident.
4. He could no longer be helped.
5. The house had had to be sold.
6. His urgent question had to be answered.
7. It was impossible for him to be hidden.
8. He could not be given too much responsibility.
9. He must be given more responsibility.
10. He must at least be listened to. *(anhören + Akkusativ)*
11. He had to be listened to.
12. He had been listened to for a good long while.

II. KONVERSATIONSTHEMEN

1. Wieviele Personen kommen in der Geschichte »Die Nacht im Hotel« vor? In welcher Beziehung stehen sie zueinander? Wie lernen sich die beiden Hauptpersonen kennen?

2. Warum verbringt Schwamm die Nacht in einem Doppelzimmer? Würde er ein Einzelzimmer vorgezogen haben?

3. Weiß Schwamm, wie der Mann aussieht, mit dem er sein Zimmer teilen muß? Sagt der Fremde ihm seinen Namen? Was erfahren wir über den Fremden?

4. Aus welchem Grund ist Schwamm in die Stadt gefahren? Was wollte er am nächsten Morgen tun?

5. Was erzählt Schwamm von seinem Sohn? Was meint er, wenn er sagt, sein kleiner Sohn habe eine Glasseele?

6. Der Fremde in dem Hotel denkt immer gleich an Selbstmord. Glauben Sie auch, daß ein äußerst sensibler Mensch wie der kleine Sohn Schwamms besonders leicht zum Selbstmord neigt? Worin könnte ein möglicher Grund für einen Selbstmord bestehen?

7. Warum kommt der kleine Junge immer verstört und enttäuscht von der Schule nach Hause zurück? Was nimmt er sich sehr zu Herzen? Können Sie sich an ein ähnliches Kindheitserlebnis erinnern?

8. Warum winkt keiner der Reisenden dem Jungen zurück? Was drückt sich darin aus, daß nie einer zurückwinkt? Winken Sie immer zurück, wenn Sie Kinder an der Straße oder am Zug winken sehen? Warum winken die Kinder eigentlich?

9. Warum haßt der Fremde Kinder? Haßt er sie wirklich?

10. Der Fremde sagt, es sei Betrug, was Schwamm vorhabe. Meinen Sie das auch?

11. Warum kam Schwamm niedergeschlagen und enttäuscht nach Hause zurück? Hatte er Grund dazu, niedergeschlagen zu sein?

12. Warum war Schwamms kleiner Sohn außer sich vor Freude? Wer hatte ihm gewinkt?

III. AUFSATZTHEMEN

1. Beschreiben Sie eine Nacht in einem deutschen Hotel, und verwenden Sie dabei die angegebenen Wörter. Vollenden Sie damit den folgenden angefangenen Aufsatz:

> Im letzten Sommer haben wir eine Dampferfahrt auf der Weser gemacht. In Hannoversch-Münden, einem malerischen alten Städtchen mit vielen schönen Fachwerkhäusern wollten wir den Dampfer besteigen und von dort weserabwärts bis zur Rattenfängerstadt Hameln fahren. Um sechs Uhr morgens sollte das Schiff schon ablegen und um rechtzeitig zur Stelle zu sein, wollten wir die vorhergehende Nacht in Hannoversch-Münden im Hotel verbringen. Es war schon dunkel, als wir endlich die alte Stadtmauer, die die Stadt umgibt, vor uns sahen. Bald hatten wir ein kleines Hotel gefunden, wo wir nach einem Quartier fragten.
>
> Nachtportier — Doppelzimmer mit fließendem Wasser — Einzelzimmer — Anmeldeformulare ausfüllen — Zimmernummer — Kofferträger — Trinkgeld — Federbetten — Stiefelknecht — Waschbecken — Toilette am Ende des Ganges — verschlafen — frühstücken — Brötchen — Marmelade — Zimmermädchen — Schlüssel abgeben.

2. Schwamm sagte, er habe den merkwürdigsten Grund, den je ein Mensch hatte, um in die Stadt zu fahren. Beschreiben Sie einen anderen sehr merkwürdigen Grund, der jemanden in ein Hotel in der Stadt führen kann.

3. Schwamm sagt, sein kleiner Sohn sei gefährdet. Worin besteht die Gefahr?

4 | VIERTES KAPITEL

BILDER AUS DEM GESCHÄFTSLEBEN (1)

Kurt Tucholsky

> Republiken oder Kaiserreiche —
> 's ist immer das gleiche, immer das gleiche!

Der Portier

Der Portier hat einen Stehbauch und ist ein stattlicher Mann. Er
war früher herrschaftlicher Diener oder Schutzmann. Er ist 1,80
Meter groß und hat, wenn er nicht glattrasiert ist, einen martialischen Schnurrbart. Der Portier kennt alle Leute des Hauses und
grüßt sie morgens, wenn sie kommen. Er grüßt genau abgestuft:
den Chef militärisch, straff und untergeben, mit einer Miene, die
besagt: »Wir zwei beide gehören doch zusammen!« — die unterstellten nachgeordneten Direktoren sehr höflich und mit einer
gewissen Anerkennung; die Prokuristen höflich; die gewöhnlichen Angestellten kurz, aber sachlich, die Lehrlinge gar nicht.
Die Schreibmaschinendamen werden je nach der Hübschheit von
ihm gegrüßt, dabei verklärt ein gewinnendes und väterliches
Lächeln seine erhabenen Züge. Der Portier kennt sämtliche
Kneipen der Umgegend sowie alle Chauffeure. Der Portier
frühstückt in seiner Loge riesige Wurststullen; zu Mittag ißt er
große Scheiben Rindfleisch und trinkt dazu aus einem riesigen
Glase Bier. Wenn sein Schnurrbart vor Schaum trieft, und gerade
jemand kommt, so zieht er gemächlich schlürfend den Schaum
ein und geht majestätisch, um zu sehen, was es da draußen gibt.
Der Portier weiß genau, wann wer zu spät kommt. Dann sieht
er den Übeltäter befehlshaberisch von oben bis unten an, so daß
dem noch übler zumute wird, als ihm sowieso schon war. Der

Portier hat nicht gern, wenn gewöhnliche Leute den Fahrstuhl benutzen. Der Portier ist immer im Betrieb, der Fahrstuhl nur, wenn er es wünscht. Der Fahrstuhl ist nur für den Portier und die Chefs da. Portiers sind ein unumgänglicher Schmuck der Fassade. Der Portier nimmt Trinkgelder im Schatten seines riesigen Bauches, stumm, höchstens nur leise einen Dank brummelnd, wie wenn eine feierliche Handlung, die sich von selbst versteht, vonstatten gegangen wäre.

Der Portier kommt sich unentbehrlich für den Fortgang des gesamten Betriebes vor.

Der Angestellte, der etwas werden will

Der Angestellte, der etwas werden will, ist von beflissenem Eifer. Er steht kurz vor seiner Beförderung zum . . . nach Belieben auszufüllen. Dieser Angestellte ist schon eine Viertelstunde vor Beginn des Dienstes da und geht niemals mit den andern nach Hause, sondern bleibt, sehr wichtig mit einer Feder hinter dem Ohr, bis sieben Uhr des Abends. Der Angestellte, der etwas werden will, steckt auffallend viel mit den Prokuristen zusammen und schielt heimlich-sehnsüchtig auf die Sondertoilette, die jene benutzen dürfen. Der Angestellte, der etwas werden will, hat manchmal schon etwas Herablassendes im Ton, wenn er mit den jüngeren Kollegen spricht. Er kritisiert niemals Maßnahmen der Geschäftsleitung, sondern findet selbst für die blödsinnigsten Anordnungen der Chefs immer irgendeinen Entschuldigungsgrund. Wenn das ganze Büro schreit: »Na, das versteh ich nicht!« — so sagt er mit einer gewissen Überlegenheit: »Wahrscheinlich sind die Chefs der Meinung, daß . . .« Der Angestellte, der etwas werden will, arbeitet musterhaft, mit zusammengepreßten Lippen, und achtet sehr darauf, daß kein anderer etwas werden kann.

Eines Tages wird seine Mühe gelohnt: er wird befördert. Es überrascht ihn wenig. Er sieht bereits darauf, die nächste Stufe zu erklimmen. Er ist mit Vorsicht zu genießen, weil er beim Klettern gern nach unten tritt.

Der Prokurist

Der Prokurist ist meistens ein etwas ergrauter Mann, den eine leise Resignation umspielt. Geschäftsteilhaber kann er nicht werden, das weiß er ganz genau. Er hat so ziemlich alles erreicht, was man in diesem Hause erreichen kann: vom Portier zuvorkommend und vertraulich gegrüßt zu werden, von niemand als vom Chef Weisungen entgegenzunehmen, ziemlich selbständig walten zu können, eine ganz angenehme Tantieme zum Abschluß des Bilanzjahres zu beziehen. Er hat kaum noch Wünsche. Der Prokurist hat ein eigenes Zimmer mit einem gediegenen polierten Schreibtisch und ein paar Blumen darauf. Eine bronzene Aschenschale und eine glänzende Papierschere deuten auf ein stattgehabtes Jubiläum. Der Prokurist meldet sich am Telefon nur mit seinem Namen, einfach, stolz-bescheiden, so nach der Melodie: »Ich habe dem nichts hinzuzufügen!« — Der Prokurist hat Klingeln auf dem Tisch, auf die er regierend drückt. Meist kommt niemand. Der Prokurist ist viel cheflicher als der Chef und handelt sämtliche Ausgaben bis zur Bewußtlosigkeit herunter. Die Chefs wissen, was sie an ihm haben, hüten sich aber, es ihn allzusehr wissen zu lassen. Der Prokurist kennt sämtliche Akten und Korrespondenzen von Anbeginn der Welt an. Er hat alles, unter anderm eine sehr häßliche Frau, von der man sich nicht denken kann, daß sie jemals jung gewesen ist. Auch vom Prokuristen sich das vorzustellen, ist nicht ganz einfach. Die jüngeren Angestellten flüstern sich zu: »Der hat hier als gewöhnlicher Korrespondent angefangen!« — Aber das ist nur so eine Façon de parler — eine rationalistische Erklärung des Götterglaubens. Es glaubt auch niemand so recht daran. Der Prokurist war, ist und wird sein. Er gehört zum Haus wie die alte Uhr auf dem Gang und die Eingangstür, deren Muster man im Schlafe sieht. Der Prokurist soll eine kleine Einlage im Geschäftskapital haben. Er hat ein laufendes Konto. Niemand weiß genau, was er eigentlich bezieht. Er kommt sich vollkommen unentbehrlich vor.

I. ANMERKUNGEN

A. Das Adjektiv

1. DIE DEKLINATION

Man unterscheidet zwischen starken und schwachen adjektivischen Endungen. Die **starken Endungen** gleichen — mit Ausnahme des Genitiv Singular Maskulin und Neutrum — den Endungen der bestimmten Artikel. Genitiv Singular Maskulin und Neutrum haben ein **-n,** wo man ein **-s** erwartet.

	MASKULIN	NEUTRUM
NOM.	der — guter	das — gutes
AKK.	den — guten	das — gutes
DAT.	dem — gutem	dem — gutem
GEN.	des — guten	des — guten

	FEMININ	PLURAL
NOM.	die — gute	die — gute
AKK.	die — gute	die — gute
DAT.	der — guter	den — guten
GEN.	der — guter	der — guter

Die **schwachen** Adjektive enden, mit Ausnahme des Nominativ Singular Maskulin, Neutrum, Feminin und (da im Neutrum und Feminin die Akkusativendungen denen des Nominativs gleichen) im Akkusativ Feminin und Neutrum, wo die Endung **-e** steht, in allen Fällen auf **-en.**

	MASKULIN	NEUTRUM	FEMININ	PLURAL
NOM.	gut-e	gut-e	gut-e	gut-en
AKK.	gut-en	gut-e	gut-e	gut-en
DAT.	gut-en	gut-en	gut-en	gut-en
GEN.	gut-en	gut-en	gut-en	gut-en

2. SATZSTELLUNG

Adjektive stehen entweder vor Substantiven und müssen mit diesen in Zahl, Geschlecht und Fall übereinstimmen; oder sie stehen als Satzaussage am Ende des Satzes. Sie werden dann nicht dekliniert.

Der **fleißige Arbeiter** gönnt sich keine Pause.
Dieser Arbeiter ist immer **fleißig**.

3. ANWENDUNG

Zwischen den starken und schwachen Endungen aufeinanderfolgender Adjektive besteht eine sehr wichtige Wechselwirkung.

a. der, jeder, dieser, jener, welcher (die sogenannten **der-**Wörter) haben immer starke Endungen. Folgen diesen weitere Adjektive, so müssen sie schwache Endungen haben, da nur **eine** Kategorie vor jedem Substantiv eine starke Endung haben kann.

Ich sehe **diesen alten Mann.**
Welches neue Auto gehört Ihnen?
Der Chef spricht persönlich mit **jedem neuen Angestellten.**

b. ein, kein und **alle possessiven Adjektive** (die sogenannten **ein-**Wörter) haben mit einer Ausnahme immer starke Endungen. Ist die Endung der **ein-**Wörter stark, enden die deskriptiven Adjektive schwach. Im Nominativ Maskulin und Nominativ und Akkusativ Neutrum haben die **ein-**Wörter gar keine Endung. Logischerweise übernimmt dann das darauffolgende deskriptive Adjektiv die starke Endung.

	MASKULIN		NEUTRUM	
NOM.	ein	kluger	ein	kluges
AKK.	einen	klugen	ein	kluges
DAT.	einem	klugen	einem	klugen
GEN.	eines	klugen	eines	klugen

	FEMININ		PLURAL	
NOM.	eine	kluge	keine	klugen
AKK.	eine	kluge	keine	klugen
DAT.	einer	klugen	keinen	klugen
GEN.	einer	klugen	keiner	klugen

Die possessiven Adjektive sind:

mein-	**unser-**
dein-	**euer-**
sein-	**ihr-**

Es ist zu beachten, daß **unser-** und **euer-** noch keine Endungen haben, obwohl man das **-er** leicht dafür ansehen könnte. Beachten Sie bitte:

> Wir müssen mit **unserer kranken Tante** sehr behutsam sein.
> Ich kann **eurer langsamen Arbeitsweise** nicht mehr zusehen.
> Kommst du mit **deinem Gehalt** aus?
> Kommt er alleine oder mit **seiner neuen Freundin?**

c. Geht den deskriptiven Adjektiven kein **der-**Wort oder **ein-**Wort voraus, das die starke Endung für sich in Anspruch nimmt, so übernimmt das deskriptive Adjektiv die starke Endung.

> **Ehrliche Leute** sind nicht leicht zu finden.
> Ich kann **schmutzige Fingernägel** nicht ausstehen.
> **Kleiner Mann,** was nun?
> **Liebes Kind,** höre gut zu.

Adjektive ohne vorhergehendes **der-** oder **ein-**Wort werden vor allem bei der Anrede und auf Briefköpfen verwendet. Ohne nachfolgendes Substantiv (in welchem Fall das Adjektiv dann groß geschrieben werden muß) ist die Anrede sehr persönlich oder umgangssprachlich.

> Sehr **geehrte Herren!**
> **Verehrte Damen und Herren.**
> **Geschätztes Publikum!**
> Was halten Sie von diesem Skandal, **Gnädigste?**
> Ich weiß wirklich nicht, was ich dir raten soll, **Kleines.**

d. Steht ein **ein-**Wort oder ein **der-**Wort vor einem (oder auch mehreren) deskriptiven Adjektiven, so fällt die starke Endung dem **ein-** oder **der-**Wort und die schwache Endung den deskriptiven Adjektiven zu. Es gibt jedoch eine Anzahl von Adjektiven, die nur im Plural vorkommen, Mengen bezeichnen und starke

Endungen haben, bei denen aber auch die nachfolgenden deskriptiven Adjektive ihre starke Endung beibehalten. Dies sind:

viele, wenige, einige, mehrere, andere

Als Eselsbrücke können Sie sich vielleicht merken, daß bei den Adjektiven der Mengenangabe die Extremfälle (nämlich: **ein — kein** im Singular und **keine — alle** im Plural) Adjektive mit schwachen Endungen nach sich ziehen, während bei allen anderen Adjektiven der Mengenangabe die unmittelbar folgenden Adjektive starke Endungen haben. (Vgl. dazu auch Kap. 7.)

> Es gibt in diesem Jahr **viele gute Filme.**
> Der Student kam mit **mehreren wesentlichen Fragen** zu dem Professor.
> Der Ladeninhaber kennt nur **einige wenige Kunden** mit Namen.
> Ich kenne **viele nette Menschen.**
> ABER: Ich kenne **keine netten Menschen.**

e. Sonderfälle **mancher** und **solcher**

(1) Im Singular bedeutet **mancher** *many a.* Es wird wie ein **der**-Wort dekliniert, d.h. die nachfolgenden Adjektive haben schwache Endungen.

> **Mancher alte Mann** mußte für seine Weisheit schwer zahlen.
> Wenn **mancher Mann** wüßte, wer **mancher Mann** wär, tät **mancher Mann manchem Mann** manchmal mehr Ehr'.
> (Das ist eine Übung zum Zungenbrechen. Versuchen Sie den Satz ganz schnell zu sagen.)
> Es wird gar **manchem verschwendeten** Vermögen nachgeweint.

Häufiger jedoch ist die Konstruktion **manch ein** oder **manch eine. Manch** bleibt dann unverändert, während die **ein**-Form die Deklination übernimmt.

> **Manch ein kleines unfolgsames Kind** hat ins Feuer gegriffen.
> **Mit manch einem kleinen Auto** kann man dennoch sehr schnell fahren.

Im Plural bedeutet **manche** *some.* Es wird dann wie ein starkes Adjektiv dekliniert.

> **Manche dummen** Leute können nicht den Mund halten.
> **Manche eingefleischten** Geizhälse können nie genug Geld bekommen.

(2) Im Singular bedeutet **solcher** *such a.* Es kommt dann selten ohne den vorangehenden unbestimmten Artikel vor und hat auch kein weiteres Adjektiv bei sich.

> An **eine solche Reaktion** hatte ich im Traume nicht gedacht.
> **Einen solchen Unsinn** habe ich noch nie gehört.

Häufiger jedoch ist die Konstruktion **solch ein** oder **solch eine,** parallel zu **manch ein** und **manch eine.** Bei dieser Konstruktion können auch weitere deskriptive Adjektive eingeschoben werden, die dann in bezug auf das vorhergehende **ein-**Wort dekliniert werden. Synonym für **solch ein** ist **so ein.** Es wird umgangssprachlich sehr häufig verwendet.

> **Solch ein fataler** Irrtum hätte nicht unterlaufen dürfen.
> **Solch einem großzügigen Angebot** kann man nicht widerstehen.
> **Mit solch einem (so einem) verständnisvollen Chef** könnte ich auch auskommen.

Im Plural bedeutet **solche** *such.* Es wird auch stark dekliniert, d.h. die nachfolgenden deskriptiven Adjektive haben schwache Endungen.

> **Solche armen Leute** sind zu bedauern.
> **Mit solchen dummen Fragen** gebe ich mich nicht ab.

Beachten Sie bitte die folgenden Antworten:

> Kennen Sie **einen solchen Herrn?**
> RICHTIG: Ich kenne **keinen solchen Herrn.**
> FALSCH: Ich kenne einen solchen Herrn nicht.
> (Treffen **nicht** und **ein** zusammen, so steht anstelle dessen das Wort **kein.**)

4. ADJEKTIVE ALS SUBSTANTIVE

Adjektive können auch als Substantive verwendet werden. In diesem Falle werden die deskriptiven Adjektive mit einem großen Anfangsbuchstaben geschrieben, während die **der-** und **ein-**Wörter sowie die interrogativen, demonstrativen und possessiven Adjektive und die Adjektive der Mengenangaben immer klein geschrieben bleiben. Werden die Adjektive im Singular Maskulin und Feminin verwendet, beziehen sie sich meist auf eine Person; im Singular Neutrum beziehen sie sich auf einen abstrakten Begriff. Im Plural sind die Bezugsmöglichkeiten offen. Mit Ausnahme der abstrakten Begriffe im Singular Neutrum und der persönlichen, umgangssprachlichen Anrede werden die Adjektive jedoch selten als Substantive gebraucht. Oft dienen Adjektive als Substantive, um eine Wiederholung der Substantive von einem Satz zum anderen zu vermeiden.

> Ich kenne **jeden** in diesem Raum.
> Was **mein** ist, ist **dein**.
> Heute sind nicht **viele** anwesend.
> **Der Kleine** lacht immer.
> **Der Bekannte** meiner Schwester ist sehr nett.
> **Die Angestellte** weiß alles.
> Sie ist für **das Schöne** sehr empfänglich.
> **Die Großen** dieser Welt müssen schwer für ihre Erfolge kämpfen.
> Er hat sich nur **mit wenigem** befaßt.
> Er hat sich nur **mit wenigen Problemen (Menschen, Antworten** usw.) abgegeben.

Adjektive im Singular Neutrum können als abstrakte Begriffe mit oder ohne Artikel stehen. Ohne Artikel beziehen sie sich auf etwas allgemeineres, mit Artikel auf etwas mehr spezifisches. Dies entspricht ungefähr demselben Gebrauch im Englischen.

> Man hat **Großes** von ihm erwartet.
> **Das Schöne** ist oft nur von kurzer Dauer.
> **Schönes und Häßliches** wohnen oft nah beisammen.

ÜBUNGEN

a. *Ergänzen Sie die Lücken mit den richtigen Adjektivendungen.*

1. Ein gut- Mensch in sein- dunkl- Drange ist sich des recht- Weges wohl bewußt. *(Goethe)*
2. Gewöhnlich- Leute dürfen den Fahrstuhl nicht benutzen.
3. Die gewöhnlich- Leute dürfen den Fahrstuhl nicht benutzen.
4. Sie arbeitet mit ein- rasend- Umsicht, und in ihrer extrem- Tüchtigkeit liegt ein beständig- Vorwurf für die gesamt- Männerwelt .... *(Thomas Mann)*

5. Auf ihren Wangen aber glüht in zwei rund– , karmoisinrot– Flecken die unauslöschlich– Hoffnung . . . . *(Thomas Mann)*

6. Mit sein– zweispitzig– schwarz– Bart, der hart– und kraus– ist, wie das Roßhaar, mit dem man die Möbel stopft, sein– dick– , funkelnd– Brillengläsern und dies– Aspekt eines Mannes, den die Wissenschaft gekältet, gehärtet und mit still– , nachsichtig– Pessimismus erfüllt hat, hält er auf kurz angebunden– und verschlossen– Art die Leidenden in seinem Bann. *(Thomas Mann)*

b. *Ersetzen Sie in den nachstehenden Sätzen die* **der-***Wörter durch* **ein-***Wörter.*

> z.b. Der Portier weiß genau, wann jeder Angestellte kommt.
> **Der Portier weiß genau, wann ein Angestellter kommt.**

1. Der große, stattliche Mann hat einen Stehbauch.

2. Welcher herrschaftliche Diener hat diesen martialischen Schnurrbart?

3. Jeder neue Angestellte ist von beflissenem Eifer.

4. Der befehlshaberische Portier sieht die armen Übeltäter von oben bis unten an.

5. Nur die unterstellten nachgeordneten Direktoren werden mit dieser bestimmten Anerkennung gegrüßt.

6. Im Schatten des riesigen Bauches nimmt der Portier die großzügigen Trinkgelder in Empfang.

7. Der ehrgeizige Angestellte spricht mit den jüngeren Kollegen in herablassendem Ton.

8. Das ganze Büro schreit.

9. Die nächste Stufe ist noch zu erklimmen, aber bei den nachfolgenden wird es sehr schwer.

10. Der etwas angegraute, leicht resignierte Mann ist unser Prokurist.

11. Die häßliche Frau des Prokuristen kennt alle geheimen Akten des großen Betriebs.

12. Die bronzene Aschenschale und die glänzende Papierschere deuten auf das stattgehabte Jubiläum.

13. Diese kleine Einlage im Geschäftskapital ist sehr nützlich.

14. Der unentbehrliche Prokurist hat ein chefliches Gebaren.

15. Der alte Prokurist gehört zum Haus wie die alte Uhr auf dem Gang.

c. *Beantworten Sie die folgenden Fragen mit einem ganzen Satz, aber so, daß vor jedem Substantiv ein Adjektiv steht.*

z.b. Mit wem gehen Sie spazieren?
Ich gehe mit meinem kleinen Hund spazieren.

1. Kennen Sie viele Leute?
2. Haben Sie mehrere Freunde?
3. Kommen Sie oft in unsere Stadt?
4. Wann werden Sie das Buch lesen?
5. Mit wem haben Sie über den Film gesprochen?
6. Wodurch erklären Sie sich sein Verhalten?
7. Von wem hörten Sie diese Geschichte?
8. Wovor fürchten Sie sich?
9. Werden Sie noch lange Zeit auf Reisen sein?
10. Haben Sie alle Punkte erwähnt?
11. Können Sie mir diesen Satz bitte nochmal vorlesen?
12. Wann sind Sie mit Ihrer Ausbildung fertig?
13. Ist Ihnen der Rat eines Freundes viel wert?
14. Haben Sie der Dame Auskunft gegeben?
15. Haben Sie den Geruch dieser Blumen gern?
16. Wie viele Stunden verbringen Sie täglich am Fließband?
17. Welche Menschen können Sie schlecht ertragen?
18. Warum müssen Sie Ihr Studium unterbrechen?
19. Möchten Sie ein Rennfahrer sein?
20. Wie viele Berufskollegen haben Sie?

d. *Fügen Sie vor jedem Substantiv in die angegebenen Lücken je drei Adjektive ein.*

1. Er ist ein ganz /–/, /–/, /–/ Mann.
2. Kennen Sie seine /–/, /–/, /–/ Frau?
3. Ich hatte mit ihm eine /–/, /–/, /–/ Unterredung.
4. Von wem hörten Sie diese /–/, /–/, /–/ Geschichte?
5. Er kam mit mehreren /–/, /–/, /–/ Freunden zu der Party.
6. Wer kann sich mein /–/, /–/, /–/ Erstaunen vorstellen?
7. Der Chef kennt jeden /–/, /–/, /–/ Angestellten.
8. Der Portier hat einen /–/, /–/, /–/ Bauch.
9. Kennen Sie diese /–/, /–/, /–/ Dame?
10. Was halten Sie von jener /–/, /–/, /–/ Erzählung?

BILDER AUS DEM GESCHÄFTSLEBEN

e. *Bilden Sie Sätze, in denen Sie* **solch-** *und* **manch-** *sinngemäß anwenden. Benutzen Sie die nachstehenden Satzelemente.*

> z.B. Der Portier/ kennen/ alle Leute.
> **Solch ein Portier kennt alle Leute.**

1. Der Mann/ gefährlich/ sein.
2. Der Vorfall/ Aufsehen/ erregen.
3. Das langweilige Buch/ zu Ende lesen/ nie.
4. Ein böser Mensch/ Erfolg/ verdienen/ nicht.
5. Ein guter Arbeiter/ Lob/ verdienen.
6. Der ehrgeizige Angestellte/ nach unten/ treten.
7. Der dicke Portier/ zuviel Bier/ trinken.
8. Der Chef/ militärisch/ grüßen.
9. Die riesigen Wurststullen/ hart werden/ nie.
10. Große Scheiben Rindfleisch/ gegessen werden/ schnell.
11. Ein riesiges Glas Bier/ neben dem Portier/ stehen.
12. Der struppige Schnurrbart/ vor Schaum/ triefen.

B. Der Komparativ und der Superlativ

1. BILDUNG

a. Der Komparativ wird durch Anhängen von **-er**, der Superlativ durch Anhängen von **-(e)st** an das Adjektiv gebildet.

klein	klein-**er**	klein-**st-**
häßlich	häßlich-**er**	häßlich-**st-**

b. **-est** (anstatt **-st**) wird dann angehängt, wenn das Adjektiv mit **-s, -ss, -ß, -z,** oder **-d** und **-t** endet.

interessant	interessant-**er**	interessant-**est-**

c. Adjektive, die auf **-e, -el, -er** oder **-en** enden, verlieren im Komparativ und Superlativ dann das **-e**, wenn es dem Wohlklang des Wortes im Wege steht. Dies geschieht meist im Komparativ, während der Superlativ nur ein **-st** an die Adjektivform anhängt.

weise	weis-**er**	weise-**st-**
heikel	heikl-**er**	heikel-**st-**
teuer	teur-**er**	teuer-**st-**
trunken	trunkn-**er**	trunken-**st-**

d. Einsilbige Adjektive mit einem **a-** oder **u**-Vokal haben im Komparativ und Superlativ oft einen Umlaut. Bei einsilbigen Adjektiven mit einem **o**-Vokal ist dies nur selten der Fall.

MIT UMLAUT		OHNE UMLAUT	
alt	dumm	blaß	froh
arm	jung	flach	roh
hart	klug	klar	stolz
kalt	kurz	rasch	toll
lang	grob	schlank	voll
scharf	schwach	zart	
stark	warm		

z.b.	alt	ält-**er**	ält-**est-**
	dumm	dümm-**er**	dümm-**st-**

e. Einige Adjektive werden unregelmäßig gesteigert. Dies sind:

groß	**größer**	**größt-**
hoch	**höher**	**höchst-**
gut	**besser**	**best-**
nah	**näher**	**nächst-**
viel	**mehr**	**meist-**
bald	**eher**	**ehest-**

f. Anstatt des Superlativs kann man auch Ausdrücke wie **äußerst, ungemein, überaus, außerordentlich** usw. mit dem Adjektiv verbinden. Dies ist häufig dann der Fall, wenn man keinen direkten Vergleich anstellen will, sondern nur einen hohen Grad zum Ausdruck bringen will.

> **Einer der bekanntesten Dirigenten ist Herbert von Karajan.**
> (In diesem Satz wird von Karajan mit anderen Dirigenten in bezug auf sein Bekanntsein verglichen.)
> **Herbert von Karajan ist ein äußerst bekannter Dirigent.**
> (In diesem Satz wird nur festgestellt, daß Herbert von Karajan sehr bekannt ist.)

2. DIE SATZAUSSAGE (PRÄDIKAT) IM SUPERLATIV

Im Superlativ steht vor dem Adjektiv als Satzaussage **am**. Das Adjektiv endet in diesem Fall mit **-sten** und ist unveränderlich.

> **am besten**   **am schönsten**   **am liebsten**
> **am schnellsten** **am teuersten**   usw.
> Von allen Freunden kennen wir ihn **am besten**.
> Dieser kleine Junge liest **am schnellsten**.
> Dieser Film war **am interessantesten**.

Um eine häufige Fehlerquelle zu vermeiden, beachten Sie bitte, daß die Satzaussagen immer unveränderlich sind und keine deklinierten Endungen besitzen.

> Die Sekretärin arbeitet **schnell**.
> Diese Sekretärin arbeitet **schneller**.
> Jene Sekretärin arbeitet **am schnellsten**.

> ABER: **Die schnelle Sekretärin** ist **bald** mit der Arbeit fertig.
> **Die schnellere Sekretärin** ist **eher** mit der Arbeit fertig.
> **Die schnellste Sekretärin** ist **am ehesten** mit der Arbeit fertig.

Wie im Englischen gibt es auch im Deutschen einen feinen Unterschied zwischen einer adverbialen und einer substantivischen Satzaussage.
Beachten Sie die beiden Sätze:

> Diese Kleider sind **am teuersten**.
> Diese Kleider sind **die teuersten**.

Sie können sich bei der Wahl zwischen **am teuersten** und **die teuersten** davon leiten lassen, ob Sie im Englischen *most expensive* oder *the most expensive* sagen würden.

3. GERN(E), LIEBER, AM LIEBSTEN

Der richtige Gebrauch von **gern(e), lieber, am liebsten** bereitet englischsprechenden Studenten oft Schwierigkeiten. **Gern(e)** ist ein Adverb, das im Englischen mit der Verbalkonstruktion *like to* wiedergegeben werden muß. Eine wörtliche Übersetzung ist hier vollkommen ausgeschlossen.

Ich übernehme **gerne** diese Aufgabe.
Ich übernehme diese Aufgabe nicht **gerne**.
Ich möchte diese Aufgabe **lieber** nicht übernehmen.
Am liebsten würde ich mich von dieser Aufgabe vollkommen zurückziehen.
Er hat von allen alkoholischen Getränken Kognak am **liebsten**.

4. VERGLEICHE IM POSITIV UND KOMPARATIV

Bei Gleichwertigkeit verwendet man **(genau) so . . . wie** oder **nicht so . . . wie.**

Karl ist **genau so alt wie** Helga.
Karl ist **nicht so alt wie** Helga.
Karl ist **nicht genau so alt wie** Helga.

Werden zwei unterschiedliche Dinge verglichen, so steht der Komparativ vor **als,** nach **immer** oder bei **je . . . desto.**

Karl ist **älter als** Susanne.
Karl wird **immer größer und gescheiter.**
Je älter Karl wird, **desto gescheiter** wird er.

Beachten Sie bei **je . . . desto** die Wortstellung!

ÜBUNGEN

a. *Bilden Sie aus nachstehenden Sätzen je drei sinngemäß mögliche Vergleiche im Komparativ oder Positiv.*

Karl ist sehr klug. Helga ist sehr klug.
Karl ist genau so klug wie Helga.
Karl ist nicht so klug wie Helga.
Karl ist klüger als Helga.

1. Die Zeitung berichtet falsch. Das Radio berichtet falsch.
2. Das Auto fährt sehr schnell. Der Zug fährt sehr schnell.
3. Die Lebensmittelpreise steigen. Die Mieten steigen.
4. Die Straßenbauarbeiten gehen sehr langsam vorwärts. Der Brückenbau geht sehr langsam vorwärts.

5. Die Wurststullen sind riesig. Die Rindfleischscheiben sind riesig.
6. Die Schreibmaschinendamen sind hübsch. Die Verkäuferinnen sind hübsch.
7. Die Frau des Prokuristen ist sehr häßlich. Die Chefsekretärin ist sehr häßlich.
8. Der Prokurist hat viele Knöpfe auf dem Tisch. Der Chef hat viele Knöpfe auf dem Tisch.
9. Die Schreibmaschinendame hat eine neue Bluse. Ihre Freundin hat ein neues Kleid.
10. Der Prokurist ist sehr cheflich. Der Chef ist sehr cheflich.

b. *Bitte antworten Sie auf folgende Fragen mit einem ganzen Satz.*
1. Was trinken Sie gern?
2. Was trinken Sie lieber?
3. Was lesen Sie am liebsten?
4. Welche Tätigkeit gefällt Ihnen am besten?
5. Haben Sie Tennis lieber oder Schwimmen?
6. Welche Sportart gefällt Ihnen besser?
7. Welche Sportart ist Ihnen lieber?
8. Was würden Sie lieber tun als studieren?
9. Wie könnten Sie Ihre Zeit besser ausnutzen?
10. Wie kann man sich am besten über einen Vorfall unterrichten?

c. *Verwandeln Sie die nachstehenden Sätze in den Superlativ.*

Um Mitternacht ist es sehr dunkel. Dann beginnt die Gespensterstunde. In dem verfallenen Schloß ist es sehr gruselig. Man muß sehr tapfer sein, wenn man die Gespensterschritte sich nähern hört. Man bekommt ein blasses Gesicht und sehr kalte Hände. Das arme Gespenst scheint sehr alt zu sein. Es steht in einer sehr dunklen Ecke und ist doch sehr nahe. Wie kann man sich rasch auf- und davonmachen? Wäre es vielleicht gut, grob zu werden? Vielleicht würde das lange Gespenst dann verschwinden? Das ist eine heikle Sache und wenn der Versuch fehlschlägt, ist es ein teurer Spaß. Vielleicht nimmt das böse Gespenst dann Rache? Es ist bestimmt gut, sich gar nicht in eine solche Situation einzulassen. Ich werde dem alten, kalten, großen, hohen, nahen Schloß fernbleiben.

d. *Schreiben Sie folgende Sätze im Komparativ und dann im Superlativ. Suchen Sie im Komparativ einen vergleichenden Satzteil.*

> z.b. Das kleine Kind hat eine große Puppe.
>
> **Das kleinere Kind hat eine größere Puppe als seine Freundin.**

1. Die dummen Bauern haben die großen Kartoffeln.
2. Der kleine Mann hat eine hübsche Braut.
3. Die teuren Nahrungsmittel sind nicht immer sehr gut.
4. Der betrunkene Mann ist nicht sehr tapfer.
5. Das harte Bett ist sehr gesund.
6. Die scharfe Antwort kam sehr schnell.
7. Das hohe Gebäude ist sehr flach.
8. Eine schwache Stimme reicht nicht sehr weit.

C. Adjektivkonstruktionen

Im Deutschen wie im Englischen können die Partizipien des Präsens und Perfekt als Adjektive verwendet werden. Es gelten für sie dieselben Regeln wie für die Deklination aller anderen Adjektive.

> ein **lachendes** Kind, die **weinende** Mutter
> die **getane** Arbeit, ein **gesprochenes** Wort

Da die Partizipien eine Verbform sind, können sie, wie die Verben, auch Objekte haben. Diese Objekte stehen immer nach dem Artikel und vor dem als Adjektiv verwendeten Partizip. Die Reihenfolge der Objekte folgt den in Kapitel 1 aufgestellten Regeln.

> der **von dem Detektiv beobachtete** Diebstahl
> das **gestern in der Zeitung besprochene** Schauspiel
> die **schon seit langem immer wieder auftauchende** Frage

Diese Adjektivkonstruktionen sind im Deutschen sehr häufig, bereiten jedoch englischsprechenden Studenten oft Schwierigkeiten. Zur Erleichterung sollte beachtet werden, daß sich alle diese Adjektivkonstruktionen in Relativsätze auflösen lassen, und zwar durchweg in Relativsätze, bei denen das Subjekt mit dem Subjekt des Hauptsatzes identisch ist.

der sich bei jeder Gelegenheit versprechende Redner =
der Redner, **der sich bei jeder Gelegenheit verspricht**

das immer lauter werdende Geschrei =
das Geschrei, **das immer lauter wird**

das schon seit langem gegebene Versprechen =
das Versprechen, **das schon seit langem gegeben ist**

diese schon im vergangenen Jahr aus der Mode gekommene Farbe =
diese Farbe, **die schon im vergangenen Jahr aus der Mode gekommen ist**

Eine besondere Schwierigkeit bilden Adjektivkonstruktionen im Partizip Präsens mit **zu.** In Kapitel 13 wird besprochen, daß der INFINITIV MIT **zu** dazu dienen kann, das Passiv zu umgehen. Die Verbindung von **zu** plus Verbform in dieser spezifischen Bedeutung hat sich auch in diesen Adjektivkonstruktionen erhalten. Es ist jedoch zu bemerken, daß die Bedeutung des INFINITIVS MIT **zu** (und damit auch des Partizip Präsens mit **zu**) nicht dem reinen Passiv entspricht; d.h. **es ist zu tun** bedeutet nicht **es wird getan,** sondern die Betonung liegt auf der Möglichkeit, der Fähigkeit oder der Notwendigkeit. **Es ist zu tun** entspricht demnach dem passivischen **es kann getan werden** oder **es muß getan werden.** Die Wahl der modalen Hilfsverben **können** oder **müssen** hängt dabei vom Sinn des Satzes ab. **Ein nicht wieder gut zu machender Fehler** ist demnach **ein Fehler, der nicht wieder gut zu machen ist** oder **nicht wieder gut gemacht werden kann.**

ein leicht **zu erklärendes** Mißverständnis =
ein Mißverständnis, **das leicht zu erklären ist** =
ein Mißverständnis, **das leicht erklärt werden kann**

ein vom Chef eiligst **zu beantwortender** Brief =
ein Brief, **der vom Chef eiligst zu beantworten ist** =
ein Brief, **der vom Chef eiligst beantwortet werden muß**

ein **zu lösendes** Problem =
ein Problem, **das zu lösen ist** =
ein Problem, **das gelöst werden kann** =
ein Problem, **das gelöst werden muß**

Es ist zu beachten, daß nur die Adjektivkonstruktion des Partizip Präsens ohne **zu** eine aktive Bedeutung hat.

der rollende Stein = **der Stein, der rollt**

Die Adjektivkonstruktion mit dem Partizip Perfekt hat die Bedeutung des reinen Passivs, ohne daß dies immer sofort ersichtlich ist.

das auf das Regal gestellte Buch =
das Buch, **das auf das Regal gestellt (worden) ist,**

der vom Polizisten verwarnte Autofahrer =
der Autofahrer, **der vom Polizisten verwarnt (worden) ist.**

Die Adjektivkonstruktion des Partizip Präsens mit **zu** hat die Bedeutung von **können** oder **müssen** im Passiv.

der **zu besprechende** Vorfall =
der Vorfall, **der besprochen werden muß** =
der Vorfall, **der besprochen werden kann**

ÜBUNGEN

a. *Bilden Sie in den nachstehenden Sätzen den Relativsatz in eine Adjektivkonstruktion um.*

z.B. Das Mädchen, das an der Ecke steht, wartet auf ihren Freund.
Das an der Ecke stehende Mädchen wartet auf ihren Freund.

1. Das Kind, das laut schrie, weckte seinen Vater auf.
2. Der Hund, der die Katze anbellte, machte sich zum Kampf bereit.
3. Der Junge, der das kleine Kind ärgerte, wurde von seiner Mutter ausgeschimpft.
4. Die junge Dame, die auf der Terrasse saß, vertiefte sich in ihre Lektüre.
5. Der Adler, der hoch in den Lüften schwebt, hat sehr scharfe Augen.

6. Der Handschuh, der abhanden gekommen ist, läßt sich nirgends mehr finden.
7. Ich finde das Buch, das mir wärmstens empfohlen worden ist, sehr langweilig.
8. Das Filmsternchen, das nur wenigen Kinobesuchern bekannt ist, hat endlich eine große Rolle bekommen.
9. Der Chirurg, der wegen seiner gewagten Operationen weit berühmt ist, erlitt gestern einen Herzanfall.
10. Das Haus, das auf eine Bergkuppe gebaut ist, hat eine herrliche Aussicht.
11. Der Portier, der sich unentbehrlich vorkommt, hat einen großen Stehbauch.
12. Die Wurst, die vom Portier verzehrt wird, ist äußerst fett.
13. Der Angestellte, der vom Chef gerügt wurde, bekommt einen roten Kopf.
14. Der Brief, der von der Sekretärin verfaßt wurde, findet die Billigung des Chefs.
15. Die Schreibmaschinendame, die schnell arbeitet, hat Hoffnung auf eine bessere Position.
16. Die Schokolade, die vom Chef mitgebracht wurde, war bereits alt.

b. *Ändern Sie in nachstehenden Sätzen den Relativsatz in eine Adjektivkonstruktion mit* **zu** *um.*

z.B. Der Vorfall, der nicht ohne weiteres geklärt werden kann, liegt der Polizei sehr am Herzen.
Der nicht ohne weiteres zu klärende Vorfall liegt der Polizei sehr am Herzen.

1. Der Vorsitzende, der über den Bericht informiert werden muß, ist noch nicht erschienen.
2. Die Bezüge, die von der Steuer abgesetzt werden können, sind sehr gering.
3. Der Verletzte, der operiert werden muß, kommt in ein Krankenhaus.
4. Die Bilanz, die am Jahresende aufgestellt werden muß, bereitet dem Prokuristen viel Kopfzerbrechen.
5. Der Preisanstieg, der seit langem zu beobachten ist, nimmt immer größere Ausmaße an.

6. Die Neuerungen, die überall leicht eingeführt werden können, haben große Vorteile.

7. Seine Launen, die nicht leicht verbessert werden können, bedrücken das ganze Haus.

8. Das Familienbild, das in Ehren gehalten werden muß, entspricht der Tradition dieses Hauses.

9. Der Geschäftsunternehmer, der wegen seines Leichtsinns nicht gelobt werden kann, war dennoch sehr erfolgreich.

10. Der Käufer, der von der Wirkungskraft des Produkts überzeugt werden muß, muß eingehendst informiert werden.

c. *Übertragen Sie nachstehende Sätze in gutes, sinngemäßes Englisch.*

1. Die von der Verwaltung beobachtete Steigerung der Produktion beruht auf einer Verbesserung des Betriebsklimas.

2. Der auf sein Recht pochende Verletzte verlangt von der Versicherung ein hohes Schmerzensgeld.

3. Der von dem Tennisclub veranstaltete Ball hatte keinen großen Erfolg.

4. Der Bau des Bürohauses kann mit einem durch andere Quellen finanzierten Wohnungsbau kombiniert werden.

5. Das im nachstehenden Bericht dargestellte Verfahren hat eine große Zukunft.

6. Die Versuche wurden von dem in üblicher Weise skeptischen Forscher geprüft.

7. Der junge Chef ist um die nicht leicht zu beseitigenden Probleme kaum zu beneiden.

8. Der in den letzten zehn Jahren ausgearbeitete Entwurf einer einheitlichen Feldtheorie der Elementarteilchen geht von folgenden allgemeinen Vorstellungen aus. *(Heisenberg)*

9. Der in den nächsten zehn Jahren auszuarbeitende Entwurf geht von folgenden Voraussetzungen aus.

10. Der von der Regierung unterzeichnete Vertrag verspricht vielen Nationen bedeutende Entwicklungshilfe.

11. Der von der Regierung zu unterzeichnende Vertrag verspricht vielen Nationen bedeutende Entwicklungshilfe.

II. KONVERSATIONSTHEMEN

1. Sind die Eigenschaften, die Tucholsky in diesem Abschnitt schildert, typisch für einen Portier oder einen Angestellten, oder können Sie sich ähnliche Menschen auch in anderen Berufen denken?

2. Wie bringt Tucholsky zum Ausdruck, daß er hier nicht Individuen beschreiben will, sondern Menschentypen zu charakterisieren versucht?

3. Kennen Sie ähnliche Menschen wie die hier geschilderten?

4. Wenn der Portier die verschiedenen Vorgesetzten und Angestellten auf verschiedene Arten grüßt, zeigt er damit, daß er ein Menschenkenner ist?

5. Ist ein Portier wie der von Tucholsky geschilderte heute noch möglich?

6. Wie stellen Sie sich heute den Tagesablauf eines Portiers vor?

7. Darf in den Vereinigten Staaten ein Portier während der Arbeit Bier trinken?

8. Gibt es in den Vereinigten Staaten Berufe, in denen es möglich ist, während der Arbeit zu trinken?

9. Wissen Sie, ob man in Deutschland auch heute noch während der Arbeit Bier trinken darf?

10. Wie groß ist man nach amerikanischen Maßen, wenn man 1.90 m mißt?

11. Rechnen Sie sich aus, wie groß Sie in m und cm sind.

12. Wieviel wiegen Sie? Rechnen Sie es in Pfund um. (11 englische Pfund = 10 deutsche Pfund)

13. Wie stellen Sie sich den Portier außer Dienst, d.h. im Umgang mit seiner Familie oder mit seinen Freunden vor?

14. Wie würden Sie den Charakter des Portiers beschreiben?

15. Welcher Charakterzug wird an dem Angestellten, der etwas werden will, besonders hervorgehoben?

16. Was macht diesen Menschen so unsympathisch?

17. Können Sie sich vorstellen, daß ein Angestellter, der etwas werden will, auch anders handeln könnte? Wie?

18. Wodurch unterscheidet sich der Prokurist von dem Angestellten?

19. Wie drückt sich in dem Prokuristen die Resignation aus, die Tucholsky erwähnt?

20. Die Bilder aus dem Geschäftsleben haben den Untertitel »Republiken oder Kaisserreiche — 's ist immer das gleiche, immer das gleiche!« Was will Tucholsky sagen?

21. Kennen Sie im Englischen ein Sprichwort, das dieselbe Haltung zum Ausdruck bringt?

III. AUFSATZTHEMEN

1. Schreiben Sie die Studie »Der Portier« von Tucholsky ab, aber ersetzen Sie vor jedem Substantiv das von Tucholsky angegebene Adjektiv durch ein anderes. Wo ein Adjektiv vollkommen fehlt, fügen Sie eines ein. Versuchen Sie dabei auch, längere Adjektivkonstruktionen zu formen!

2. Beachten Sie, daß in dem Text fast ausnahmslos alle Sätze mit einem Substantiv oder einem entsprechenden Pronomen beginnen. Versuchen Sie nun, auf Grund dieser Beobachtung eine Charakterstudie zu schreiben, die den Stil Tucholskys nachahmt. Schreiben Sie z.B. über eine Putzfrau. Beantworten Sie als Anhaltspunkte die nachstehenden Fragen und verbinden Sie die Sätze mit weiteren Beschreibungen.

Wie alt ist die Putzfrau? Ist sie dick oder dünn? Trägt sie eine Schürze? Kommt sie pünktlich zur Arbeit? Was sagt sie, wenn sie zu spät kommt? Arbeitet sie langsam oder schnell, gründlich oder schlampig? Was denkt die Putzfrau über die Frau des Hauses? Was denkt sie über die Kinder, deren Zimmer sie aufräumt? Hat die Putzfrau selbst Kinder? Liest die Putzfrau während der Arbeit die Zeitung? Wie lange hält sie Mittagspause? Macht sie auch ein kleines Schläfchen, wenn die Frau des Hauses fort ist? Glaubt die Putzfrau, daß der Haushalt auch ohne sie funktioniert oder kommt sie sich unentbehrlich vor?

3. Beschreiben Sie nach obigem Beispiel nun einen anderen Menschentypus, z.B. »Der Bettler« oder »Der Lügner« oder »Der Angeber«.

5 | FÜNFTES KAPITEL

EINE GRÖSSERE ANSCHAFFUNG
Wolfgang Hildesheimer

Eines Abends saß ich im Dorfwirtshaus vor (genauer gesagt, hinter) einem Glas Bier, als ein Mann gewöhnlichen Aussehens sich neben mich setzte und mich mit gedämpft-vertraulicher Stimme fragte, ob ich eine Lokomotive kaufen wolle. Nun ist es zwar ziemlich leicht, mir etwas zu verkaufen, denn ich kann schlecht nein sagen, aber bei einer größeren Anschaffung dieser Art schien mir doch Vorsicht am Platze. Obgleich ich wenig von Lokomotiven verstehe, erkundigte ich mich nach Typ, Baujahr und Kolbenweite, um bei dem Mann den Anschein zu erwecken, als habe er es hier mit einem Experten zu tun, der nicht gewillt sei, die Katze im Sack zu kaufen. Ob ich ihm wirklich diesen Eindruck vermittelte, weiß ich nicht; jedenfalls gab er bereitwillig Auskunft und zeigte mir Ansichten, die das Objekt von vorn, von hinten und von den Seiten darstellten. Sie sah gut aus, diese Lokomotive, und ich bestellte sie, nachdem wir uns vorher über den Preis geeinigt hatten. Denn sie war bereits gebraucht, und obgleich Lokomotiven sich bekanntlich nur sehr langsam abnützen, war ich nicht gewillt, den Katalogpreis zu zahlen.

Schon in derselben Nacht wurde die Lokomotive gebracht. Vielleicht hätte ich dieser allzu kurzfristigen Lieferung entnehmen sollen, daß dem Handel etwas Anrüchiges innewohnte, aber

arglos wie ich war, kam ich nicht auf die Idee. Ins Haus konnte
ich die Lokomotive nicht nehmen, die Türen gestatteten es
nicht, zudem wäre es wahrscheinlich unter der Last zusammen-
gebrochen, und so mußte sie in die Garage gebracht werden,
ohnehin der angemessene Platz für Fahrzeuge. Natürlich ging
sie der Länge nach nur etwa halb hinein, dafür war die Höhe
ausreichend; denn ich hatte in dieser Garage früher einmal
meinen Fesselballon untergebracht, aber der war geplatzt.

Bald nach dieser Anschaffung besuchte mich mein Vetter.
Er ist ein Mensch, der, jeglicher Spekulation und Gefühlsäußerung
abhold, nur die nackten Tatsachen gelten läßt. Nichts erstaunt
ihn, er weiß alles, bevor man es ihm erzählt, weiß es besser und
kann alles erklären. Kurz, ein unausstehlicher Mensch. Wir
begrüßten einander, und um die darauffolgende peinliche Pause
zu überbrücken, begann ich: »Diese herrlichen Herbstdüfte . . .«
—»Welkendes Kartoffelkraut«, entgegnete er, und an sich hatte
er recht. Fürs erste steckte ich es auf und schenkte mir von dem
Kognak ein, den er mitgebracht hatte. Er schmeckte nach Seife,
und ich gab dieser Empfindung Ausdruck. Er sagte, der Kognak
habe, wie ich auf dem Etikett ersehen könne, auf den Weltaus-
stellungen in Lüttich und Barcelona große Preise, in St. Louis
gar die goldene Medaille erhalten, sei daher gut. Nachdem
wir schweigend mehrere Kognaks getrunken hatten, beschloß
er, bei mir zu übernachten, und ging den Wagen einstellen.
Einige Minuten darauf kam er zurück und sagte mit leiser,
leicht zitternder Stimme, daß in meiner Garage eine große
Schnellzugslokomotive stünde. »Ich weiß«, sagte ich ruhig und
nippte von meinem Kognak, »ich habe sie mir vor kurzem
angeschafft.« Auf seine zaghafte Frage, ob ich öfters damit fahre,
sagte ich, nein, nicht oft, nur neulich, nachts, da hätte ich eine
benachbarte Bäuerin, die ein freudiges Ereignis erwartete, in die
Stadt ins Krankenhaus gefahren. Sie hätte noch in derselben
Nacht Zwillingen das Leben geschenkt, aber das habe wohl mit
der nächtlichen Lokomotivfahrt nichts zu tun. Übrigens war
das alles erlogen, aber bei solchen Gelegenheiten kann ich der

Versuchung nicht widerstehen, die Wirklichkeit ein wenig zu schmücken. Ob er es geglaubt hat, weiß ich nicht, er nahm es schweigend zur Kenntnis, und es war offensichtlich, daß er sich bei mir nicht mehr wohl fühlte. Er wurde ganz einsilbig, trank noch ein Glas Kognak und verabschiedete sich. Ich habe ihn nicht mehr gesehen.

Als kurz darauf die Meldung durch die Tageszeitungen ging, daß den französischen Staatsbahnen eine Lokomotive abhanden gekommen sei (sie sei eines Nachts vom Erdboden — genauer gesagt vom Rangierbahnhof — verschwunden), wurde mir natürlich klar, daß ich das Opfer einer unlauteren Transaktion geworden war. Deshalb begegnete ich auch dem Verkäufer, als ich ihn kurz darauf im Dorfgasthaus sah, mit zurückhaltender Kühle. Bei dieser Gelegenheit wollte er mir einen Kran verkaufen, aber ich wollte mich in ein Geschäft mit ihm nicht mehr einlassen, und außerdem, was soll ich mit einem Kran?

I. ANMERKUNGEN

Wie schon der Name sagt, verbinden Konjunktionen zwei Sätze. Die Konjunktionen regeln das Verhältnis der beiden Sätze zueinander; sie stellen die Sätze entweder gleichwertig nebeneinander oder sie bestimmen ein Abhängigkeitsverhältnis. Demnach unterscheidet man zwei Arten von Konjunktionen: nebenordnende und unterordnende Konjunktionen.

A. Nebenordnende Konjunktionen

Nebenordnende Konjunktionen verbinden zwei Hauptsätze. Hinsichtlich der Beeinflussung der Wortstellung durch diese Konjunktionen unterscheidet man zwei Gruppen von nebenordnenden Konjunktionen:
1. aber, allein, denn, ja, sondern, und
beeinflussen die normale Satzstellung nicht.

> Ich kenne ihn, **aber** ich weiß nicht, wo er wohnt.
> Annetraut kann tun und lassen, was sie will, **denn** sie ist schon mündig.

2. außerdem, überdies, ferner, zuletzt, endlich, erstens, zweitens usw. übernehmen in bezug auf die Satzstellung die Rolle des ersten Satzelements, d.h. sie schieben das Subjekt an die dritte Stelle. (Das Verb bleibt zweites Satzelement.)

Sie ist sehr hübsch und **überdies** haben ihre Eltern viel Geld.

Ich kann diese Frage nicht beantworten. **Erstens** verstehe ich den Problemkreis nicht und **zweitens** habe ich keine Zeit.

Man kann ihm keine Ratschläge geben, **außerdem** macht er ja doch, was er will.

B. Unterordnende Konjunktionen

Unterordnende Konjunktionen verbinden einen Hauptsatz mit einem Nebensatz. Immer wenn eine unterordnende Konjunktion einen Satz einleitet, rückt das Verb an das Ende des Satzes. Die wichtigsten unterordnenden Konjunktionen sind:

als, wenn, da, nachdem, indem, bevor, während, bis, weil, ob, daß, damit, obwohl usw.

Ich kannte ihn schon, **als** er noch unbekannt war.

Nachdem er seinen Vortrag gehalten hatte, beantwortete er die Fragen.

Die Bewerbung von Fräulein Heller konnte nicht berücksichtigt werden, **da** ihre Sprachkenntnisse nicht ausreichend waren.

Obgleich (= **obwohl**) ich wenig von Lokomotiven verstehe, erkundigte ich mich nach Typ, Baujahr und Kolbenweite.

ÜBUNGEN

a. *Verbinden Sie die folgenden Sätze mit den angegebenen Konjunktionen.*

z.b. Er kaufte den Kran nicht. (weil) Er hatte schon eine Lokomotive gekauft.

Er kaufte den Kran nicht, weil er schon eine Lokomotive gekauft hatte.

1. *(Nachdem)* Ich hatte eine größere Anschaffung gemacht. Ich trank ein Bier.

2. Er kaufte eine Lokomotive. *(obwohl)* Er wußte nicht, was er damit machen sollte.

3. *(Indem)* Er erkundigte sich nach dem Typ der Lokomotive. Er zeigte Interesse.
4. Er verabschiedete sich. *(weil)* Sein Vetter war ihm unheimlich.
5. Der Mann behauptete, er sei mit seiner Lokomotive in die Stadt gefahren. *(aber)* Das war natürlich gelogen.
6. Zuerst hat er sich einen Fesselballon angeschafft. *(außerdem)* Er hat auch noch eine Lokomotive gekauft.
7. Er fand, es seien herrliche Herbstdüfte. *(während)* Sein Vetter fand den Geruch unangenehm.
8. Der Verkäufer war ein Betrüger. *(allein)* Der Käufer war arglos.
9. Er merkte es bald. *(daß)* Er hatte es mit einem Experten zu tun.
10. Man brachte die Lokomotive nicht ins Haus. *(denn)* Sie war zu groß.

b. *Schreiben Sie mit den folgenden nebenordnenden Konjunktionen je einen Satz.*

1. allein	**4.** außerdem
2. denn	**5.** endlich
3. und	**6.** zuletzt

c. *Schreiben Sie mit den folgenden unterordnenden Konjunktionen je zwei Sätze.*

1. solange	**5.** nachdem
2. bis	**6.** ob
3. daß	**7.** weil
4. bevor	**8.** damit

C. Besonders schwierige neben- und unterordnende Konjunktionen

Der richtige Gebrauch einiger deutscher Konjunktionen bereitet englischsprechenden Studenten oft Schwierigkeiten.

1. SONDERN — ABER

a. Die Konjunktion **sondern** wird gebraucht, wenn der Inhalt des Satzes, der mit **sondern** beginnt, mit der Aussage der ersten Satzhälfte im Widerspruch steht, d.h. wenn man im Englischen *on the contrary* sagen könnte.

> Er blieb nicht bei seinem Vetter, **sondern** verabschiedete sich bald.
> In der Garage stand kein Auto, **sondern** (es stand dort) eine Lokomotive.

b. Die Konjunktion **aber** kontrastiert den Inhalt des zweiten Satzes nicht mit dem des ersten, sondern ergänzt oder berichtigt ihn.

> Sie tranken zwar mehrere Kognaks, **aber** sie haben sich nicht betrunken.
> Es ist leicht, mir etwas zu verkaufen, **aber** bei einer größeren Anschaffung scheint mir doch Vorsicht am Platze.

Sätze, die mit **sondern** eingeleitet werden, stehen in einem kausalen, wenn auch antithetischen Zusammenhang mit dem vorhergehenden Satz. **Aber**-Sätze dagegen bieten eine Ergänzung, die vom ersten Satz nicht kausal abzuleiten ist. Dieser wesentliche Unterschied erklärt die verschiedene Bedeutung der folgenden Sätze:

> In der Garage stand kein Auto, **sondern** eine Lokomotive.
> In der Garage stand kein Auto, **aber** eine Lokomotive.

2. WANN — WENN — ALS

a. Wann ist ein Adverb. Es leitet gewöhnlich einen Fragesatz ein. Das Fragewort **wann** kann aber auch in einer Antwort verwendet werden, und zwar immer dann, wenn es durch Zeitausdrücke **(um wieviel Uhr, an welchem Tag** usw.) ersetzt werden könnte.

> **Wann** wird das Flugzeug eintreffen? =
> Um wieviel Uhr wird das Flugzeug eintreffen?
> Es ist noch unbestimmt, **wann** das Flugzeug eintreffen wird. =
> Es ist noch unbestimmt, um wieviel Uhr das Flugzeug eintreffen wird.

BEACHTE: In den letzten beiden Beispielen beeinflussen die Fragewörter die Satzstellung in gleicher Weise wie die unterordnenden Konjunktionen.

b. Wenn entspricht dem englischen *when* im Sinne von *whenever*:

> **Wenn** mein Vater nach Hause kommt, setzt er sich in seinen Sessel und liest die Zeitung.
> Jedes Mal **wenn** ich einkaufen gehe, gebe ich viel Geld aus.

Wenn kann im Deutschen aber auch in Konditionalsätzen verwendet werden. Es entspricht dann dem englischen *if*.

> **Wenn** es nicht regnet, komme ich heute nachmittag zu dir.
> Ich werde dich besuchen, selbst **wenn** ich zu Fuß gehen müßte.

Synonyme für die Konjunktion **wenn** im Sinne vom englischen *if* sind **falls** und **für den Fall, daß**.

c. Als entspricht dem englischen *when* im Imperfekt, jedoch mit folgender Einschränkung. Hat der Satz eine oft wiederholte Handlung zum Inhalt, so wird *when* auch im Imperfekt mit *wenn* übersetzt.

Bezug auf eine einmalige Handlung:

> **Als** er die Lokomotive sah, kaufte er sie sofort.
> **Als** er mich in der Menge entdeckte, grüßte er mich freundlich.
> Eines Abends saß ich im Dorfwirtshaus, **als** ein Mann gewöhnlichen Aussehens sich neben mich setzte.

Bezug auf eine wiederholte Handlung:

> **Wenn** er die Lokomotive sah, erinnerte er sich jedes Mal an seinen Vetter.
> Immer **wenn** er mich sah, grüßte er mich freundlich.

ÜBUNGEN

a. *Ergänzen Sie die Sätze mit* **sondern** *oder* **aber**.

1. Er kaufte keinen ganzen Zug, —— nur eine Lokomotive.
2. Sie sah zwar gut aus, —— sie war bereits gebraucht.
3. Er ist nicht dumm, —— er handelt unlogisch.
4. Sein Vetter übernachtete nicht bei ihm, —— verabschiedete sich bald.

5. Der Onkel weiß viel, —— die Tante weiß alles.
6. Der Kognak schmeckte zwar nach Seife, —— er hatte viele Preise gewonnen.
7. Er hatte nicht die Wahrheit gesagt, —— nur die Wirklichkeit ein wenig geschmückt.

b. *Schreiben Sie mit* **sondern** *und* **aber** *je drei Sätze.*

c. *Füllen Sie die Lücken mit* **wann, wenn** *oder* **als** *aus.*

1. Weißt du, —— sie kommen?
2. —— es morgen warm ist, gehen wir zum Baden.
3. Ich erinnere mich noch gut daran, —— ich sie zum ersten Mal sah.
4. —— sie Geburtstag hatte, hat sie immer viele Gäste eingeladen.
5. —— der Vater krank wurde, machte sich die Familie große Sorgen.
6. Es ist noch nicht bestimmt, —— er wieder arbeiten wird.
7. —— er nur bald gesund würde!
8. —— hast du ihn zum letzten Mal gesehen?
9. —— der Wind günstig ist, werden wir heute segeln.
10. Ich war sehr überrascht, —— ich den niedrigen Preis sah.

d. *Schreiben Sie je drei Sätze mit* **wann, wenn** *und* **als**.

e. *Unterstreichen Sie alle Konjunktionen und Verben in der Geschichte von Hildesheimer. Versuchen Sie, die von Hildesheimer gebrauchten Konjunktionen durch andere zu ersetzen.*

D. Die besondere Verwendung des Komparativs

Der Komparativ wird durch Anhängen der Silbe **-er** an die Grundstufe des Adjektivs gebildet.

schön	schöner
interessant	interessanter
jung	jünger

Eine Komparativform mit **mehr,** die dem englischen Komparativ mit *more* parallel gebildet würde, gibt es im Deutschen nicht. Normalerweise wird der Komparativ gebraucht, wenn zwei Wesen oder Dinge miteinander verglichen werden sollen.

> Mit der neuen Frisur sieht sie **viel schöner aus als** vorher.
> Das neue Buch ist **interessanter als** das alte.
> Findest du nicht auch, daß er jetzt **jünger** aussieht?

Der Komparativ kann aber auch gebraucht werden, wenn es sich nicht um einen direkten Vergleich handelt.

> eine **größere** Anschaffung
> ein **älterer** Herr
> eine **Höhere** Schule

In diesen Fällen bedeutet die Verwendung des Komparativs eine Unsicherheit des zu wählenden Adjektivs. Bei einer **größeren Anschaffung** handelt es sich weder um eine kleine, noch um eine große Anschaffung. Der Komparativ hat hier eine abschwächende Bedeutung: **eine größere Anschaffung** ist kleiner als eine große.
Ebenso:

> Ich warte schon **länger** auf ihn.
> Diese Hüte sieht man jetzt **häufiger.**

Eine ausführlichere Behandlung des Komparativs finden Sie im 4. Kapitel.

ÜBUNGEN

a. *Bilden Sie Sätze mit den folgenden Ausdrücken, in denen der Komparativ keinen direkten Vergleich darstellt.*

1. ein besserer Herr	**6.** die nähere Umgebung
2. eine längere Reise	**7.** eine ältere Dame
3. eine größere Summe (Geld)	**8.** eine kleinere Zahl
4. ein höherer Beamter	**9.** eine längere Geschichte
5. seit längerer Zeit	**10.** eine neuere Buchausgabe

E. Idiomatische Redewendungen

Folgende idiomatische Redewendungen kommen in der
Geschichte von Hildesheimer vor:

1. VORSICHT AM PLATZE SEIN

   Wenn **Vorsicht am Platze ist** heißt das, daß man sich in einer
   mehr oder weniger gefährlichen Situation befindet und vorsichtig
   sein muß. Wenn etwas **am Platze ist,** so ist es richtig oder
   passend, wenn etwas **nicht am Platze** oder **fehl am Platze** ist,
   so ist es unpassend.

   Seine Bemerkungen waren fehl am Platze.

2. DEN ANSCHEIN ERWECKEN

   Wenn man **einen Anschein erweckt** oder **erwecken will,** so
   ruft man bei einer anderen Person einen bestimmten, oftmals
   absichtlich falschen Eindruck hervor.

3. ES MIT EINER PERSON ODER EINER SACHE ZU TUN HABEN

   Es mit einer Person oder Sache zu tun haben besagt, daß
   man mit einer Person oder Sache konfrontiert ist. Wenn man zum
   Beispiel sagt, **man habe es mit einem Experten zu tun,** so will
   man damit zum Ausdruck bringen, daß man sein Gegenüber für
   einen Experten hält. Wenn **man nichts mit einer Person oder
   Sache zu tun haben will,** bedeutet das eine Abweisung. Man
   betont außerdem, daß etwas in keinem Zusammenhang mit einer
   Person oder Sache steht.

   Man weiß nie, mit wem man es zu tun hat.
   Mit dieser Sache will ich nichts zu tun haben.

4. DIE KATZE IM SACK KAUFEN

   Wenn man **die Katze im Sack kauft,** so kauft man etwas, ohne
   es sich vorher anzusehen.

5. AUF EINE IDEE KOMMEN

   Wenn man **auf eine Idee kommt,** dann hat man einen Einfall.

EINE GRÖSSERE ANSCHAFFUNG   83

6. ein freudiges ereignis

Unter **einem freudigen Ereignis** versteht man die Geburt eines Kindes.

7. das leben schenken

Das Leben schenken ist ein anderer Ausdruck für » zur Welt bringen « oder » gebären «. Bei der Geburt wird dem Kind **das Leben geschenkt.**

8. zur kenntnis nehmen

Etwas zur Kenntnis nehmen heißt, daß man etwas in seinem Gedächtnis registriert oder es auch nur bewußt wahrnimmt.

9. abhanden kommen

Abhanden kommen heißt, daß man etwas verliert oder daß etwas gestohlen wird oder auf andere Weise wegkommt.

10. sich mit einer person auf (oder in) ein geschäft einlassen

Sich mit einer Person einlassen heißt, mit dieser Person in Beziehung treten. **Sich auf eine Sache nicht einlassen** bedeutet, daß keine Möglichkeit einer Zustimmung besteht.

Auf diesen Vorschlag kann ich mich nicht einlassen.

ÜBUNGEN

a. *Beantworten Sie folgende Fragen und verwenden Sie in Ihrer Antwort die in Klammern angegebene idiomatische Redewendung.*

Was sagt man,
1. wenn man den Spekulationen eines Grundstückmaklers nicht volles Vertrauen schenken darf? *(Vorsicht am Platze sein)*
2. wenn ein junges Mädchen im Abendkleid zu einem Ausflug mitkommen will? *(Kleidung — fehl am Platz)*
3. wenn jemand so aussieht, als ob er deprimiert sei? *(Anschein erwecken)*
4. wenn man plötzlich einen Einfall hat? *(auf eine Idee kommen)*

5. wenn Sie Ihre Vorlesungsaufzeichnungen verloren haben?
   (abhanden kommen)
6. wenn Sie sich von einem Geschäft distanzieren wollen? *(zu tun haben)*
7. wenn Sie nicht wissen, wer Ihr Gegenüber ist? *(zu tun haben)*
8. wenn man etwas ungesehen einkauft? *(die Katze im Sack kaufen)*
9. wenn man den Anweisungen des Chefs mit Aufmerksamkeit zugehört hat? *(zur Kenntnis nehmen)*
10. wenn man seine Handtasche verloren hat? *(abhanden kommen)*
11. wenn Sie die Pläne Ihres Geschäftspartners zu riskant finden und sie nicht annehmen wollen? *(sich einlassen auf)*
12. wenn Sie den Wünschen Ihrer Eltern nicht zugehört haben? *(zur Kenntnis nehmen)*
13. wenn eine Frau ein Mädchen geboren hat? *(das Leben schenken)*
14. wenn man eine Person ablehnt? *(zu tun haben)*
15. wenn ein Kind geboren wurde? *(freudiges Ereignis)*
16. wenn man mit einer Sache nichts zu tun haben will? *(sich nicht einlassen)*

b. *Bilden Sie mit den angegebenen idiomatischen Redewendungen und Satzelementen vollständige Sätze. Verwenden Sie dabei im ersten Satz das Präsens, im zweiten Satz das Imperfekt und im dritten Satz das Perfekt.*

    z.B. Vorsicht am Platz(e) sein:
        Während der Sprengarbeiten ...
        Bei diesen Geschäftsverhandlungen ...
        Im Umgang mit Schwarzhändlern ...
        Während der Sprengarbeiten im alten Steinbruch ist immer ganz besonders große Vorsicht am Platze.

1. fehl am Platz(e) sein:
       Seine vorlauten Bemerkungen ——.
       Die rosa Schleife ——.
       Der voreilige Kauf ——.

2. den Anschein erwecken:
       Das Kind —— krank.
       Der Hochstapler —— lügt.
       Der Verkäufer —— Experte.

3. mit einer Sache nichts zu tun haben wollen:
Der alte Mann —— moderne Musik ——.
Die gesetzte Dame —— zweideutige Anträge ——.
Die Firma —— die Altwarenhändler ——.

4. auf eine Idee kommen:
Der Maler —— genial ——.
Der Bauer —— listig ——.
Die Schulklasse —— verrückt ——.

5. das Leben schenken: *(Zwei Bedeutungen!)*
Die Mutter —— die Zwillinge ——.
Der Verbrecher —— das Opfer ——.
Der Richter —— der Angeklagte ——.

6. nicht zur Kenntnis nehmen:
Der Angestellte —— der Rat des Chefs ——.
Der Autofahrer —— die Geschwindigkeitsbegrenzung
——.
Die Ehefrau —— das merkwürdige Verhalten ihres Mannes
——.

7. sich nicht einlassen auf:
sich einlassen mit:
Das Stubenmädchen —— die dummen Bemerkungen der
Köchin ——.
Der Redner —— die Anschuldigungen seiner Opponenten
——.
Das unerfahrene Mädchen —— ein Gangster ——.

II. KONVERSATIONSTHEMEN

1. Wie verhält sich der Titel der Geschichte zum Inhalt? Welche anderen Beispiele können Sie zitieren, die auch eine größere Anschaffung darstellen? Kann eine größere Anschaffung sich auch auf einen kleinen Gegenstand beziehen? Warum bezeichnet Hildesheimer den Kauf der Lokomotive eine größere und nicht eine große Anschaffung?

2. Das deutsche Wort **groß** bezieht sich nicht nur auf große Maße oder Ausdehnungen. Es bedeutet auch **groß** im Sinne von **großartig, herrlich** oder **heldenmütig.** Ein großer Mann kann daher von kleiner Statur sein, während ein körperlich großer Mann im Hinblick auf seinen Charakter klein sein kann. In welchem Sinne hat Hildesheimer das Wort verwendet? Ist es möglich, daß er auf beide Bedeutungen des Wortes anspielt?

3. So groß der Kauf einer Lokomotive ist, ist er auch nützlich? Wie verhält sich die Nützlichkeit der Lokomotive zu ihren Ausmaßen? Entdecken Sie in Hildesheimer einen gewissen ironischen Zug? Suchen Sie noch mehr ironische Hinweise in der Geschichte.

4. Bedeutet der Titel »Eine grössere Anschaffung« einen wirklichen Vergleich? Welche Bedeutung kommt hier der Verwendung des Komparativs zu?

5. Ist der Mann in der Geschichte wirklich der vorsichtige Käufer, als den er sich ausgibt? Welchen Eindruck haben Sie von dem Vetter? Ist er ein sympathischer Mensch? Was erfahren wir über das Verhältnis der beiden Männer zueinander? Glauben Sie, daß der Vetter die Lokomotive auch gekauft hätte? Der Erzähler sagt gegen Ende der Erzählung, daß sein Vetter sich bei ihm nicht mehr wohl fühle. Warum nicht?

6. Inwiefern sind die beiden Männer verschieden? Wie macht Hildesheimer die unterschiedliche Einstellung der beiden Vettern deutlich?

7. Was ist in der Geschichte unrealistisch, was ist unlogisch?

III. AUFSATZTHEMEN

1. Warum ist die Logik des Lokomotivenkäufers auf falschen Voraussetzungen aufgebaut?

2. Beschreiben Sie die Charaktere der beiden Vettern und ihre dadurch bedingte Verhaltensweise.

3. Welche Folgen kann es haben, wenn logische Handlungen auf unlogischen Voraussetzungen aufgebaut sind? (Versuchen Sie, ein Beispiel zu geben.)

4. Beschreiben Sie eine unlogische Situation, die Sie selbst erlebt haben!

6 | SECHSTES KAPITEL

DAS BETTELWEIB VON LOCARNO

Heinrich von Kleist

Am Fuße der Alpen, bei Locarno im oberen Italien, befand sich ein altes, einem Marchese gehöriges Schloß, das man jetzt, wenn man vom St. Gotthard kommt, in Schutt und Trümmern liegen sieht; ein Schloß mit hohen und weitläufigen Zimmern, in deren einem einst, auf Stroh, das man ihr unterschüttete, eine alte kranke Frau, die sich bettelnd vor der Tür eingefunden hatte, von der Hausfrau, aus Mitleiden, gebettet worden war. Der Marchese, der, bei der Rückkehr von der Jagd, zufällig in das Zimmer trat, wo er seine Büchse abzusetzen pflegte, befahl der Frau unwillig, aus dem Winkel, in welchem sie lag, aufzustehn und sich hinter den Ofen zu verfügen. Die Frau, da sie sich erhob, glitschte mit der Krücke auf dem glatten Boden aus und beschädigte sich, auf eine gefährliche Weise, das Kreuz dergestalt, daß sie zwar noch mit unsäglicher Mühe aufstand und quer, wie es ihr vorgeschrieben war, über das Zimmer ging, hinter dem Ofen aber, unter Stöhnen und Ächzen, niedersank und verschied.

Mehrere Jahre nachher, da der Marchese, durch Krieg und Mißwachs, in bedenkliche Vermögensumstände geraten war, fand sich ein florentinischer Ritter bei ihm ein, der das Schloß, seiner schönen Lage wegen, von ihm kaufen wollte. Der Marchese, dem viel an dem Handel gelegen war, gab seiner Frau auf, den Fremden in dem obenerwähnten, leerstehenden Zimmer, das sehr schön und prächtig eingerichtet war, unterzubringen. Aber wie betreten war das Ehepaar, als der Ritter mitten in der Nacht, verstört und bleich, zu ihnen herunterkam, hoch und teuer versichernd, daß es in dem Zimmer spuke, indem etwas, das dem Blick unsichtbar gewesen, mit einem Geräusch, als ob es auf Stroh gelegen, im Zimmerwinkel aufgestanden, mit vernehmlichen Schritten, langsam und gebrechlich, quer über das Zimmer gegangen und hinter dem Ofen, unter Stöhnen und Ächzen, niedergesunken sei.

Der Marchese, erschrocken, er wußte selbst nicht recht warum, lachte den Ritter mit erkünstelter Heiterkeit aus und sagte, er wolle sogleich aufstehen und die Nacht, zu seiner Beruhigung, mit ihm in dem Zimmer zubringen. Doch der Ritter bat um die Gefälligkeit, ihm zu erlauben, daß er, auf einem Lehnstuhl, in seinem Schlafzimmer übernachte, und als der Morgen kam, ließ er anspannen, empfahl sich und reiste ab.

Dieser Vorfall, der außerordentliches Aufsehen machte, schreckte, auf eine dem Marchese höchst unangenehme Weise, mehrere Käufer ab, dergestalt, daß, da sich unter seinem eignen Hausgesinde, befremdend und unbegreiflich, das Gerücht erhob, daß es in dem Zimmer zur Mitternachtsstunde umgehe, er, um es mit einem entscheidenden Verfahren niederzuschlagen, beschloß, die Sache in der nächsten Nacht selbst zu untersuchen. Demnach ließ er, beim Einbruch der Dämmerung, sein Bett in dem besagten Zimmer aufschlagen und erharrte, ohne zu schlafen, die Mitternacht. Aber wie erschüttert war er, als er in der Tat, mit dem Schlage der Geisterstunde, das unbegreifliche Geräusch wahrnahm; es war, als ob ein Mensch sich von Stroh, das unter ihm knisterte, erhob, quer über das Zimmer ging und hinter dem Ofen, unter Geseufz und Geröchel, niedersank. Die Marquise, am andern Morgen, da er herunterkam, fragte ihn, wie die Untersuchung abgelaufen; und da er sich, mit scheuen und ungewissen Blicken, umsah und, nachdem er die Tür verriegelt, versicherte, daß es mit dem Spuk seine Richtigkeit habe, so erschrak sie, wie sie in ihrem Leben nicht getan, und bat ihn, bevor er die Sache verlauten ließe, sie noch einmal, in ihrer Gesellschaft, einer kaltblütigen Prüfung zu unterwerfen. Sie hörten aber, samt einem treuen Bedienten, den sie mitgenommen hatten, in der Tat, in der nächsten Nacht, dasselbe unbegreifliche gespensterartige Geräusch; und nur der dringende Wunsch, das Schloß, es koste was es wolle, loszuwerden, vermochte sie, das Entsetzen, das sie ergriff, in Gegenwart ihres Dieners zu unterdrücken und dem Vorfall irgendeine gleichgültige und zufällige Ursache, die sich entdecken lassen müsse, unterzuschieben. Am Abend des dritten Tages, da beide, um der Sache auf den Grund zu kommen, mit Herzklopfen wieder die Treppe zu dem Fremdenzimmer bestiegen, fand sich zufällig der Haushund, den man von der Kette losgelassen hatte, vor der Tür desselben ein, dergestalt, daß beide, ohne sich bestimmt zu erklären, vielleicht in der unwillkürlichen Absicht, außer sich selbst noch etwas Drittes, Lebendiges, bei sich zu haben, den Hund mit sich in das Zimmer nahmen. Das Ehepaar, zwei Lichter auf dem Tisch, die Marquise unausgezogen, der Marchese Degen und Pistolen, die er aus dem Schrank genommen, neben sich, setzten sich, gegen elf Uhr, jeder auf sein Bett; und während sie sich mit Gesprächen, so gut sie vermögen, zu unterhalten suchen, legt sich der Hund, Kopf und Beine zusammengekauert, in der Mitte des Zimmers nieder und schläft ein. Darauf, in dem Augenblick der Mitternacht, läßt sich das entsetzliche Geräusch wieder hören; jemand, den kein Mensch mit Augen sehen kann, hebt sich, auf Krücken, im Zimmerwinkel empor; man hört das Stroh, das unter ihm rauscht; und mit dem ersten Schritt: tapp! tapp! erwacht der Hund, hebt sich plötzlich, die Ohren spitzend, vom Boden empor, und knurrend und bellend, grad als ob ein Mensch auf ihn eingeschritten käme, rückwärts gegen den Ofen weicht er aus. Bei diesem Anblick stürzt die Marquise, mit sträubenden Haaren, aus dem Zimmer; und während der Marchese, der den Degen ergriffen, »Wer da?« ruft und, da ihm niemand antwortet, gleich einem Rasenden, nach allen Richtungen die Luft durchhaut, läßt sie anspannen, entschlossen, augenblicklich nach der Stadt abzufahren. Aber ehe sie noch nach Zusammenraffung einiger Sachen aus dem Tore herausgerasselt, sieht sie schon das Schloß ringsum in Flammen aufgehen. Der

Marchese, von Entsetzen überreizt, hatte eine Kerze genommen und dasselbe, überall mit Holz getäfelt wie es war, an allen vier Ecken, müde seines Lebens, angesteckt. Vergebens schickt sie Leute hinein, den Unglücklichen zu retten; er war auf die elendiglichste Weise bereits umgekommen, und noch jetzt liegen, von den Landleuten zusammengetragen, seine weißen Gebeine in dem Winkel des Zimmers, von welchem er das Bettelweib von Locarno hatte aufstehen heißen.

I. ANMERKUNGEN

A. Relativpronomen und Relativsätze

Das Relativpronomen bezieht sich, wie aus seinem Namen hervorgeht, auf ein bereits erwähntes Substantiv (oder Pronomen). Es leitet gewöhnlich einen Nebensatz, den Relativsatz, ein.

> Der Herr, **der an der Ecke steht,** ist mein Nachbar.
> Der Brief, **den ich heute erhielt,** sollte schon vorige Woche eingetroffen sein.

1. DEKLINATION DER RELATIVPRONOMEN

Die verschiedenen Relativpronomen sind:

der, die, das   PLURAL **die**
welcher, welche, welches PLURAL **welche**

Die Relativpronomen werden, wie der bestimmte Artikel, stark dekliniert. **Der, die, das,** pl. **die** sind die gebräuchlichsten Relativpronomen. Bei den **der**-Formen des Relativpronomens wird im Genitiv Singular sowie im Genitiv und Dativ Plural zur Verstärkung noch ein **-en** an den bestimmten Artikel angehängt.

	MASKULIN	NEUTRUM	FEMININ	PLURAL
NOM.	der	das	die	die
AKK.	den	das	die	die
DAT.	dem	dem	der	denen
GEN.	dessen	dessen	deren	deren

Welcher, welche, welches, pl. **welche** werden in der Umgangssprache seltener gebraucht. Grammatikalisch jedoch sind sie mit den **der**-Formen gleichwertig. Bei den **welcher**-Formen wird im Genitiv durchweg der Genitiv der **der**-Formen verwendet.

	MASKULIN	NEUTRUM	FEMININ	PLURAL
NOM.	welcher	welches	welche	welche
AKK.	welchen	welches	welche	welche
DAT.	welchem	welchem	welcher	welchen
GEN.	dessen	dessen	deren	deren

2. WORTSTELLUNG IM RELATIVSATZ

Der Relativsatz steht immer unmittelbar hinter dem Substantiv (oder Pronomen), auf das er sich bezieht.

Der Relativsatz wird immer mit dem Relativpronomen eingeleitet. Verlangt das Verb des Nebensatzes eine Präposition, so steht diese am Anfang des Nebensatzes, vor dem Relativpronomen. Obwohl das Relativpronomen (mit oder ohne Präposition) den Nebensatz einleitet, ist es deshalb nicht immer Subjekt des Nebensatzes. Das Subjekt folgt dann unmittelbar als das zweite Element des Relativsatzes. Das gebeugte Verb steht immer am Ende.

> Der Mann, **der mir jeden Tag auf dem Weg zur Arbeit begegnet,** sieht immer übermüdet aus. (Das Relativpronomen **der** ist gleichzeitig Subjekt des Nebensatzes.)

> Die Dame, **mit der er gerade sprach,** ist mir nicht bekannt. (Vor dem Relativpronomen im Dativ Singular Feminin steht die Präposition **mit**; Subjekt des Nebensatzes ist das Pronomen **er**.)

3. ÜBEREINSTIMMUNG ZWISCHEN DEM RELATIVPRONOMEN UND DEM BEZUGSWORT

Das Relativpronomen muß mit dem Bezugswort (dem Substantiv oder Pronomen des Hauptsatzes, auf das es sich bezieht) in Zahl

SECHSTES KAPITEL

und Geschlecht übereinstimmen. Der Fall, in dem es steht, wird jedoch durch seine Stellung und Funktion im Nebensatz bestimmt.

Der Ingenieur, **der das Projekt plante,** trat von dem Vertrag zurück.

Einer der Ingenieure, **die das Projekt planten,** trat von dem Vertrag zurück. (Das Relativpronomen **die** bezieht sich auf die Gesamtheit der Ingenieure, nicht auf den einzelnen.)

Der Ingenieur, **den man immer auf der Baustelle sah,** ist von dem Vertrag zurückgetreten. (Das Relativpronomen **den** steht im Akkusativ Singular Maskulin obwohl das Substantiv, auf das es sich bezieht, im Nominativ ist.)

4. INTERPUNKTION

Der Relativsatz wird vom Hauptsatz immer durch Kommas abgetrennt. Die Kommas haben die Funktion von Klammern, die die Satzteile voneinander trennen. Es ist wichtig, daß Sie diese Kommas beim Lesen beachten und beim Aufsatzschreiben selbst an die richtigen Stellen setzen.

Sie führt ihren Hund, der kaum noch laufen kann, täglich spazieren. Das Kleid, in dem sie zur Party kam, war schon sehr alt.

5. DAS RELATIVPRONOMEN IM GENITIV

Das Relativpronomen im Genitiv bereitet manchmal Schwierigkeiten, besonders wenn es mit Präpositionalkonstruktionen verbunden ist. Als Hilfe eine Faustregel: Dem Relativpronomen im Genitiv folgt immer ein Substantiv.

Der Arzt, **dessen Hilfe** nicht lange auf sich warten ließ, kam dennoch zu spät.

Der Pianist, **von dessen grandioser Virtuosität** man überall spricht, ist ein bescheidener Mann.

Die alte Dame, **über deren altmodische Kleidung** man lachte, findet sich selbst sehr elegant.

Der Verletzte, **von dessen klarem Bewußtsein** die Beantwortung der Frage abhing, kam lange nicht zu sich.

Der Bekannte, **durch dessen Vermittlung** ich die gute Stellung bekam, wollte keinen Dank.

DAS BETTELWEIB VON LOCARNO   93

ÜBUNGEN

a. *Bilden Sie aus folgenden Satzpaaren je einen Hauptsatz mit einem Relativsatz.*

> z.b. Der Mann ist alt. Er hat viel Geld.
> **Der Mann, der (welcher) alt ist, hat viel Geld.**

1. Die alte Frau wurde auf Stroh gebettet. Sie hatte vor der Tür gebettelt.

2. Der Marchese kam von der Jagd zurück. Er befahl der Frau unwillig aufzustehen.

3. Ein florentinischer Ritter fand sich ein. Er wollte das Schloß seiner schönen Lage wegen kaufen.

4. Der Marchese sprach mit seiner Frau. Es lag ihm viel an dem Verkauf des Schlosses.

5. Der Fremde wurde in dem erwähnten Zimmer untergebracht. Das Zimmer war sehr schön.

6. Ein Mensch erhob sich von dem Stroh. Das Stroh knisterte unter ihm.

7. Der Vorfall erregte außerordentliches Aufsehen. Er schreckte mehrere Käufer ab.

8. Die Frau unterschob dem Vorfall eine zufällige Ursache. Die Ursache mußte sich finden lassen.

9. Der Haushund fand sich vor der Tür ein. Man hatte ihn von der Kette losgelassen.

10. Der Marchese setzte sich mit Degen und Pistolen auf sein Bett. Er hatte sie aus dem Schrank genommen.

11. Der Marchese hatte das Zimmer in Brand gesetzt. Er war von Entsetzen überreizt.

12. Die weißen Gebeine liegen in dem Winkel des Zimmers. Sie wurden von Landleuten zusammengetragen.

13. Das Zimmer hatte einen gewissen Winkel. Der Marchese hatte das Bettelweib aus dem Winkel aufstehen heißen.

b. *In dieser Übung sollen Sie, wie in der vorhergehenden, aus zwei Satzpaaren je einen Haupt- und einen Relativsatz bilden. Bei den nachstehenden Sätzen ist jedoch der richtige Gebrauch des Genitivs zu beachten.*

> z.b. Der Pilot mußte die Entscheidung treffen.
>
> Von seiner schnellen Reaktion hing die Rettung der Passagiere ab.
>
> **Der Pilot, von dessen schneller Reaktion die Rettung der Passagiere abhing, mußte die Entscheidung treffen.**

1. Das Schloß brannte bis auf die Grundmauern nieder. Man sprach im ganzen Land von seinem merkwürdigen Ende.

2. Die Marquise hatte das unwillige Gebaren ihres Mannes nicht gern. Durch ihr Mitleid war die Bettlerin im Schloß aufgenommen worden.

3. Der Krieg hatte die Schloßbesitzer in bedenkliche Vermögensverhältnisse gebracht. Das ganze Land darbte unter seinen Verheerungen.

4. Die Bettlerin starb in einem Winkel des Zimmers. Nach ihrem Tod wurde das Land von Krieg und Mißernte heimgesucht.

5. Die Landleute haben die Gebeine zusammengetragen. Es gehen bei ihnen allerlei Gerüchte über den Tod des Marchese um.

6. Der Hund springt vom Boden auf. Durch sein Knurren und Bellen wachen die andern auf.

7. Keiner von den Landleuten konnte den Marchese retten. Die Marquise hatte sich immer auf ihre Hilfe verlassen.

c. *In den folgenden Übungen bleibt der Hauptsatz derselbe, während das Relativpronomen in jedem Nebensatz in einem anderen Fall auftritt:*

z.b. Der Marchese starb in jungen Jahren.
   Er war ein ungestümer Mensch.
   Man sprach im ganzen Land von ihm.
   Niemand konnte es ihm recht machen.

Der Marchese, der ein ungestümer Mensch war, starb in jungen Jahren.

Der Marchese, von dem man im ganzen Land sprach, starb...

Der Marchese, dem niemand es recht machen konnte, starb...

1. Das Buch war wesentlich besser als erwartet.
   Ich las es in einer Nacht durch.
   Es ist in aller Munde.
   Alle meine Bekannten sprechen davon.
   Ich habe viel von seinem Inhalt erzählt bekommen.
   Man hat dem Buch zu geringen Wert beigemessen.
2. Der Fall ist nach vielen Jahren immer noch interessant.
   Er steht in der Kriminalgeschichte einmalig da.
   Es wird ihm in der Kriminalgeschichte ein Sonderplatz eingeräumt.
   Einige berühmte Detektive haben sich daran schon die Zähne ausgebissen.
   Damals wurde aus dem Fall eine Sensation gemacht.
   Über seine endgültige Aufdeckung gehen die Meinungen heute noch auseinander.
3. Das Sanitätsauto raste durch die mitternächtlichen Straßen.
   Die Sirene des Sanitätsautos gellte ohrenbetäubend.
   In seinem Inneren lag ein Schwerverletzter.
   Es kämpfte mit seiner schnellen Fahrt um das Leben des Kranken.
   Alle anderen Autos wurden von ihm überholt.
4. Die Haustür fiel durch den Windstoß ins Schloß.
   Sie war nur leicht angelehnt.
   Sie läßt sich ohne Schlüssel nicht öffnen.
   Ich erreichte sie nicht rechtzeitig.
   Lange war niemand aus der Haustür gekommen.
   Eine Lampe hängt über der Haustür.

B. Sonderfälle

1. Wer und was

Ist das Subjekt des Hauptsatzes, auf das sich ein Relativpronomen bezieht, ein allgemeines **der** oder **das,** so lautet die entsprechende Form des Relativpronomens **wer** oder **was.** Der Relativsatz steht dann anstelle von **der** oder **das.**

> **Wer** nicht hören will, **(der)** muß fühlen.
> **Wer** andern eine Grube gräbt, **(der)** fällt selbst hinein.
> **Was** ich nicht weiß, **(das)** macht mich nicht heiß.
> **Was** lange währt, **(das)** wird endlich gut.

Die englische Konstruktion mit *he who* und *that which* erinnert an die ungekürzte, im Deutschen nicht mehr gebräuchliche Form von **der, wer** und **das, was.** Bezieht sich der Relativsatz auf **der** oder **das,** das nicht im Nominativ steht, dann muß es wiederholt werden.

> **Wer** das glaubt, **dem** ist nicht zu helfen.
> **Was** er sagt, **dem stimme** ich bei.
> oder: **Dem, was** er sagt, stimme ich bei.
> oder: Ich stimme **dem, was** er sagt, bei.

2. Das und was

Der Unterschied zwischen **das** und **was** als Relativpronomen ist manchmal etwas schwierig festzulegen. Man kann sich aber im allgemeinen an folgende Hinweise halten:
a. Was und **das** beziehen sich beide auf ein abstraktes, substantiviertes Adjektiv. **Was** findet Verwendung, wenn das Adjektiv im Superlativ steht; **das,** wenn es nicht im Superlativ steht.

> **Das Schönste, was** er je geschrieben hat, sind seine Gedichte.
> **Das Langweiligste, was** ich je gehört habe, war dieses Konzert.
> **Ein Gutes, das** man tut, wirkt weiter.
> **Das Schlechte, das** er tat, beschämte uns alle.

b. Was kann sich auf einen ganzen Satz beziehen.

> Du kannst tun und lassen, **was** du willst.
> Sie verschenkt immer, **was** ihr selbst gefällt.

c. Was wird immer nach folgenden Mengenangaben verwendet.

> **vieles, was**
> **einiges, was**
> **dasselbe, was**
> **weniges, was**
> **manches, was**
> **etwas, was**
> **nichts, was**
> **alles, was**

Vieles, was du heute weißt, hättest du schon vor Jahren wissen müssen.

Nichts von dem, was wir erfuhren, stimmte.

Alles, was sie sagt, ist dumm.

Etwas, was ich schon lange wissen möchte, ist, ob sie geheiratet haben.

Manches, was sehr unscheinbar wirkt, hat doch großen Wert.

3. WO

Wo kann als ein Relativpronomen angesehen werden, das sich auf Ortsnamen bezieht, d.h. auf Namen von Städten, Ländern und Erdteilen. Es entspricht dem englischen *where* und kann wie dieses niemals im Nominativ vorkommen.

> **In Europa, wo** ich viele Jahre verbrachte, gefiel es mir sehr gut.
>
> ABER: **Europa, das** mir sehr gut gefällt, hat auch seine Schattenseiten.

Bezieht sich das Relativpronomen nicht auf einen bestimmten Ortsnamen, sondern auf eine allgemeine Örtlichkeit, dann kann anstelle von **wo** auch die entsprechende Form der Relativpronomen **der, die** oder **das** stehen. **Wo** ist in diesem Fall umgangssprachlich.

Das Büro, in dem er arbeitet, hat keine Klimaanlage.

Das Büro, wo er arbeitet, hat keine Klimaanlage.

Ist das **Florenz, wo** du so lange Jahre gewohnt hast?

Ist das **die Stadt, von der** du so begeistert bist?

SECHSTES KAPITEL

ÜBUNGEN

a. *Bitte ergänzen Sie die Sätze mit den entsprechenden Pronomen* **wer, was** *oder* **das**.

1. —— eine solche Haltung beibehält, verkennt den Ernst der Lage.

2. Vieles von dem, —— ich gelernt habe, kann ich immer wieder gebrauchen.

3. Das Beste, —— er zu bieten hat, ist immer noch nicht gut genug.

4. Das Edle, —— im Menschen wohnt, wird oft unterdrückt.

5. Er sagt dasselbe, —— er schon immer gesagt hat.

6. Das Alte, —— nicht mehr gefällt, wird weggeworfen.

7. —— es nicht fühlt, (der) wird es nie erjagen.

8. Das Liebste, —— du mir tun kannst, ist, daß du gehst.

9. —— hat, der kann.

10. Man sieht das Alltägliche, —— uns umgibt, oft nicht mehr.

b. *Ergänzen Sie die Sätze mit* **wo** *oder der entsprechenden Form des Relativpronomens*.

1. Dieses Bild ist von New York, —— er kurze Zeit lebte.

2. In dem Büro, —— er seit kurzem arbeitet, kennt man ihn noch nicht sehr gut.

3. Ich war noch nie in Australien, —— es noch viel unerforschtes Gebiet gibt.

4. Können Sie mir die Stelle zeigen, —— der Unfall passierte?

5. Kennst du das Land, —— die Zitronen blüh'n?

6. Kennen Sie München, —— die nächsten olympischen Spiele stattfinden werden?

c. *Lesen Sie den Kleist-Text sorgfältig durch. Unterstreichen Sie die Relativsätze (beachten Sie dabei die Kommas). Ersetzen Sie diese Relativsätze durch Hauptsätze. Als Beispiel diene der erste Satz der Geschichte.*

> Am Fuße der Alpen, bei Locarno im oberen Italien, befand sich ein altes, einem Marchese gehöriges Schloß. Man sieht es jetzt, wenn man vom St. Gotthard kommt in Schutt und Trümmern liegen . . .

d. *Bilden Sie aus folgenden Elementen je einen Hauptsatz mit einem Relativsatz. Schreiben Sie die Sätze in sinngemäßen Zeiten.*

> z.b. Der Marchese/ nicht verkaufen können/ das Schloß; niemand/ haben wollen/ es.
>
> **Der Marchese konnte das Schloß, das niemand haben wollte, nicht verkaufen.**

1. Der Ritter/ abreisen/ bleich und verstört; der Ritter/ kaufen wollen/ das Schloß.

2. Die Bettlerin/ aufgenommen werden/ freundlich/ von der Marquise; die Bettlerin/ alt und krank/ sein.

3. Die Frau/ ausrutschen/ mit der Krücke/ auf dem glatten Boden; die Frau/ sich erheben/ versuchen.

4. Wer/ das/ sehen; Mitleid/ haben müssen.

5. Was/ der Marchese/ bestimmen; das/ ausgeführt werden müssen.

6. Wer/ die alte Frau sehen; dem/ das Herz/ bluten.

7. Die Frau/ niedersinken und verscheiden/ hinter dem Ofen; die Frau/ aufstehen und das Zimmer durchqueren/ mit unsäglicher Mühe.

8. Der Marchese/ lachen/ mit erkünstelter Heiterkeit; er/ erschrocken sein.

9. Der Ritter/ übernachten/ auf einem Lehnstuhl/ im Schlafzimmer des Ehepaars; er/ bleich und verstört/ gewesen sein.

10. Der Ritter/ anspannen lassen und abreisen; der Schrecken/ sitzen/ in allen seinen Gliedern.

SECHSTES KAPITEL

e. *Aus den nachstehenden Elementen sollte je ein Hauptsatz mit zwei Relativ-Nebensätzen gebildet werden. Es ist dabei sehr wichtig zu beachten, daß die Nebensätze gleich hinter dem Substantiv stehen, auf das sie sich beziehen, da sich sonst sehr leicht Unklarheiten ergeben.*

z.b. Der Marchese/ (sehr erschrocken sein)/ versuchen/ zu überreden/ den Ritter/ (abreisen wollen)/ zu einem längeren Aufenthalt.

Der Marchese, der sehr erschrocken war, versuchte, den Ritter, der abreisen wollte, zu einem längeren Aufenthalt zu überreden.

1. Das Schloß/ (berühmt sein/ wegen seiner herrlichen Lage)/ liegen/ in Trümmern/ (erzählen/ eine traurige Geschichte).
2. Die Burg/ (auf dem Felsen/ stehen)/ gehören/ dem Grafen/ (seine Tochter/ ermordet worden sein).
3. Es ist schwierig,/ den Mann (er/ sehr lieben/ seine Frau)/ zu gewöhnen/ an das Alleinsein (er/ nicht ertragen können).
4. Der Hund/ (sehr scharf sein)/ an die Kehle springen/ dem Einbrecher/ (seine lautlosen Schritte/ der Hund/ dennoch/ gehört haben).
5. Das Abendessen/ (wir geben/ zu Ehren eurer Ankunft)/ ein Erfolg sein/ (alle/ lange davon sprechen).

f. *Nachstehende Übungen sollen Ihnen zeigen, wie leicht Unklarheiten und Verwechslungen entstehen können, wenn Sie keine strikte Satzstellung einhalten. Es ist am besten, wenn Sie den Relativsatz immer sofort dem Substantiv, auf das er sich bezieht, folgen lassen, selbst auf die Gefahr hin, daß dann eine Verbform alleine am Satzende steht. Lesen Sie die Übungen sorgfältig durch und machen Sie entsprechende Verbesserungen.*

1. Die Krankenschwester konnte der Patientin die Medizin nicht geben, die völlig aufgelöst war.
2. Der Mann sollte den Apfel essen, der faul war.
3. Hiermit werden die Verluste der Handelsfirma bekanntgegeben, die wir alle sehr bedauern.
4. Ich sah den Reporter mit dem Häftling sprechen, den ich schon lange wegen seiner schnellen Auffassungsgabe bewundere.
5. Es ist uns allen eine Freude, diese bekannte Schriftstellerin begrüßen zu dürfen, die wir sehr zu schätzen wissen.

C. Die Stellung von <u>nicht</u> im Nebensatz

Das Verb des Nebensatzes steht, anders als im Hauptsatz (wo das Verb immer das zweite Satzelement ist), als letztes Element. Es ist unmöglich, daß **nicht** am Ende des Nebensatzes steht. Innerhalb des Nebensatzes selbst folgt die Stellung von **nicht** denselben Regeln, die für den Hauptsatz gelten und in Kapitel 1 ausführlich besprochen wurden.

Der Fußgänger sah das Auto nicht heranrasen.
Der Fußgänger, der das Auto **nicht heranrasen sah,** . . .

Mein Vater hat nie mit mir darüber gesprochen.
Mein Vater, **der nie mit mir darüber gesprochen hat,** . . .

Ich verstehe diese Sprache nicht.
Diese Sprache, **die ich nicht verstehe,** . . .

Ich glaube diesem Menschen nicht.
Dieser Mensch, **dem ich nicht glaube,** . . .

Der Student spricht nicht Englisch, sondern Deutsch.
Der Student, **der nicht Englisch, sondern Deutsch spricht,** . . .

Der Student hat nicht die erste, sondern gleich die zweite Frage beantwortet.
Der Student, **der nicht die erste, sondern gleich die zweite Frage beantwortet hat,** . . .

Das Kind hat das Brot nicht vom Boden aufgehoben.
Das Kind, **welches das Brot nicht vom Boden aufgehoben hat,** . . .

Das Auto ist nicht alt.
Das Auto, **das nicht alt ist,** . . .

Der Redner spricht nicht laut genug.
Der Redner, **der nicht laut genug spricht,** . . .

Das Auto ist nicht in der Garage.
Das Auto, **das nicht in der Garage ist,** . . .

Das Mädchen ist nicht auf den Kopf gefallen.
Das Mädchen, **das nicht auf den Kopf gefallen ist,** . . .

Der Portier macht die Tür nicht auf.
Der Portier, **der die Tür nicht aufmacht,** . . .

Die jungen Leute tanzen nicht.
Die jungen Leute, **die nicht tanzen,** . . .

Die jungen Leute tanzen nicht oft.
Die jungen Leute, **die nicht oft tanzen,** . . .

ÜBUNGEN

a. *Verneinen Sie in den folgenden Sätzen den relativen Nebensatz.*

1. Der Mann, der sich wie ein Bettler benimmt, ist sehr reich.
2. Der Grund, auf dem dieses Haus erbaut werden konnte, gehört der Stadtverwaltung.
3. Der Künstler, von dessen großem Können wir gehört hatten, gastiert jetzt in unserer Stadt.
4. In dem Museum, in welchem wir uns lange aufhielten, sind ungeheure Reichtümer angesammelt.
5. Über der Stadt, die oft von Erdbeben heimgesucht wird, liegt eine große Spannung.
6. In dem See, den viele Leute kennen, gibt es eine große Anzahl Fische.
7. Der Golfplatz, der sehr bekannt ist, zieht immer mehr Golfspieler an.
8. Von dem Berggipfel, der im Sommer oft genug erstiegen wird, hat man eine herrliche Aussicht.
9. Der Chef, mit dem die Sekretärin gut auskommt, ist oft auf Geschäftsreisen.
10. Von dem Unfall, über den damals in allen Zeitungen berichtet wurde, hört man jetzt nur noch wenig.

b. *Bilden Sie die angegebenen Hauptsätze in relative Nebensätze um und vervollständigen Sie den neuen Hauptsatz nach eigenem Belieben.*

z.b. Dieser Sportler ist nicht sehr groß.
Dieser Sportler, der nicht sehr groß ist, hält viele Rekorde.

1. Mein Vater geht nicht gerne in Konzerte.
2. Die alte Dame hat nicht viele Ausgaben.
3. Diese Uhr bleibt nicht oft stehen.
4. Über diesen Mordfall weiß die Presse nicht genau Bescheid.
5. Von dieser Zeugenaussage hängt nicht nur das Leben, sondern auch die Rehabilitierung des Angeklagten ab.
6. Durch die Entdeckung dieses Verfahrens wurde der Chemiker nicht nur berühmt, sondern auch reich.
7. Ein Gespräch mit dieser Dame ist nicht sehr anregend.

8. Der Präsident konnte während der kurzen Pressekonferenz nicht alle Fragen beantworten.
9. Das Dilemma ist den anderen Nationen nicht unbekannt.
10. Die Börsenpreise dürfen nicht oft so drastisch fallen wie am vergangenen Montag.
11. Ich kenne seine Tante nicht.
12. Unsere Familie spricht seit Jahren nicht mit dieser Tante.
13. Die Reklamefirma konnte solch eine Reaktion nicht voraussehen.
14. Das Presseamt wollte die Meldung nicht sogleich veröffentlichen.

II. KONVERSATIONSTHEMEN

1. Kennen Sie Geschichten, die dem Bettelweib von Locarno ähnlich sind? Erzählen Sie sie! Ist es möglich, daß solche Ereignisse wirklich stattfinden?
2. Es gibt viele Geschichten, in denen die Toten nicht zur Ruhe kommen. Welche Gründe geben die Autoren dafür an?
3. Ist das Bettelweib von Locarno eine Gespenstergeschichte im üblichen Sinn? Wenn ja, dann erklären Sie bitte, in welcher Beziehung Kleists Geschichte anderen Gespenstergeschichten ähnlich ist. Wenn nein, dann erklären Sie bitte den Unterschied.
4. Wenn Sie Kleists Geschichte mit Heines Erzählung, die vom Klabautermann handelt (Kapitel 2), vergleichen, bemerken Sie sicher einige grundlegende Unterschiede in der Behandlung der Geister. Welches sind diese Unterschiede?
5. Warum sagt Kleist von dem Marchese, daß er erschrocken war, er wußte selbst nicht warum? Warum war der Marchese erschrocken?
6. Würden Sie sagen, daß Kleist in dieser Geschichte von Strafe und Gerechtigkeit spricht oder von etwas anderem?
7. Glauben Sie, daß es Zufall ist, daß der Marchese in den Jahren, die dem Tod des Bettelweibs folgen, durch Krieg und Mißernte in eine schlechte finanzielle Lage gerät?

8. Welche Faktoren mögen zu der Erscheinung des Bettelweibs beitragen?

9. Steht das Ende des Marchese in einem rechten Verhältnis zu seiner Untat? Was will Kleist in diesem Verhältnis von Untat und Konsequenzen zum Ausdruck bringen?

10. Haben Sie schon von wahren Begebenheiten gehört, die den Vorfällen in Kleists Geschichte ähnlich sind? Erzählen Sie darüber!

11. Welche anderen Phänomene gibt es, die der Erscheinung in Kleists Geschichte verwandt sind? Was wissen Sie darüber?

III. AUFSATZTHEMEN

1. Geben Sie eine kurze Charakterbeschreibung des Marchese und füllen Sie dabei Einzelheiten aus, die Kleist nur angedeutet hat.

2. Schreiben Sie in kurzen, einfachen Sätzen eine Nacherzählung der Geschichte »Das Bettelweib von Locarno«.

3. Schreiben Sie eine Gespenstergeschichte. Machen Sie dabei von folgendem Wortschatz Gebrauch:

> Mitternacht — Geisterstunde — verfallenes Schloß — Burgverlies — tappende Füße — klirrende Ketten — glühende Augen — eine bleiche Hand — ein eiskalter Windzug — zerschlissene Vorhänge bauschen sich — eine dumpfe Stimme klagt — eine würgende Hand zuckt — ein Riegel fällt schwer ins Schloß — der Mond irrt durch verlassene Säle — ein Skelett klappert — die Schritte nähern sich — der Hahnenschrei ertönt.

4. Schreiben Sie eine Gespenstergeschichte, die einen moralischen Kern in sich birgt.

5. Versuchen Sie, eine zusammenhängende Geschichte zu schreiben, in der jedoch jeder Satz durch einen Relativsatz erweitert ist. Verwenden Sie im Relativsatz Verben mit Präpositionen in der Weise, daß diese Präpositionen den Satz einleiten. Nachstehende Angaben sollten Ihnen diese Übung erleichtern. Beachten Sie dabei, daß die Angaben immer reduzierter werden.

z.b. Die Geschichte ist sehr komisch; ich will über sie berichten.

Die Geschichte, über die ich berichten will, ist sehr komisch.

Ein reicher Mann kaufte einmal ein Schloß; es lag wunderschön und war gar nicht teuer.

Der Mann vergaß sich zu erkundigen, warum das Schloß so billig war; er freute sich über den guten Kauf.

Das Schloß wurde nun aufs wunderbarste ausgestattet; es wurde von der ganzen Nachbarschaft gemieden.

Der reiche Mann/ preisen/ sein Glück; alle Freunde/ über ihn/ lächeln.

Am Tag der Einweihung/ er einladen/ alle Freunde/ zu einem Fest; das Fest; dauern sollen/ zwei Wochen.

Fest — Kostümball; Damen/ tragen/ kostbare Roben; gemacht/ von den besten Modeschöpfern. Herren/ tragen/ phantastische Kostüme; Kostüme/ entstammen Vorbildern der Vogelwelt.

Die Freunde/ sich nicht erkennen; alle/ Masken/ tragen. Sich bemächtigen der Freunde/ eine merkwürdige Gespanntheit; die Freunde/ dennoch/ essen, trinken und tanzen.

Um Mitternacht/ der neue Schloßherr/ sich erheben; er wollen/ Rede halten.

Beim letzten Gongschlag der Uhr/ alle Freunde/ erstarren; die Uhr/ schlagen/ laut und klar.

Ein Schatten/ auf den Hausherrn/ zukommen; der Schatten/ sich abzeichnen/ von der weit geöffneten Flügeltür.

Die Gäste entsetzt/ vor der Gestalt/ weichen; von der Gestalt/ Eiseskälte/ ausströmen.

Die Gestalt/ nach der Hand des Hausherrn/ greifen; der Hausherr/ wie gelähmt/ dastehen.

Die Gestalt/ Hand des Hausherrn/ drücken; der/ Schrei ausstoßen.

Der Hausherr/ Hand zeigen; ohnmächtig/ zu Boden sinken.

Hand/ zeigen/ brennend rotes Mal; leblos herabhängen.

Die Gestalt/ verschwunden/ in dem Moment; alle/ dem Hausherrn/ ihre Aufmerksamkeit/ schenken.

SECHSTES KAPITEL

Hausherr/ nicht mehr über den Vorfall/ sprechen wollen; er/ bald wieder/ zu sich/ kommen.

Geheimnis des roten Brandmals/ dem Hausherrn/ wohl bekannt; alle Freunde/ darüber/ sich wundern.

Schloßherr/ lange leben; gütig und hilfreich. In dem Schloß/ jetzt/ Frieden herrschen; so lange/ die Stätte/ heimlicher Grauen.

FÜRSPRECHER

Franz Kafka

Es war sehr unsicher, ob ich Fürsprecher hatte, ich konnte nichts Genaues darüber erfahren, alle Gesichter waren abweisend, die meisten Leute, die mir entgegenkamen, und die ich wieder und wieder auf den Gängen traf, sahen wie alte dicke Frauen aus, sie hatten große, den ganzen Körper bedeckende, dunkelblau und weiß gestreifte Schürzen, strichen sich den Bauch und drehten sich schwerfällig hin und her. Ich konnte nicht einmal erfahren, ob wir in einem Gerichtsgebäude waren. Manches sprach dafür, vieles dagegen. Über alle Einzelheiten hinweg erinnerte mich am meisten an ein Gericht ein Dröhnen, das unaufhörlich aus der Ferne zu hören war, man konnte nicht sagen, aus welcher Richtung es kam, es erfüllte so sehr alle Räume, daß man annehmen konnte, es komme von überall oder, was noch richtiger schien, gerade der Ort, wo man zufällig stand, sei der eigentliche Ort dieses Dröhnens, aber gewiß war das eine Täuschung, denn es kam aus der Ferne. Diese Gänge, schmal, einfach überwölbt, in langsamen Wendungen geführt, mit sparsam geschmückten hohen Türen, schienen sogar für tiefe Stille geschaffen, es waren die Gänge eines Museums oder einer Bibliothek. Wenn es aber kein Gericht war, warum forschte ich dann hier nach einem Fürsprecher? Weil ich überall einen Fürsprecher suchte, überall ist er nötig, ja man braucht ihn weniger

bei Gericht als anderswo, denn das Gericht spricht sein Urteil
nach dem Gesetz, sollte man annehmen. Sollte man annehmen,
daß es hiebei ungerecht oder leichtfertig vorgehe, wäre ja kein
Leben möglich, man muß zum Gericht das Zutrauen haben,
daß es der Majestät des Gesetzes freien Raum gibt, denn das ist
seine einzige Aufgabe, im Gesetz selbst aber ist alles Anklage,
Fürspruch und Urteil, das selbständige Sicheinmischen eines
Menschen hier wäre Frevel. Anders aber verhält es sich mit dem
Tatbestand eines Urteils, dieser gründet sich auf Erhebungen hier
und dort, bei Verwandten und Fremden, bei Freunden und
Feinden, in der Familie und in der Öffentlichkeit, in Stadt und
Dorf, kurz überall. Hier ist es dringend nötig, Fürsprecher zu
haben, Fürsprecher in Mengen, die besten Fürsprecher, einen eng
neben dem andern, eine lebende Mauer, denn die Fürsprecher
sind ihrer Natur nach schwer beweglich, die Ankläger aber, diese
schlauen Füchse, diese flinken Wiesel, diese unsichtbaren Mäuschen, schlüpfen durch die kleinsten Lücken, huschen zwischen den
Beinen der Fürsprecher durch. Also Achtung! Deshalb bin ich ja
hier, ich sammle Fürsprecher. Aber ich habe noch keinen gefunden,
nur die alten Frauen kommen und gehn, immer wieder; wäre ich
nicht auf der Suche, es würde mich einschläfern. Ich bin nicht am
richtigen Ort, leider kann ich mich dem Eindruck nicht verschließen, daß ich nicht am richtigen Ort bin. Ich müßte an einem
Ort sein, wo vielerlei Menschen zusammenkommen, aus verschiedenen Gegenden, aus allen Ständen, aus allen Berufen, verschiedenen Alters, ich müßte die Möglichkeit haben, die Tauglichen,
die Freundlichen, die, welche einen Blick für mich haben,
vorsichtig auszuwählen aus einer Menge. Am besten wäre dazu
vielleicht ein großer Jahrmarkt geeignet. Statt dessen treibe ich
mich auf diesen Gängen umher, wo nur diese alten Frauen zu
sehn sind, und auch von ihnen nicht viele, und immerfort die
gleichen und selbst diese wenigen, trotz ihrer Langsamkeit, lassen
sich von mir nicht stellen, entgleiten mir, schweben wie Regen-
wolken, sind von unbekannten Beschäftigungen ganz in Anspruch
genommen. Warum eile ich denn blindlings in ein Haus, lese

nicht die Aufschrift über dem Tor, bin gleich auf den Gängen, setze mich hier mit solcher Verbohrtheit fest, daß ich mich gar nicht erinnern kann, jemals vor dem Haus gewesen, jemals die Treppen hinaufgelaufen zu sein. Zurück aber darf ich nicht, diese Zeitversäumnis, dieses Eingestehn eines Irrwegs wäre mir 5 unerträglich. Wie? In diesem kurzen, eiligen, von einem ungeduldigen Dröhnen begleiteten Leben eine Treppe hinunterlaufen? Das ist unmöglich. Die dir zugemessene Zeit ist so kurz, daß du, wenn du eine Sekunde verlierst, schon dein ganzes Leben verloren hast, denn es ist nicht länger, es ist immer nur so lang, wie die 10 Zeit, die du verlierst. Hast du also einen Weg begonnen, setze ihn fort, unter allen Umständen, du kannst nur gewinnen, du läufst keine Gefahr, vielleicht wirst du am Ende abstürzen, hättest du aber schon nach den ersten Schritten dich zurückgewendet und wärest die Treppe hinuntergelaufen, wärst du gleich am Anfang 15 abgestürzt und nicht vielleicht, sondern ganz gewiß. Findest du also nichts hier auf den Gängen, öffne die Türen, findest du nichts hinter diesen Türen, gibt es neue Stockwerke, findest du oben nichts, es ist keine Not, schwinge dich neue Treppen hinauf. Solange du nicht zu steigen aufhörst, hören die Stufen 20 nicht auf, unter deinen steigenden Füßen wachsen sie aufwärts.

I. ANMERKUNGEN

A. Indefinitpronomen

Die Indefinitpronomen* beziehen sich auf Personen und Sachen, ohne sie genau zu bezeichnen. Die meisten beinhalten einen unbestimmt definierten Mengenbegriff:

all(e), sämtliche, einige, mehrere, wenige, viele, manche, ein paar; etwas — nichts, jeder(mann) — keiner, jemand — niemand

---

* lat. **indefinitum** = das nicht näher Definierte.

SIEBTES KAPITEL

Die folgenden Indefinitpronomen werden dann gebraucht, wenn man eine Person in ganz unbestimmter, verallgemeinernder Weise bezeichnen will:

man, (irgend)einer, ander(er)

1. DER GEBRAUCH DER INDEFINITPRONOMEN, DIE SICH AUF EINE UNBESTIMMT DEFINIERTE MENGE BEZIEHEN.

a. all

Das Pronomen **all (alles, alle)** steht entweder attributiv vor einem Substantiv oder allein. Es hat starke Endungen.

> Sie haben **allen Besitz** verloren.
> Er ist **mit allem** einverstanden.
> Man kann es nicht **allen** recht machen.

In Verbindung mit einem Personalpronomen wird **all** nachgestellt:

> **Wir alle** haben es gesehen.
> **Unser aller** Leben war bedroht.

Stehen zwischen **all** und einem darauffolgendem Substantiv noch Adjektive, so werden diese Adjektive schwach dekliniert. (Vergleichen Sie dazu Kapitel 4.)

> Wir haben **alle guten** Freunde eingeladen.
> **Aller guten** Dinge sind drei. (*Sprichwort*)

b. sämtliche, einige, mehrere, wenige, viele, manche

Auch diese Pronomen können ebenso wie **all** attributiv oder allein stehen. Sie haben ebenfalls starke Endungen.

> Ich habe mit **sämtlichen** gesprochen.
> Er hat dort **einiges Geld** verdient.
> **Mehrere** sind zum Aufbruch bereit.
> Es sind nur noch **wenige** hier.
> Sie hatten an **vielem** etwas auszusetzen.
> Schon **mancher** hat das erfolglos versucht.

Sämtliche, einige, mehrere und **manche** werden immer ohne Artikel gebraucht.

Viel und **wenig** können auch mit vorstehendem Artikel bzw. Pronomen stehen. Ebenso wie ein gewöhnliches Adjektiv werden sie dann schwach flektiert:

> **Die wenigen Zeilen** . . .
> **Ihre vielen Verpflichtungen** . . .

Ohne Artikel werden **viel** und **wenig** entweder stark flektiert (s.o.), sie können aber auch flexionslos verwendet werden:

> Sie hat schon **viel(es)** kennengelernt.
> Ich habe **wenig** Freude daran.

Folgen den Pronomen **einige, mehrere, wenige,** und **viele** Adjektive, so haben diese Adjektive im PLURAL die gleichen Endungen wie die vorausgehenden Pronomen, das heißt, sie haben starke Endungen.

> NOM.: **einige, mehrere, wenige, viele, kleine Kinder**
> AKK.: **einige, mehrere, wenige, viele, rote Rosen**
> DAT.: **einigen, mehreren, wenigen, vielen, langen Sätzen**
> GEN.: **einiger, mehrerer, weniger, vieler, dicker Männer**

Für **sämtlich** trifft das nicht zu, denn ein dem Pronomen **sämtlich** folgendes Adjektiv wird im **Singular** und **Plural** schwach gebeugt. Es stimmt darin mit **all** überein.

> **Mit sämtlichem vorhandenen Alkohol** . . .
> **Sämtliche leeren Flaschen** . . .
> **Mit allem vorhandenen Alkohol** . . . **Alle leeren Flaschen.**

Im SINGULAR jedoch können die oben genannten Indefinitpronomen sowohl von stark als auch von schwach gebeugten Adjektiven begleitet werden. Die dem Pronomen **manch** folgenden Adjektive haben durchweg schwache Endungen, bei den übrigen Pronomen herrschen die starken Adjektivendungen vor. Nur im **Dativ Singular** ist den Adjektiven, die nach **einige, wenige** und **viele** stehen, meistens die schwache Endung vorbehalten. Die Singularformen von **mehrere** sind veraltet.

STARKE ADJEKTIVENDUNGEN	SCHWACHE ADJEKTIVENDUNGEN
einiger guter Wille	**bei einigem guten Willen**
weniges schlechtes Essen	**mit wenigem schlechten Essen**
vieler schöner Schmuck	**mit vielem schönen Schmuck**
	von sämtlicher vorhandenen Kleidung

Manch kann auch endungslos vorkommen, in diesem Falle hat das ihm folgende Adjektiv die starke Endung:

Manch wildes Abenteuer . . .
Manch gutem Kinde . . .

c. ein paar, etwas und nichts

Ein paar, etwas und **nichts** sind undeklinierbar. **Ein paar** hat dieselbe Bedeutung wie **einige.** Ist **Paar** jedoch ein Substantiv (groß geschrieben!), so bezeichnet **ein Paar** zwei gleiche oder zusammengehörige Wesen oder Gegenstände. **Etwas** heißt in der Umgangssprache oft **was.** Sein Gegenwort, **nichts,** wird oft mit **gar** verstärkt:

Ich habe ihn schon **ein paar** Mal gesehen.
Es ist immer noch **etwas (was)** übrig.
Er ist zu **gar nichts** zu gebrauchen.

d. jeder(mann) — keiner, jemand — niemand

Jeder oder **jedermann** wird alleinstehend oder attributiv gebraucht.

Jeder Mann, jede Frau und jedes Kind müssen mithelfen.

Die alleinstehende maskuline Form **jeder** schließt alle grammatischen Geschlechter ein.

Jedem das Seine!
Jeder soll mitsingen!

Jeder kann mit dem unbestimmten Artikel gebraucht werden und verhält sich dann wie ein Adjektiv. Steht **jeder** allein oder vor einem Substantiv, so hat es immer starke Endungen. Adjektive nach **jeder** haben schwache Endungen:

Einem jeden kann man es nicht recht machen.
Jeder volljährige Mann, jede verheiratete Frau, jedes fahrbare Auto . . .

Das Gegenwort zu **jeder(mann)** ist **keiner.** Es ist aus der Negation des unbestimmten Artikels entstanden. **(Nicht einer = keiner.)**

Wie der unbestimmte Artikel so hat auch **kein** starke und schwache Endungen im Singular:

ein Mann — einer
kein Mann — keiner
Keiner war zu sehen, **kein Baum und Strauch** weit und breit.

Nach dem Pronomen **kein** wird deshalb auch das folgende Adjektiv entweder stark oder schwach gebeugt:

SINGULAR (stark):	**kein guter Wagen**
	kein liebes Kind
SINGULAR (schwach):	**mit keiner einzigen Silbe**
PLURAL (schwach):	**keine guten Wagen**
	keine lieben Kinder

Jemand und sein Gegenwort **niemand** können sich auf alle drei grammatischen Geschlechter beziehen. Sie stehen niemals attributiv, sondern immer allein. **Jemand** bzw. **niemand** heißt im

AKK.:	**jemanden, niemanden**
DAT.:	**jemandem, niemandem**
GEN.:	**jemand(e)s, niemand(e)s.**

Im Akkusativ und Dativ existieren daneben noch die älteren, endungslosen Formen: **jemand** und **niemand.**

Da war niemand.
Ich habe jemand(en) gesehen.
Kannst du das jemand(em) geben?

Zur Verstärkung der Unbestimmtheit kann man **irgend jemand** sagen:

Irgend jemand wird schon zu Hause sein.

BEACHTE: **Jeder(mann), keiner, jemand** und **niemand** beziehen sich immer nur auf eine Person, d.h. sie haben keinen Plural.

SIEBTES KAPITEL

ÜBUNGEN

a. *Vervollständigen Sie die folgenden Sätze, indem Sie die in Klammern beigefügten Indefinitpronomen einsetzen. Beachten Sie, daß alle diese Pronomen starke Endungen haben.*

1. —— Anfang ist schwer! *(all)*
2. Haben Sie schon —— Bilder gesehen? *(all)*
3. Mir gefällt —— sehr gut. *(all)*
4. Er ist mit —— seinen Kleidern ins Wasser gesprungen. *(all)*
5. Sie —— haben sich beklagt. *(all)*
6. Bei —— Briefen fehlt die Postleitzahl. *(sämtlich)*
7. Es ist schon —— geändert worden. *(einig)*
8. Ich habe mit —— gesprochen *(mehrer)*
9. Den ——, die das Examen bestanden hatten, wurde gratuliert. *(wenig)*
10. Leider haben wir —— nicht sehen können. *(viel)*
11. Schon —— ist darauf hereingefallen. *(manch)*
12. Ich habe —— gesagt, er solle draußen bleiben. *(jeder)*
13. —— erhebe sein Glas! *(jeder)*
14. Man kann hier —— Menschen trauen. *(keiner)*
15. Hat dich denn —— gesehen? *(keiner)*
16. Ich werde hoffentlich —— antreffen. *(jemand)*

b. *Fügen Sie die richtigen (starken) Endungen der Indefinitpronomen und der Adjektive ein.*

1. Sie hat einig– nett– Fremden die Stadt gezeigt.
2. Mehrer– amerikanisch– Touristen hat Europa nicht gefallen.
3. Sie kritisieren die Hotels viel– europäisch– Städte.
4. Manch– deutsch– Weine sind sehr beliebt.
5. Viel– alt– Schlösser und Burgen werden oft besucht.
6. In Süddeutschland gibt es nur wenig– groß– Fabriken.

c. *Fügen Sie die richtigen (schwachen) Endungen der Adjektive ein.*

1. Alle bekannt– deutsch– Schriftsteller waren gekommen.
2. Die Entscheidung aller stimmberechtigt– Wähler muß abgewartet werden.
3. Sämtliche weggeworfen– alt– Zeitungen lagen umher.
4. Die Stimmung sämtlicher versammelt– Teenager war sehr enthusiastisch.

5. Mit vielem angestrengt– Arbeiten hat er es doch noch geschafft.
6. Manche alt– Leute sind noch sehr unternehmungslustig.
7. Das Klima mancher atlantisch– Inseln ist sehr günstig.
8. Jedes sechsjährig– Kind muß in Deutschland zur Schule gehen.
9. Die letzte Vorlage jed– Gesetzes muß vom Präsidenten unterschrieben werben.
10. Das sind keine echt– Perlen.

2. DER GEBRAUCH DER INDEFINITPRONOMEN, DIE EINE PERSON IN UNBESTIMMTER WEISE KENNZEICHNEN

a. man — (irgend) einer

Das unbestimmte Pronomen **man** ist von dem Substantiv **Mann** abgeleitet und bedeutet ursprünglich: irgendein Mensch. Es ist deshalb auf kein Geschlecht beschränkt und obgleich es ein Pronomen der dritten Person Singular ist, kann es manchmal pluralische Bedeutung haben.

> **Man** muß nicht unbedingt reich sein, um glücklich zu sein.
> Das tut **man** nicht.

Das Pronomen **einer** (ebenso: **irgendeiner**) ist von dem Zahlwort **ein** abgeleitet, bezieht sich also immer nur auf eine Person, kann jedoch im gleichen Sinne wie **man** eine unbestimmte pluralische Bedeutung haben:

> Das kann **einem** wirklich leid tun!
> Was soll **einer** dazu sagen!

Beide Pronomen, **man** und **(irgend)einer** stehen immer allein, nie attributiv.
In der Umgangssprache kann **einer** Ersatz für den unbestimmten Artikel + Substantiv bilden. Im Nominativ und Akkusativ Neutrum wird in der Umgangssprache **eines** zu **eins** verkürzt:

> Ich hau' dir gleich **eine** (= eine Ohrfeige) 'runter.
> Er geht **einen** (= einen Schnaps) heben.
> Noch **eins** (= ein Wort)!

Man kommt nur im Nominativ Singular vor. Das Pronomen **einer** ersetzt die fehlende Akkusativ- und Dativform von **man**: der Akkusativ wird mit **einen,** der Dativ mit **einem** ausgedrückt. Der Genitiv ist nicht gebräuchlich.

NOM.: **Man** ist sich über die Auswirkungen noch nicht klar.
AKK.: Ein unerwartetes Unglück trifft **einen** besonders hart.
DAT.: Es fällt **einem** oft schwer, es allen recht zu machen.

Bezieht sich ein possessives Adjektiv oder ein Reflexivpronomen auf **man,** dann immer in der dritten Person Singular im Maskulin bzw. Neutrum.

Man hat **sein** Vergnügen daran.
Man kann **sich** doch nicht alles gefallen lassen.

Obgleich das Pronomen **man** grammatikalisch keine Schwierigkeiten bietet, ist sein Gebrauch für Deutschlernende eine häufige Fehlerquelle. Da sich **man** auf kein bestimmtes grammatisches Geschlecht bezieht, kann es auch durch kein Personalpronomen ersetzt werden. Haben Sie in einem Satz **man** verwendet, so können Sie sich im folgenden nicht mit **er** darauf beziehen, sondern müssen das unbestimmte Pronomen **man** wiederholen.

Was meint **man,** wenn **man** jemandem Hals- und Beinbruch wünscht?
RICHTIG: **Man** meint, daß **man** jemandem Glück wünscht.
FALSCH: Man meint, daß er ihm Glück wünscht.

Kafka wechselt in seiner Geschichte »Fürsprecher« mehrere Male von dem bestimmten Pronomen **ich** zu dem unbestimmten Pronomen **man.** In diesem Wechsel drückt sich die Erweiterung von der persönlichen zur allgemeinen Lage aus, d.h. die persönliche Erfahrung wird ins Allgemeine erhoben. Das **du** am Ende der Geschichte wendet sich von dem allgemeinen **man,** in das alle eingeschlossen sind, an ein spezifisches Gegenüber. Da das **du** hier jedoch mit keiner bestimmten Person identifiziert wird, behält es etwas von dem allgemeinen Charakter des Indefinitpronomens **man.**

b. ander

Die Bedeutung des unbestimmten Pronomen **ander(e)** ist etwas spezifischer als **man** und **einer.** Es bezeichnet die Andersartigkeit des Gegenstands oder des Wesens, dem es gegenübergestellt wird. **Ander** wird attributiv und alleinstehend gebraucht. Es verhält sich wie ein Adjektiv.

> Jeder **andere** hätte das besser gemacht.
> Bei einer **anderen** Familie hätte sie sich wohler gefühlt.

Vor **-n** fällt oft das **e** der Endung weg:

> Die **andern** Kinder ...

Steht unmittelbar hinter **ander** ein Adjektiv, so hat es dieselbe (starke) Endung wie **ander.** (Vgl. die Pronomen **einige, mehrere, wenige,** und **viele!**)

> Sie hat noch **andern schönen** Schmuck.
> Es bietet sich eine Vielzahl **anderer neuer** Möglichkeiten.

Nur im Dativ Singular überwiegen auch hier (wie bei den Pronomen **einige, wenige** und **viele**) die schwachen Adjektivendungen:

> In **anderem klareren** Zusammenhang
> Bei **anderem durchsichtigen** Stoff

ÜBUNGEN

a. *Schreiben Sie den folgenden Text aus Kafkas Geschichte »Fürsprecher« in der* **man***-Form. Beachten Sie dabei die fettgedruckten Wörter.*

Die **dir** zugemessene Zeit ist so kurz, daß **du,** wenn **du** eine Sekunde **verlierst,** schon **dein** ganzes Leben verloren **hast,** denn es ist nicht länger, es ist immer nur so lang, wie die Zeit, die **du** **verlierst. Hast du** also einen Weg begonnen, **setze** ihn fort, unter allen Umständen, **du kannst** nur gewinnen, **du läufst** keine Gefahr, vielleicht **wirst du** am Ende abstürzen, **hättest du** aber schon nach den ersten Schritten **dich** zurückgewendet und **wärest** die Treppe hinuntergelaufen, **wärst du** gleich am Anfang abgestürzt und nicht vielleicht, sondern ganz gewiß. **Findest du** also nichts hier auf den Gängen, **öffne** die Türen, **findest du** nichts hinter diesen Türen, gibt es neue Stockwerke, **findest du** oben nichts, es ist keine Not, **schwinge dich** neue Treppen hinauf. Solange **du** nicht zu steigen **aufhörst**, hören die Stufen nicht auf, unter **deinen** steigenden Füssen wachsen sie aufwärts.

b. *Geben Sie auf die nachstehenden Fragen mindestens zwei Antworten.*

> z.b. Wann befindet man sich in einer peinlichen Lage?
>
> **Man befindet sich in einer peinlichen Lage, wenn man in einem Restaurant sitzt, seine Rechnung bezahlen will und entdeckt, daß man sein Geld vergessen hat.**

1. Wie kann man einen einmal begangenen Fehler korrigieren?
2. Was kann man tun, wenn man dringend Geld braucht?
3. Wie kann man auf eine unangenehme Frage reagieren?
4. Was kann man tun, wenn man einer Einladung nicht Folge leisten will?
5. Was meint man damit, wenn man sagt, daß man die Katze nicht im Sack kaufen will?

c. *Vervollständigen Sie die folgenden Sätze mit einem passenden Indefinitpronomen.*

1. Ich kenne hier ——.
2. Er ruft ——.
3. Sie hört ——.
4. —— ist heute geschehen.
5. Ich kann mir —— selbst erklären.
6. Kennen Sie —— in diesem Raum?
7. Sie geht mit —— ihrer Freunde ins Kino.
8. Nur —— haben dieses schwierige Buch gelesen.
9. Kann ihn —— von dieser Dummheit abhalten?
10. Diese Arznei hilft mir nicht, ich brauche eine ——.

B. Her und hin

Die Adverbien **her** und **hin** werden oft verwechselt. Grund-
sätzlich bedeutet **her** in Richtung auf den Sprecher, **hin** von ihm
weg.

> Wo kommen Sie **her**?
> Komm' **her** zu mir!
> **Herein** bitte!
> Wo gehen Sie **hin**?
> Gehen Sie dort **hinaus**!
> Eine Treppe **hinunterzulaufen** ist unmöglich. (Kafka)

In dem Ausdruck **hin und her** sind beide Richtungen ausgedrückt. (In Kafkas Geschichte drehen sich die alten Frauen
schwerfällig **hin und her**.)

> Das Kind läuft ängstlich **hin und her**.
> Der Baum biegt sich im Wind **hin und her**.

Her und **hin** können in Verbindung mit Präpositionen oder
Adverbien, Verben und Substantiven stehen. Auch dann geben sie
immer eine Richtung an. Ausnahmen sind die Zeitadverbien
vorher und **nachher**.

1. HER UND HIN MIT PRÄPOSITIONEN ODER ADVERBIEN

> **Her-**⎫
> **Hin-**⎭ ab, -an, -auf, -aus, -ein, -über, -zu, -durch.
> **Her-um, -bei, -vor, -nieder.**
> **Hin-fort, -weg.**
>
> Beachte: **Her** ⎫ + **in** = **herein**
> **Hin** ⎭ **hinein**

Manchmal wird **her-** bzw. **hin-** nachgestellt:

> **herum — umher**
> **hervor — vorher**

Beachten Sie dabei den Bedeutungswechsel:

herum (= **rund herum**): Er geht um den Wald **herum**.
umher (= **kreuz und quer**): Er geht in dem Wald **umher**.
hervor (örtlich): Die Sonne kommt aus den Wolken **hervor**.
vorher (zeitlich): **Vorher** hat die Sonne geschienen.

In der Frage und Antwort:

Wohin? Dahin, dorthin.
Woher? Daher, dorther.
Wohin gehst du? Ich gehe **dahin (dorthin)**.
Woher kommst du? Ich komme **daher (dorther)**.

2. HER UND HIN MIT VERBEN

Auch eine große Anzahl von Verben ist mit **her** und **hin** zusammengesetzt. Diese Verben sind immer trennbar. **Her** und **hin** bedeuten auch hier eine Richtungsangabe, wie zum Beispiel in den Verben **herkommen** (zu der sprechenden Person) und **hingehen** (weg von der sprechenden Person). Weitere Verben, in denen das Richtungselement deutlich ist:

herbringen	— hinbringen
herfahren	— hinfahren
hergeben	— hingeben
herführen	— hinführen
herzeigen	— hinzeigen
herlaufen	— hinlaufen

ABER: **hinfallen, herholen** (nur eine Richtung möglich)

3. HER UND HIN MIT SUBSTANTIVEN

In den Substantiven mit **her** und **hin,** die eine Wegstrecke bezeichnen, ist das richtungsweisende Element noch ganz deutlich **(Her-** und **Hinweg, Her-** und **Hinflug, Her-** und **Hinfahrt, Her-** und **Hinreise).** Dagegen ist in Substantiven mit übertragener Bedeutung die Richtung nicht mehr so ausschlaggebend **(Hinsicht, Hinblick, Herkunft, Herkommen).**

ÜBUNGEN

a. *Entscheiden Sie, ob in den folgenden Sätzen eine Bewegung auf den Sprecher zu oder von ihm weg stattfindet und setzen Sie dementsprechend* **her** *oder* **hin** *ein.*

1. Wo kommst du so spät noch ——?
2. Hast du Lust, mit dort —— -zugehen?
3. Wir haben den Halunken —— -ausgeworfen.
4. Ich werde die Zinnteller dort —— -aufstellen.
5. Lauft schnell —— zu mir!
6. Wo- —— gehen wir heute?
7. Sie wollen alle in unser Haus —— -überkommen.
8. Plötzlich öffnete sich die Tür und ein kleines Männchen trat —— -ein.
9. Schon auf dem —— -weg taten mir die Füße weh.
10. Fandest du die —— -fahrt nach Europa angenehmer oder die —— -fahrt?

II. KONVERSATIONSTHEMEN

1. Wer braucht normalerweise einen Fürsprecher?
   Wann braucht man einen Fürsprecher?
   Warum sucht das Ich in Kafkas Erzählung nach einem Fürsprecher?

2. Warum sollte ein Dröhnen an das Gericht erinnern?
   Bringt man normalerweise ein Dröhnen mit einem Gericht in Zusammenhang?
   Um welche Art von Gericht könnte es sich in dieser Erzählung handeln?

3. Wie stellt sich Kafka seine Fürsprecher vor?
   Wird ein Grund angegeben, warum die alten Frauen keine Fürsprecher sein können?
   Ist das Gerichtsgebäude der richtige Ort, um Fürsprecher zu suchen?
   Welcher Ort wäre Kafkas Meinung nach dazu am besten geeignet?

4. Warum kann das Ich in Kafkas Erzählung nicht umkehren und einen neuen Weg suchen?

Was bietet die einzige Sicherheit gegen ein Abstürzen?

Wann werden die Treppen je enden?

5. Warum wäre ein Eingestehen eines Irrtums dem Ich der Erzählung unerträglich?

Was tut das Ich, um sich den möglichen Fehler nicht eingestehen zu müssen?

Finden Sie die gegebenen Begründungen stichhaltig und logisch?

6. Ist am Ende der Erzählung die Suche nach Fürsprechern noch wesentlich?

Wie interpretieren Sie den Satz, in dem Kafka sagt, daß man sein ganzes Leben verloren hat, wenn man eine Sekunde verliert?

7. Das Ich klagt sich selbst an, daß es blindlings, übereilt und verbohrt handelt. Stimmen Sie damit überein? Was tut das Ich gegen diese Fehler?

8. Der Anfang der Geschichte handelt nur von der Suche nach Fürsprechern, aber am Ende scheint diese ursprüngliche Aufgabe gänzlich vergessen. Ist es nicht gerade am Ende der Geschichte für das Ich besonders notwendig, einen Fürsprecher zu haben? Können Sie darin eine gewisse Ironie entdecken?

III. AUFSATZTHEMEN

1. Überlegen Sie sich Situationen, in denen man einen Fürsprecher gut gebrauchen kann. Erzählen Sie diese Situationen in der unpersönlichen **man**-Form.

> z.b. **Man kann einen Fürsprecher sehr gut gebrauchen, wenn man etwas angestellt hat. Dann ist man sehr froh, wenn jemand ein gutes Wort für einen einlegt . . . .**

(Was kann man alles angestellt haben? Suchen Sie ein passendes Beispiel und schreiben Sie darüber einen kleinen Aufsatz.)

2. Versuchen Sie, den folgenden Aufsatzentwurf fertig zu schreiben:

Wenn man jung ist, fragt man sich oft, ob und was man von der älteren Generation lernen kann. Gewiß haben die Älteren viele Erfahrungen gesammelt. Sie wollen einen vor Fehlern bewahren, die sie selbst begangen haben, als sie jung waren. Oft ist es aber so, daß man nicht nur den Ratschlägen anderer folgen will, sondern daß man aus eigener Erfahrung lernen möchte. Das bringt einen oft in Konflikt . . . .

3. Geben Sie auf die folgenden Fragen schriftliche Antworten und begründen Sie sie ausführlich:

a. Glauben Sie, daß man auf Reisen viel lernen kann?

b. Glauben Sie, daß es wichtig ist, über die Sitten und Gebräuche anderer Völker unterrichtet zu sein?

c. Wann ist es unbedingt notwendig, einen eigenen Standpunkt zu vertreten?

d. Sollte man Kompromisse schließen?

e. Sollte man immer die Wahrheit sagen oder können Sie sich Situationen vorstellen, in denen man lieber eine Notlüge gebrauchen sollte?

4. Vortragsprojekt:

Arbeiten Sie einen Aufsatz zum Thema: »Das Motiv der falschen Eile in zwei Erzählungen Franz Kafkas« gründlich aus und halten Sie ihn dann in der Klasse als einen Vortrag.

Eine Erzählung, »Fürsprecher«, haben Sie bereits gelesen. Lesen Sie nun »Ein Landarzt« und vergleichen Sie den Schlußsatz der Erzählung (Einmal dem Fehlläuten der Nachtglocke gefolgt — es ist niemals gutzumachen) mit dem, was über die unwiederbringlich verlorene Zeit in den »Fürsprechern« gesagt wird. Können Sie feststellen, ob sich die Helden in den beiden Erzählungen leicht von ihrer ursprünglichen Aufgabe ablenken lassen?

8 | ACHTES KAPITEL

EINE PERSON VON PORZELLAN

Heimito von Doderer

Eine Person von Porzellan sah ich neulich im Café. Sie war so hell und rein und zart und weiß, daß man, sie ansehend, sich selbst wie mit Schmutz bedeckt vorkam. Sie legte kleine, ebenso reine Dinge vor sich auf das Tischchen hin: ein Täschchen, ein Döslein, ein Etui aus schön poliertem Holz, dem sie winzige Zigaretten entnahm. Alles an ihr war — überaus: die Beine und Füßchen waren überaus wohlgeformt ebenso wie etwa das Näslein, auch die Hände, welche mit viel Sorgfalt und Zierlichkeit bewegt wurden. Sie saß nicht müßig hier oder zu ihrem Vergnügen: sie sah alle Modefachblätter durch und machte mit einem glatten goldenen Stift Notizen in ein Büchlein, das in violettes Leder gebunden war. Auch zeichnete sie dies und jenes aus den Blättern mit leichten Strichen in ihr Buch. Die Gelenke ihrer Hände mit wenigem Schmucke glänzten dabei weiß auf. Mir schien es erwiesen, daß ihr Tun zu ihrem Berufe gehöre, und so glaubte ich denn auch bald zu wissen, daß diese kleine strenge Gottheit des wohlgeordneten Seins einen Schneider-Salon innehabe (so pflegt man das zu nennen), eine Werkstatt also, in welcher eine Reihe von wohlhabenden Damen ihre Außenhaut herstellen läßt. Zudem schien mir unsere Person von Porzellan zehn bis vierzehn Lehrmädchen zu beschäftigen, recht wacker zu erwerben und von dem Erworbenen nicht nur sich selbst zu erhalten, sondern auch ihre Eltern, bei denen sie wohnte, zu unterstützen, ja, darüber hinaus den alten Leuten geradezu ein angenehmes Leben zu bereiten, auch was ein schönes Empfangsgerät und dergleichen mehr betrifft. Darum saß sie jetzt, nachdem Werkstatt und Geschäft des Abends geschlossen worden waren, hier in diesem Café, das für ein »vornehmes« gilt, und hielt sich auf dem laufenden und verschaffte sich Kenntnisse und sah nach, was man etwa in Paris Neues unter die Leute gebracht hatte. Darum auch kümmerte sie sich um niemanden hier und schon gar nicht um die Männer, die ihrerseits jedoch der Person von Porzellan einige Aufmerksamkeit widmeten.

So auch ich, denn als sie endlich ihre Beschäftigung abbrach, den Kellner rief, aus einem winzigen Börslein von Silberdraht ihren Mokka bezahlte (was ich für mein Teil fürsorglich schon erledigt hatte) und Anstalten traf, um zu gehen, war ich bereit und ging ihr dann auch unverzüglich nach. Der Weg führte in die Vorstadt, nicht gar weit, immerhin hätte sie die Straßenbahn benutzen können. Das tat sie jedoch nicht, sparte ihr Geld und ging durch den lauen Frühlingsabend friedsam dahin, zwischen den hier zahlreichen Menschen auf den Gehsteigen, an Gartengittern entlang, hinter denen da und dort noch ein Vogelpfiff ertönte. Die Dämmerung war indessen schon ganz herabgesunken, in den Gassen lag's wie tiefblauer Rauch, und jenseits eines gegen Westen sich öffnenden breiten Platzes standen drei Streifen in gedrücktem Rot und Schwefelgelb am Rande eines sonst bereits nächtlichen Himmels. Das Viertel, wohin wir jetzt gelangten, war stiller und ärmer an Verkehr.

Das Haus, welches ich nur durch ein paar Augenblicke von außen sah, schien mir alt; ich trat ohne weiteres hinter ihr ein, nachdem ihr Schritt im Flur verhallt war; denn sie hatte davon, daß ich ihr nachging, nichts bemerkt. Nun hörte ich ihre winzigen Schuhe über mir auf der Treppe. Was mir da beifiel, weiß ich heute nicht mehr genau. Man handelt übrigens in solchen Fällen immer richtig und auch mit Glück. Ich sah die Tür klappen, erkannte aber aus dem leichten Zurückprellen des Flügels, daß sie nicht schloß: sie indessen schien davon nichts bemerkt zu haben. Ihr Schritt entfernte sich. Es blieb drinnen dunkel. Entweder hatte sie kein elektrisches Licht, oder sie machte davon keinen Gebrauch. Ich nützte den Umstand, daß ich an diesem Tage Schuhe mit Gummisohlen trug, und glitt in's Vorzimmer. Sie hatte in der Tat kein elektrisches Licht. Wenigstens sah ich am Ende eines auffallend langen Ganges eine Kerze schwanken. Dann fiel der unruhige Schimmer aus einem anliegenden Raum, in welchen sie ziemlich tief hineingegangen zu sein schien, nach dem Lichte zu schließen. Ich machte etwa zwölf lautlose und rasche Schritte und sah durch die offene Tür.

Das sehr große Gelaß, in welches ich blickte, mochte etwa sechs Meter im Geviert, somit eine Bodenfläche von sechsunddreißig Quadratmetern haben, war demnach recht ausgedehnt. Von irgendwelcher Einrichtung konnte ich keine Spur entdecken. Der Boden schien grau von Schmutz, und an den Wänden sah ich lange Streifen einer in Fetzen herabhängenden Tapete gleicher unbestimmter Farbe. In der von mir am weitesten entfernten Ecke hockte am Boden — sie kniete nicht, sondern sie hockte, offenbar um ihr Kleid nicht zu beschmutzen — die Person von Porzellan. Mit der rechten Hand vollführte sie irgendwelche ruckartige, zerrende oder reißende Bewegungen — ich konnte nicht sehen, was sie da trieb, der Schlagschatten ihrer Gestalt entzog es mir, und zudem mußten sich meine Augen erst an die geringe Beleuchtung gewöhnen — während das Licht in ihrer Linken naturgemäß entsprechend schwankte.

Jedoch wurde jetzt, durch eine Vierteldrehung ihres Oberkörpers, mit welcher Bewegung sie sich noch mehr von mir abwandte, die Sicht für mich frei, und ich konnte endlich erkennen, was da seitwärts von ihr lag; denn bisher hatte ich mich vergebens bemüht, den unruhig und schwach beleuchteten Raum mit dem Blicke zu durchdringen, vielmehr nur den beträchtlichen Umfang des in Frage stehenden Gegenstandes ausgenommen und beiläufig die ganz unbestimmten Formen. Auch war, was ich jetzt feststellen konnte, zu unerwartet, zu sehr außerhalb jeder Gedankenverbindung befindlich, als daß es eine Wahrnehmung schon früher, und vor dem unwiderleglichen Augenschein, hätte in mir auslösen können.

Auf dem Boden lagen in der Ecke zwei oder drei Menschen. Ob die Toten — denn als solche erkannte ich sie mit meinen seinerzeit im Kriege geschärften Instinkten ganz unzweifelhaft — Männer oder Weiber waren, vermochte ich nicht sogleich zu sehen, ebensowenig, ob es nur zwei oder nicht etwa doch drei Gestalten sein konnten, die dort in der Ecke auf dem Fußboden dunkel und bündelhaft sich abhoben. Was der Person von Porzellan zunächst lag, aber war jetzt gut beleuchtet und war ein Mann. Seine Kleider hatte man über der Brust ganz aufgerissen und beiseite geschoben, so daß diese selbst frei lag; und überdies war der Brustkorb, etwa von der Höhe der Schlüsselbeine bis tief unter die falschen Rippen hinab, mit einem scharfen Werkzeug, vielleicht mit einer Hacke, wie die Fleischer sie haben, aufgehackt und der eröffnete Thorax noch auseinandergezerrt worden, so daß er weit klaffte. Man sah das rote Fleisch. Mit dem sich darbietenden Hohlraume aber war die Person von Porzellan eben beschäftigt. Sie führte bei ihrer Hantierung in der Tat ein Werkzeug, aber es war doch keine Hacke, sondern ein schweres und starkes, an beiden Enden hakenförmig und senkrecht abgebogenes Stück Eisen, also eine Zimmermanns-Klammer oder »Klampe«, wie man sie beim Bau einer Blockhütte zum Festlegen der Balken braucht. Mit diesem Ding nun riß und ruckte, hackte und zerrte sie in der oberen Leibeshöhle der vor ihr am Boden liegenden Leiche herum, nickend und wippend, ruhend und wieder zupackend, wie ein Aasgeier bei einem gefallenen Tier.

Mein Unglück wollte es zudem noch, daß mit der einen, nun endlich klar und unabweisbar gewordenen Wahrnehmung, noch schlagartig zwei andere zustande kamen. Die erste betraf meinen Geruchs-Sinn. Die zweite mein Gehör, insoferne, als ich mir plötzlich der ansonst hier herrschenden völligen Stille und Öde bewußt ward.

Ansonst — sagte ich. Denn abgesehen von den stärker und heftiger werdenden und jetzt bereits ganz klaren Geräuschen ihrer Tätigkeit, dumpf, hohl, feucht und auch klatschend, gab die Person von Porzellan, wie ich jetzt bemerkte, zudem noch kleine

Töne von sich: Seufzerchen und ein leises, ihr selbst sicher nicht bewußtes Quieken und Grunzen.

Ich behielt meinen Kopf oben und überlegte ganz deutlich, daß, da meine in der Hüftentasche steckende Flasche mit dem Gin einen Verschluß hatte, der in Gummi lief und also nicht kreischen konnte, die Möglichkeit bestand, dieses Gefäß mit der nötigen Lautlosigkeit hervorzubringen — mindest so lautlos, daß die in ihre Beschäftigung Versunkene des Geräusch's nicht würde inne werden — und so das Erbrechen zu verhindern, welches mich augenblicklich am meisten bedrohte. Ich wollte es nicht wagen, auch nur einige Schritte nach rückwärts zu machen, ohne den Schnaps gebraucht zu haben, denn ich fühlte, daß die, wenn auch noch so geringe, Erschütterung beim Gehen genügen mußte, um mir die letzte Herrschaft über meine Übelkeit zu rauben.

Ich kriegte die Flasche zwischen meine Lippen, und der Wacholder rann urkräftig in meinen Magen und hielt diesen nieder. Dann wich ich nach rückwärts vom Fleck, wandte mich, alle Sinne gespannt, und kam glücklich davon und in das Stiegenhaus, ohne auf dem Wege durchs Vorzimmer irgendwo angerannt zu sein, wohl auch deshalb, weil hier nicht das geringste Möbelstück stand, wie ich, scharf in das halbe Dunkel spähend, bemerkt hatte.

Auf der Straße ging ich rasch davon, um in eine andere Gegend der Stadt zu gelangen, und bestieg den nächsten Zug der Untergrundbahn.

Als ich nun, vor dem Einsteigen noch, einen weiteren Schluck von dem Gin genommen und die erste Zigarette geraucht hatte, machte ich eine ganz erstaunliche Entdeckung — und um dieser Entdeckung willen habe ich, offen gestanden, die ganze Geschichte hier überhaupt erzählt.

Ich kam nämlich ganz unzweideutig dahinter, daß meine begreifliche Erleichterung gar nicht so sehr von meinem glücklichen Entrinnen herrührte, sondern in viel höherem Grade von dem nun gewonnenen Wissen über die eigentliche Natur dieser Person von Porzellan: daß sie nämlich derlei trieb; in Leuten herumwühlte; zupfend, hackend, nickend; hingebungsvoll; grunzend, quiekend — ja das alles machte sie mir eigentlich weit weniger schrecklich und quälerisch nachwirkend. Über die Wahnsinnige würde ich mich beruhigen können, das wußte ich wohl. Die kleine, strenge und überaus zierliche Göttin des wohlgeordneten Seins aber hätte mich noch lange verfolgt und vielleicht in bösen Träumen. An ihr, in Wahrheit, hatte ich mir eine Nase voll geholt, und obendrein in Verbindung mit einer Art von nervöser Anziehung, welche sie auf mich auszuwirken fähig gewesen war. — Mein Bericht wäre unvollständig, würde ich nicht noch angeben, daß ich die Person von Porzellan am nächsten Tage in dem gleichen Café wiederum sitzen sah; ohne daß ich mich irgendwie um sie bekümmert hätte. Später hab' ich sie dann nie mehr zu Gesicht bekommen. (Ist wohl eingesperrt worden.)

I. ANMERKUNGEN

A. Reflexive Verben

Reflexive Verben sind dadurch gekennzeichnet, daß sie sich auf das Subjekt und niemals auf eine zweite Person oder Sache beziehen. Das Objekt eines reflexiven Verbes ist immer ein Reflexivpronomen. Subjekt und Objekt (= Reflexivpronomen) sind also bei reflexiven Verben identisch.

Ich setze **mich.**
Er schämte **sich.**
Sie haben **sich** verletzt.
Wir werden **uns** beeilen.

Im Deutschen gibt es viel mehr reflexive Verben als im Englischen. Oft erübrigt sich im Englischen der reflexive Bezug, das Deutsche ist da umständlicher. Wenn man im Englischen sagt: *I remember it,* oder: *You are mistaken,* so muß man im Deutschen sagen: **Ich** erinnere **mich** daran, oder: **Sie** irren **sich.**

Die reflexiven Verben müssen immer mit einem Reflexivpronomen gebraucht werden, sie wären sonst unvollständig. Einige reflexive Verben werden gelegentlich nicht reflexiv gebraucht, d.h. das Objekt ist dann nicht mehr mit dem Subjekt identisch. In dem Satz: **Er erschoß sich** *(he shot himself)* sind Subjekt und Objekt identisch, es handelt sich also um einen echten Reflexivsatz. Nicht reflexiv gebraucht ist das Verb in dem Satz: **Er (er)schoß einen Hasen** *(He shot a hare)*, denn Subjekt und Objekt sind hier zwei verschiedene Dinge. Diese Verben, bei denen Subjekt und Objekt nur gelegentlich identisch sind, werden unechte reflexive Verben genannt.

Ich kämme **mich.**
Ich kämme **meine Haare.**
Sie zieht **sich** an.
Sie zieht **ihren Mantel** an.
Wir interessieren **uns** dafür.
Das interessiert **viele.**

Das Reflexivpronomen kann in allen Fällen, außer im Nominativ auftreten.

1. REFLEXIVE VERBEN MIT DEM AKKUSATIV

Ist das Reflexivpronomen das direkte Objekt des Satzes, so muß es im Akkusativ stehen.
a. Echte reflexive Verben mit dem Akkusativ
Obwohl die echten reflexiven Verben ein Akkusativpronomen als Objekt haben, (das identisch mit dem Subjekt sein muß) sind sie intransitiv.

	AKKUSATIV
sich beeilen	**Ich beeile mich.**
sich sorgen	**Du sorgst dich.**
sich schämen	**Er schämt sich.**
sich genieren	**Sie geniert sich.**
sich amüsieren	**Er amüsiert sich.**
sich irren	**Sie irren sich!**
sich entschließen	**Wir entschließen uns.**
sich gewöhnen an	**Ihr gewöhnt euch daran.**
sich freuen über	**Sie freuen sich darüber.**

Weitere oft gebrauchte echte reflexive Verben mit dem Akkusativ
sind:

sich erkälten
sich freuen auf
sich weigern

b. Unechte reflexive Verben mit dem Akkusativ

Verben, die nur gelegentlich reflexiv gebraucht werden, sind alle
transitiv, d.h. sie fordern immer ein Akkusativobjekt. Das
Akkusativobjekt bezieht sich entweder zurück auf das Subjekt und
ist damit ein Reflexivpronomen oder es ist mit dem Subjekt nicht
identisch.

(sich) waschen	(sich) wundern
(sich) ärgern	(sich) erinnern an
(sich) fürchten	(sich) trösten
(sich) ausziehen	(sich) verstecken

REFLEXIV	NICHT REFLEXIV
Ich wasche **mich.**	Ich wasche **meine Hände.**
Du ärgerst **dich.**	Du ärgerst **ihn.**
Er fürchtet **sich.**	Er fürchtet **nichts.**
Sie zieht **sich** aus.	Sie zieht **den Mantel** aus.
Er wundert **sich.**	Es wundert **sie.**
Wir erinnern **uns** daran.	Wir erinnern **den Vater** daran.
Ihr tröstet **euch.**	Ihr tröstet **das Kind.**
Sie verstecken **sich.**	Sie verstecken **den Brief.**

Weitere oft gebrauchte unechte reflexive Verben mit dem
Akkusativ sind:

(sich) interessieren	(sich) rasieren
(sich) bedienen	(sich) beugen
(sich) anziehen	(sich) verbergen
(sich) setzen	

2. REFLEXIVE VERBEN MIT DEM DATIV

Ist das Reflexivpronomen das indirekte Objekt des Satzes, so muß
es im Dativ stehen. Auch hier gibt es echte und unechte reflexive
Verben.

a. Echte reflexive Verben mit dem Dativ

Die echten reflexiven Verben mit dem Dativ sind alle transitiv, d.h. sie erfordern ein Akkusativobjekt. Das indirekte Objekt, d.h. das Reflexivpronomen im Dativ, muß sich immer auf das Subjekt beziehen.

DATIV

sich etwas vornehmen	**Ich nehme mir eine Reise vor.**
sich etwas merken	**Du merkst dir diesen Namen.**
sich etwas aneignen	**Er eignet sich die Schlüssel an.**
sich etwas vorstellen	**Wir stellen uns das schön vor.**
sich etwas denken	**Ihr denkt euch das zu leicht.**
sich etwas ansehen	**Sie sehen sich das neue Haus an.**

b. Unechte reflexive Verben mit dem Dativ

Auch die nur gelegentlich reflexiv gebrauchten Verben mit dem Dativ sind immer transitiv.

	(sich) etwas holen:
REFLEXIV	Ich hole mir eine Tasse Tee.
NICHT-REFLEXIV	Ich hole ihm eine Tasse Tee.
	(sich) etwas bestellen:
REFLEXIV	Du bestellst Dir eine Hühnerbrühe.
NICHT-REFLEXIV	Du bestellst ihr eine Hühnerbrühe.
	(sich) etwas kaufen:
REFLEXIV	Er kauft sich neue Handschuhe.
NICHT-REFLEXIV	Er kauft seiner Frau neue Handschuhe.
	(sich) etwas gönnen:
REFLEXIV	Wir gönnen uns nicht viel.
NICHT-REFLEXIV	Wir gönnen euch nicht viel.
	(sich) etwas erlauben:
REFLEXIV	Ihr erlaubt euch alles.
NICHT-REFLEXIV	Ihr erlaubt euren Kindern alles.
	(sich) etwas gestatten:
REFLEXIV	Sie gestatten sich alle Freiheiten.
NICHT-REFLEXIV	Sie gestatten den Hausbewohnern nicht, den Rasen zu betreten.

In allen diesen Sätzen kann das Reflexivpronomen durch ein beliebiges Dativobjekt ersetzt werden. Das indirekte Objekt kann auch ganz wegfallen, ohne den Sinn des Satzes grundlegend zu

ändern. (Ausnahme: **sich etwas gönnen,** das immer ein Dativ-
und ein Akkusativobjekt fordert.)

> **Ich hole mir (dir, uns, jedem, meiner Mutter, allen Gästen)
> eine Tasse Tee.**
>
> **Ich hole eine Tasse Tee.**

3. REFLEXIVE VERBEN MIT DEM GENITIV

Es gibt nur sehr wenige reflexive Verben mit dem Genitiv. Das
gebräuchlichste ist: **spotten.**

> **Ich spotte meiner.**
>
> **Du spottest deiner.**
>
> **Er spottet seiner.**
>
> **Sie spottet ihrer.**
>
> **Wir spotten unser.**
>
> **Ihr spottet euer.**
>
> **Sie spotten ihrer.**

ÜBUNGEN

a. *Ergänzen Sie die folgenden Sätze mit dem fehlenden Reflexivpronomen.*

1. Schämst du —— gar nicht?
2. Wir haben —— köstlich amüsiert.
3. Ich interessiere —— sehr für moderne Architektur.
4. Warum bedienen Sie —— nicht?
5. Wir können —— nicht entscheiden, dieses Grundstück zu
   kaufen.
6. Erinnern Sie —— an diese unmögliche Person?
7. Orpheus hätte —— nicht umwenden sollen!
8. Seid Ihr —— der Tatsache bewußt, daß Ihr noch nicht bezahlt
   habt?
9. Willst du —— die Hände waschen?
10. Diese Telefonnummer kann ich —— gut merken.
11. Darf ich —— vorstellen?
12. Ich muß —— nur noch schnell umziehen.
13. Bitte setzen Sie —— doch!
14. Ihre Augen füllten —— mit Tränen, als sie die Unglücks-
    botschaft hörte.
15. Wieso wundern Sie —— darüber?
16. Wo seid ihr? Habt ihr —— versteckt?

17. Kannst du —— so etwas Komisches vorstellen?
18. Ich werde —— deinen Garten einmal ansehen.
19. Was hast du —— bestellt?
20. Ich kann —— an nichts erinnern.

b. *Beantworten Sie bitte die folgenden Fragen mit einem vollständigen Satz.*

z.b. Wofür interessierte sich die Person aus Porzellan?
Die Person aus Porzellan interessierte sich für die neuste Mode.

1. Welche Kenntnisse verschaffte sich die junge Dame, als sie in dem Café saß?
2. Kümmerte sie sich um die Männer?
3. Woran mußten sich die Augen des Beobachters in dem großen Gelaß erst gewöhnen?
4. Was hob sich dunkel und bündelhaft auf dem Fußboden ab?
5. Was für Töne gab die Person von Porzellan von sich?
6. Über was konnte sich der Autor nicht beruhigen?
7. An wem hatte er sich eine Nase voll geholt?

c. *Bilden Sie Sätze mit den folgenden Satzelementen und beachten Sie dabei die angegebenen Zeiten.*

z.b. Die verliebte Verkäuferin/ sich verrechnen/ ständig. (*Präsens*)
Die verliebte Verkäuferin verrechnet sich ständig.

1. Du/ sich amüsieren/ gestern abend? (*Perfekt*)
2. Meine Freundin/ sich interessieren für/ Archäologie und Anthropologie. (*Präsens*)
3. Meine Tanten/ sich nicht entschließen können/ ihr Haus/ verkaufen. (*Imperfekt*)
4. Die Ärzte/ sich sorgen um/ die Kranke. (*Plusquamperfekt*)
5. Ich/ sich freuen über/ dein Besuch/ (*Futur I*)
6. Wir/ sich erkälten/ bei diesem wechselhaften Wetter. (*Perfekt*)
7. Sich weigern/ ihr/ immer noch? (*Präsens*)
8. Ich/ sich nicht gewöhnen können an/ die Sitten dieses Landes. (*Futur I*)
9. Der Lastwagenfahrer/ sich beeilen/ die Verspätung aufholen. (*Präsens*)
10. Die Kinder/ sich nicht warm genug anziehen. (*Perfekt*)

d. *Schreiben Sie das passende Reflexivpronomen anstelle des Akkusativ-bzw. Dativobjekts.*

> z.B. Ihr wascht das Auto.
> **Ihr wascht euch.**

1. Wir fürchten das Gewitter.
2. Du kaufst Deiner Mutter eine Handtasche.
3. Ich hole meinem Lehrer das Buch.
4. Wir ärgern den bissigen Hund.
5. Das kleine Mädchen setzt die Puppe auf das Sofa.
6. Wir erlauben allen Gästen, den Swimmingpool zu benutzen.
7. Der Friseur rasiert den Kunden.
8. Warum bedienen Sie uns nicht?
9. Erinnere mich bitte rechtzeitig daran!
10. Die Großmutter beugt ihren Kopf über das Strickzeug.

B. Verben mit dem Genitiv

Der Gebrauch des Genitivs geht im Deutschen immer mehr zurück und das Genitivobjekt ist langsam im Sterben begriffen. Das Genitivobjekt antwortet auf die Frage **wessen?**

> Der Vater schämt sich **seines ungeratenen Sohnes.**
> **Wessen** schämt sich der Vater?

1. VERBEN MIT DEM GENITIV

Es gibt nur wenige Verben, die immer mit dem Genitiv gebraucht werden. Die wichtigsten sind:

> **sich annehmen, sich bedienen, bedürfen, sich bemächtigen, sich enthalten, sich entledigen, gedenken, innewerden, sich rühmen, sich vergewissern.**
> Das **bedarf einer ausführlichen Erklärung.**
> Mein Nachbar **hat sich meines Gartengeräts bemächtigt.**
> . . . daß die in ihre Beschäftigung Versunkene **des Geräuschs** nicht **würde innewerden.**

Daneben wird der Genitiv noch in idiomatischen Redensarten gebraucht:

> **sich eines Besseren besinnen**
> **seines Amtes walten**
> **das spottet jeder Beschreibung**
> **das entbehrt jeder Grundlage**

2. VERBEN MIT DEM GENITIV UND DEM AKKUSATIV

Die Zahl der Verben, die neben einem Akkusativobjekt ein Genitivobjekt haben, ist sehr begrenzt. Die meisten gehören dem gerichtlichen Bereich an.

anklagen,   entbinden
beehren,   entheben,
berauben,   überführen,
bezichtigen,   versichern,
beschuldigen,   würdigen.

Der Prokurist hat **den Angestellten fehlerhafter Buchführung bezichtigt.**

Der König würdigt **den Nobelpreisträger seiner Verdienste für die molekulare Biologie.**

ÜBUNGEN

a. *Bilden Sie Sätze aus den folgenden Satzelementen.*

z.b. Die Diabetikerin/ sich enthalten/ alle Süßigkeiten.
Die Diabetikerin enthält sich aller Süßigkeiten.

1. Der Kranke/ sich vergewissern/ sein Gesundheitszustand.
2. Der Radrennfahrer/ sich rühmen/ sein Sieg.
3. Der Gesangverein/ gedenken/ seine gefallenen Mitglieder.
4. Der Mann an der Bar/ sich bemächtigen/ das Glas des Nachbarn.
5. Die junge Frau/ sich annehmen/ das Waisenkind.

C. Adjektive mit dem Genitiv

In einigen Fällen ist das Genitivobjekt auch von einem Adjektiv abhängig. Doderer schreibt in seiner Geschichte »Eine Person aus Porzellan« die folgenden Sätze:

... als ich mir plötzlich **der völligen Stille und Öde bewußt ward** (=wurde).

Bei folgenden Adjektiven wird regelmäßig der Genitiv verwendet:

bewußt	eingedenk
geständig	gewärtig
gewiß	habhaft
(un)kundig	ledig
mächtig	sicher
teilhaftig	verdächtig
würdig	

Die Adjektive **fähig, gewahr, müde, satt, schuldig, überdrüssig, voll** und **wert** werden entweder mit dem Genitiv, mit dem Akkusativ oder auch mit einer Präposition gebraucht.

> Er ist sich **seiner Sünden bewußt.**
> Endlich bin ich **aller Verpflichtungen ledig.**

> Ein Glas **voll edlen Weines.**
> ODER: Ein Glas **voll von edlem Wein.**

> Ich bin **des ewigen Reisens überdrüssig.**
> ODER: Ich bin **das ewige Reisen überdrüssig.**

ÜBUNGEN

a. *Schreiben Sie die folgenden Sätze noch einmal, indem Sie die eingeklammerten Wörter in den Genitiv setzen.*

> z.b. Der Komissar hatte sich (die Unterschlagung) verdächtig gemacht.
>
> **Der Kommissar hatte sich der Unterschlagung verdächtig gemacht.**

1. Diese Schönheit scheint sich (ihre Wirkung) bewußt zu sein.
2. Schon nach drei Tagen waren die Kriegführenden (ihr Sieg) gewiß.
3. Fast die Hälfte aller Deutschen sind (die englische Sprache) mächtig.
4. Eingedenk (die Tatsache), daß dieses Dorf nicht an das Stromnetz angeschlossen ist, kann man hier auch keine Kühlschränke verkaufen.
5. Ich bin mir (das) ganz sicher.
6. Wir sind (die Arbeit) müde. (zwei Möglichkeiten!)

7. Der kleine Junge ist immer noch nicht (das Sprechen) fähig (zwei Möglichkeiten!)
8. Die Kinder sind (das Spielen) überdrüssig. (zwei Möglichkeiten!)
9. Der Lehrer wurde (sein Irrtum) nicht gewahr. (zwei Möglichkeiten!)
10. Dieser Taugenichts ist (kein Heller) wert! (zwei Möglichkeiten!)

II. KONVERSATIONSTHEMEN

1. Beschreiben Sie die Person aus Porzellan. Wie sah sie aus? Was erwartete man von ihr, wenn man sie sah? Warum nennt Doderer sie eine Person aus Porzellan? Paßt ihre äußere Erscheinung zu dem, was sie später tut?

2. Warum ist der Mann in der Geschichte dieser jungen Dame gefolgt? Was hat ihn an ihr besonders fasziniert?

3. Beschreiben Sie den Eintritt der beiden Personen in das Haus. Welche Wahrnehmungen machte der Mann, als er in das Zimmer blickte?

4. Was könnte die Person aus Porzellan zu ihrer grausigen Tat veranlaßt haben? Warum beschreibt Doderer diese schreckliche Hackszene? Glauben Sie, daß er damit auch ein symbolisches Hacken in dem Inneren der Menschen gemeint haben kann?

5. An was erinnern Sie die Töne, die die Person aus Porzellan von sich gab? Paßt das Quieken und Grunzen zu ihrer eleganten äußeren Erscheinung?

6. Wie hat der Beobachter verhindert, daß die Person aus Porzellan auf ihn aufmerksam wurde? Was hatte er glücklicherweise bei sich, um seinen Magen zu beruhigen?

7. Warum hat der Beobachter sich so ruhig verhalten? Warum hat er nicht die Polizei gerufen? Würden Sie sich genauso wie der Mann in der Geschichte verhalten, wenn Sie Zeuge einer so grausigen Tat wären oder was würden Sie tun?

8. Welche erstaunliche Entdeckung machte der Mann, nachdem er der schrecklichen Hackszene entronnen war? Warum war er so erleichtert?

9. Der Mann in der Geschichte war offensichtlich beunruhigt, einen scheinbar perfekten Menschen zu sehen. Würden Sie sich auch beunruhigt fühlen, wenn Sie einen perfekten Menschen treffen würden?

10. Über die zweite Person in der Geschichte, den Mann, wird uns nicht viel gesagt. Wie stellen Sie sich ihn vor? Würden Sie sagen, daß er noch ein sehr junger Mann sein muß? Was sagt das Verhalten des Mannes und seine Erleichterung am Schluß der Geschichte, daß die Person aus Porzellan doch kein perfekter Mensch ist, über seinen Charakter aus?

III. AUFSATZTHEMEN

1. Der Autor nennt die Person aus Porzellan »eine Gottheit des wohlgeordneten Seins.« Wie stellen Sie sich einen Menschen vor, den man so nennen könnte?

2. Welches sind die Widersprüche zwischen dem äußeren und dem inneren Erscheinungsbild der Person aus Porzellan?

3. Beschreiben Sie die Szene in dem großen, schmutzigen Zimmer und malen Sie sich aus, wie Sie sich verhalten hätten, wenn Sie dabei gewesen wären.

4. Was sagt das Verhalten des Mannes über seine Person aus?

5. Schreiben Sie eine Geschichte in der Sie erzählen, wie die Toten in das Zimmer gelangt sein könnten und in welcher Beziehung die Person aus Porzellan zu ihnen stand.

6. Inwiefern unterscheidet sich diese Geschichte von Heimito von Doderer von einer Geschichte von Hitchcock?

9 | NEUNTES KAPITEL

BILDER AUS DEM GESCHÄFTSLEBEN (2)

Kurt Tucholsky

Die Schreibmaschinendame

Das junge Mädchen, das an der Schreibmaschine tippt, ist manchmal hübsch. Sie kommt morgens, zwei Minuten nach neun, ein bißchen atemlos ins Geschäft, weil sie die Straßenbahn versäumt hat. Sie lacht den Portier an und geht rasch an ihre Mitrailleuse.* Das Schreibmaschinenmädchen klappt die Maschine auf, ordnet ihre Papiere und raschelt damit. Dann beginnt sie, ihren anwesenden Freundinnen eine lange Geschichte von gestern zu erzählen; sie ist bei ihrer Tante gewesen und hat so schrecklich viel Baumkuchen gegessen, daß ihr heute noch ganz . . . »Emmi, du hast ja eine neue Bluse an!« — Start der neuen Bluse. Begeisterungsschreie. Innerliches Gefühl: »Steht ihr gar nicht!« — Hierauf begibt sich die Schreibmaschinendame mit ihrer besten Freundin auf den Ort, wohin keine Sonn' mehr scheint, und teilt ihr etwas unter dem Siegel der Verschwiegenheit mit. Es betrifft Franz, der wieder geschrieben hat. Wenn er nicht geschrieben hätte, wäre alles aus gewesen. So ist aber nicht alles aus. Beinahe wäre es aber. Sie kehren mit angeregten Augen auf den Kriegsschauplatz zurück. »Wo waren Sie denn so lange?« Darauf lautet die Antwort: »Gott — — !« was mit drei ›t‹ auszusprechen ist.

---

* Das französische Wort **Mitrailleuse** bezeichnet eine im 19. Jh. verwendete Geschützart. Hier von Tucholsky ironisch für »Schreibmaschine« gebraucht.

Das Schreibmaschinenmädchen nimmt Stenogramme auf und hat ihre erkorenen Lieblinge und Feinde unter den diktierenden Männern. Einer ist schick, einer unangenehm, weil er so schnell diktiert, einen kann sie überhaupt, ohne nähere Begründung, nicht leiden, und von dem, für den sie immer schreibt, möchte sie gern versetzt werden. Sie stenografiert flott, fragt nie und klappert nachher, daß die Funken stieben. Fremdwörter sind ihr ein Greuel; dem Prokuristen, wenn er sie nachher liest, auch. Der Schreibmaschinendame muß man Schokolade mitbringen, am besten von Zeit zu Zeit, weil sie sonst schlecht funktioniert. Mit Schokolade funktioniert sie allerdings nicht besser. Das Schreibmaschinenmädchen hat einen Bräutigam, der gegen Mittag anzutelefonieren pflegt. Die Stimme des Mädchens am Telefon wird dann leise, umgibt sich gewissermaßen mit einem Schutzwall gegen die Zuhörer und hat doch einen zärtlichen Klang des tiefsten Einverständnisses. Nach vier Tagen kauft sich das Schreibmaschinenmädchen dieselbe Bluse wie ihre Freundin. Sie steht ihr. Das Schreibmaschinenmädchen heiratet früher oder später oder wird

Sekretärin

Die Sekretärin ist eine ausgekochte Dame, der keiner etwas erzählen kann. Das Haus munkelt, sie habe mit dem Chef ein Verhältnis. Das stimmt aber nicht: dazu ist sie viel zu schlau. Die Sekretärin ist zuckersüß zur Gattin des Chefs, was diese mit besonderem Mißtrauen erfüllt. Die Sekretärin ist Herrin über die Zeit des Chefs. Sie sitzt im Vorzimmer und sagt: »Herr Hannemann hat jetzt keine Zeit!«, auch, wenn er gar nicht da ist. Die Sekretärin setzt alles durch, was sie haben will, weil sie im Schatten des Gewaltigen arbeitet. Die Sekretärin ist gerissen, sehr fleißig und lügt weitaus besser als die meisten Leute im Hause. Die Sekretärin weiß genau, was der Chef mag oder nicht mag — sie richtet sich auch in den meisten Fällen danach. Sie hat öfter eine Hornbrille, immer aber eine souveräne Verachtung für den breiten Heerbann der Angestellten. Die Sekretärin wünscht nicht, daß jemand in das Sekretariat kommt. Ihre erste Regierungshandlung ist gewöhnlich, dortselbst ein Schild anzubringen: »Unbefugten ist der Eintritt streng verboten.« Die Sekretärin hat neben der Schreibmaschine eine reizende kleine Kaffeetasse, einen Nagelpolierer und ein unpassendes Buch. Sie kommt sich total unentbehrlich vor.

Der Chef

Der Chef ist ein verheirateter Mann von etwa fünfundvierzig Jahren und einem nie ganz neuen Hut. Der Chef kommt gegen halb zehn ins Büro, fragt: »Was Neues?«, erwartet auf diese Frage keine Antwort und macht sich an die Post. Der Chef hat eine Laune (die andern haben auch eine Laune, bringen sie aber nicht ins Büro mit, sondern geben sie in der Garderobe ab). Der Chef ist sehr gewitzt, mitunter klug; in gewissen Sachen dagegen von Gott geschlagen und mit einem Brett vor dem Kopf versehen. Der Chef hat ganz andere Sachen im Kopf, als das Personal denkt. Vor allem denkt er gar nicht soviel an das Personal, wie das Personal annimmt. Der Chef hat seine eigene Meinung über seine Leute, meistens die richtige. Eine falsche ist ihm mit gar keinen Mitteln aus dem Gehirn zu schlagen. Der Chef telefoniert immer. Der Chef hat nie Zeit. Der Chef hört nie zu, wenn man etwas mit ihm bespricht. Der Chef ist imstande, nach einer ganz wichtigen Erklärung eines Angestellten, die sich der den ganzen Nachmittag über ausgedacht hat, zu sagen: »Sagen Sie mal, haben Sie eigentlich mal das Unkostenkonto durchgesehen?« — Der Angestellte verliert den Faden, ärgert sich grün, verhaspelt sich und berichtet mit erstickter Stimme über das Unkostenkonto. Der Chef vergißt das meiste, was man ihm sagt, und macht die Sekretärin dafür verantwortlich. Der Chef ist schon als solcher zur Welt gekommen — denn die Karriere eines Chefs ist eine rätselhafte Sache. (Er sagt, er habe es durch eigene Tüchtigkeit so weit gebracht. Manchmal ist das wahr.) Der Chef organisiert von Zeit zu Zeit den Betrieb völlig um. Das schadet aber nichts, weil ja doch alles beim alten bleibt. Der Chef ist einen Tag im Jahr wirklich guter Laune — am Morgen des Tages nämlich, an dem er auf Urlaub geht. Gegen Mittag ärgert er sich dann fürchterlich über seine Sekretärin und verläßt abends voller Wut das Haus. Der Chef geht öfters zu Konferenzen, manchmal frühstücken, und mitunter hat er ›Gänge‹. Er kommt dann mit kleinen Paketen zurück, die er im Büro liegen läßt. Der Chef sieht resignierend auf die sich öffnende Tür seines Zimmers: was Gutes erwartet er auf keinen Fall. Der Chef wird abwechselnd als Blutsauger, Wohltäter, verrückter Kerl, maßloser Arbeiter und Halbgott angesehen. Das ist alles falsch: er ist nur Chef. Der Chef beeinflußt, ohne es zu wissen, den gesamten Ton seines Hauses — wie der Herr so das Gescherr. Der Chef sagt, wenn er morgens zur Tür hereinkommt: »Das Schild da müßte mal erneuert werden!« — Noch niemals ist es einem Chef gelungen, diesen Wunsch in die Wirklichkeit umzusetzen. Der Chef will sich immer zur Ruhe setzen und hat häufig den ›ganzen Kram satt‹. Das sind leere Versprechungen — er macht den Kram bis an sein Lebensende. Dann tritt ein neuer an seine Stelle. Der Alte gewinnt nunmehr die Lichtkonturen eines höheren Wesens und vereinigt in sich alle guten Eigenschaften der Welt. »Ja, wie der Alte noch da war — —!« Der neue Chef (siehe oben).

Der Registrator

Der Registrator ist in erster Linie Abteilungsvorsteher und als solcher auf feine Sitten und Gebräuche bedacht. Er registriert die Akten um ihrer selbst willen. Er ist persönlich beleidigt, wenn jemand diese Akten nun auch einsehen will. Ihm genügt das Gefühl, daß alles in Ordnung ist. Er ist stolz und unzugänglich und sieht in sämtlichen andern Abteilungen des Hauses einen bösen Feind. Er behandelt jedermann, als ob er aus einer andern Firma sei. Der Registrator wahrt die Selbständigkeit seiner Abteilung und würde auch den Kaiser Napoleon, wenn der Wert darauf legte, ihn zu besuchen, unter N ablegen. (Oder unter B — wegen Bonaparte? Erbitterter Streit mit dem zweiten Registrator.) Der Registrator kennt sämtliche Vorgänge, ohne jemals genau zu verstehen, was sie eigentlich bedeuten. Da sich alles bei ihm ansammelt, was im Geschäft passiert, so ist er im Laufe der Jahre zu der Überzeugung gekommen, daß eigentlich er es ist, der alles hervorbringt. Er hat einen glänzenden Bürorock und ist von einer welterschütternden Pedanterie. Es kommt vor, daß in einer Registratur gesuchte Sachen auch gefunden werden. Meistens aber will der Registrator nicht gestört werden. Er registriert. Er kommt sich durchaus unentbehrlich vor.

I. ANMERKUNGEN

A. Verben mit Präpositionen

1. Verben, die ein Präpositionalobjekt fordern, werden in bezug auf die Satzstellung wie Verben mit trennbaren Vorsilben behandelt, d.h. die Präpositionen und das Präpositionalobjekt stehen am Ende des Satzes. Es ist daher wesentlich, Verben mit Präpositionalobjekten von Objekten, denen eine Präposition vorausgeht, zu unterscheiden.

> **Sie raucht** jeden Tag bei ihrer Arbeit **ein ganzes Paket Zigaretten.** (Normale Wortstellung: Akkusativobjekte stehen am Ende des Satzes.)
> **Er geht** samstags immer mit seiner Freundin **aus.** (Trennbare Vorsilbe: **aus-gehen**)
> **Er ist** seinem Bruder am Ende des Monats immer Geld **schuldig.** (**Schuldig** wird wie eine trennbare Vorsilbe im Ausdruck **schuldig sein** gewertet.)

In den nächsten beiden Beispielen stehen die Präpositionalobjekte nach den Akkusativobjekten, weil die Verben mit Präpositionen verbunden sind.

> **Sie bittet** am Samstag viele Freunde **zu einer Party.**
> **Er hängt** mit Hilfe seiner Frau das Bild **an die Wand.**

Im ersten Beispiel lautet der Infinitiv **bitten zu . . . .** Zu *plus Präpositionalobjekt* wird als trennbare Vorsilbe behandelt und daher an das Ende des Satzes gestellt. Im zweiten Beispiel heißt die vollständige Redewendung **an die Wand hängen;** daher wird **an die Wand** auch als trennbare Vorsilbe gewertet.

In beiden Beispielen stehen Objekte mit Präpositionen oder auch Akkusativobjekte **(viele Freunde, mit Hilfe seiner Frau, das**

Bild) vor den Präpositionalobjekten. Erweiterte Präpositionalobjekte:

> Sie bittet am Samstag viele Freunde **zu einer Party im Haus ihrer Eltern.**

Im Haus ihrer Eltern bestimmt die Party näher, daher muß es hinter dem Wort **Party** stehen.

> ABER: Sie bittet am Samstag viele Freunde **im Haus ihrer Eltern zu einer Party.**

Hier bezieht sich **im Haus ihrer Eltern** auf die Freunde, d.h. die Freunde wohnen im Haus ihrer Eltern. Es ist jedoch in diesem Satz, im Unterschied zu dem vorhergehenden, nicht angegeben, wo die Party stattfindet.

ÜBUNGEN

a. *Bilden Sie aus nachstehenden Elementen Sätze und beachten Sie dabei die richtige Wortstellung.*

1. Das Kind/ spielen mit/ die Bausteine/ den ganzen Nachmittag.
2. Die erregte Dame/ geben/ eine Ohrfeige/ der freche junge Mann.
3. Die Katze/ auf der Lauer liegen/ viele Stunden/ mit scharfen Krallen.
4. Der Bettler/ bitten um/ eine kleine Gabe/ die reiche Dame.
5. Der Student/ hoffen auf/ eine gute Note/ gegen alle Vernunft.
6. Der Prokurist/ achten auf/ das Berufsinteresse der Angestellten.
7. Der Angestellte/ achten auf/ die Fehler seiner Kollegen/ mit großem Fleiß.
8. Der Chef/ abreisen/ ohne weitere Erklärungen.
9. Der Betriebsleiter/ antworten auf/ die Anschuldigungen/ mit großer Schärfe.
10. Der Prokurist/ in den Schrank hängen/ der Mantel/ mit äußerster Sorgfalt.
11. Das Kind/ austrinken/ das Glas/ mit großem Behagen.
12. Das Kind/ trinken aus/ das Glas/ mit großem Behagen.
13. Die Gastgeberin/ aufwarten*/ ihren Gästen/ mit erlesenen Leckerbissen.
14. Die Gastgeberin/ warten auf/ die Gäste/ mit großer Ungeduld.

---

* **aufwarten** + Dativ = **servieren**

2. Die folgenden Verben und verbalen Ausdrücke, die bestimmte Präpositionen verlangen, stammen aus dem Tucholsky-Text.

a. Einfache und adjektivisch erweiterte Verben

sich umgeben mit
unentbehrlich sein für
befördern zu
schielen auf
achten auf
rascheln mit

denken an
sich ärgern über
bedacht sein auf
Wert legen auf
verantwortlich sein oder
machen für

b. Verben mit vorhergehenden präpositionalen Ausdrücken (beachten Sie dabei, daß einige dieser Verben anschließend nochmals eine Präposition fordern):

zu Mittag essen
in Betrieb sein
auf etwas sehen
sich am Telefon melden
auf Urlaub gehen

zu etwas gehören
sich nach etwas richten

beim alten bleiben
aus etwas trinken

ÜBUNGEN

a. Bilden Sie mit allen oben angegebenen Verben und verbalen Ausdrücken je einen Satz.

> z.b. unentbehrlich sein für
> **Der Chef ist für den Fortgang des Betriebes unentbehrlich.**

b. Bilden Sie mit den folgenden Verben und Präpositionen, mit denen englischsprechende Studenten besondere Schwierigkeiten zu haben scheinen, je drei Sätze und verwenden Sie dabei in jedem Satz eines der angegebenen Objekte.

1. warten auf: der Zug, der Freund, die Antwort.
2. sich interessieren für: moderne Musik, die politische Entwicklung, Pferderennen.
3. suchen nach: das passende Geschenk, das Faschingskostüm, eine Lampe.

4. sich erinnern an: seine Jugend, der alte Onkel, das schreckliche Ereignis.

5. vergleichen mit: die Handschrift des Vaters — die Handschrift der Mutter, Thomas Mann — Hartmann von Aue, die Sowjetunion — die Vereinigten Staaten.

6. Freude haben an: deine Aufmerksamkeit, das kluge Kind, die elegante Wohnung.

7. Interesse haben an: das Resultat der Forschung, Mode, die deutsche Literatur.

8. handeln von: der Hochstapler, der Raubüberfall, die Liebesgeschichte.

9. handeln mit: die Kurzwaren, die Autoreifen, die Gebrauchtwagen.

10. sich handeln um: Leben und Tod, eine wichtige Entscheidung, das schwierige Problem.

c. *Legen Sie eine Liste von allen im Tucholsky-Text vorkommenden Verben mit trennbaren Vorsilben an. (Schreiben Sie alle diese Verben im Infinitiv: es sind 33!)*

d. *Bilden Sie je einen Satz mit allen Verben, die trennbare Vorsilben haben.*

B. Idiomatische Redewendungen

1. Idiomatische Redewendungen werden wie Verben mit trennbaren Vorsilben und/oder nachstehenden Präpositionen behandelt. Hat ein Verb eine Vorsilbe und eine nachstehende Präposition (z.B. **sich einstellen auf**) oder besteht die idiomatische Redewendung aus einem der Vorsilbe entsprechenden Teil und einer nachfolgenden Präposition (z.B. **sich Mühe geben mit**), so steht die Vorsilbe oder das der Vorsilbe entsprechende Idiom am Ende des Satzes. Die Präposition mit dem Präpositionalobjekt steht dann unmittelbar davor.

> Die Firma **stellt sich auf** einen lebhaften Verkauf **ein**.
> Er **gibt sich mit** der Lösung des Problems große **Mühe**.

Kommen in solchen Sätzen auch noch andere Objekte (mit oder ohne Präpositionen) vor, so haben sie ihren Platz nach dem Verb, aber vor dem Präpositionalobjekt und vor der Vorsilbe oder dem ihr entsprechenden Idiom.

Sie lädt **am kommenden Samstag viele Freunde** zu einer Party in ihrer neuen Villa ein.

Die Vorsilbe **ein** ist das letzte Element des Satzes. Die Präposition **zu,** verbunden mit dem Präpositionalobjekt **einer Party** stehen unmittelbar davor. **In ihrer neuen Villa** ergänzt **Party,** es steht also sofort nach **Party. Am kommenden Samstag** ist ein Adverb der Zeit, das nach dem Verb, aber vor dem Akkusativ kommen muß. (Die Adverbien werden im 11. Kapitel ausführlich behandelt.) **Viele Freunde** ist der Akkusativ, der normalerweise am Satzende steht. (Vgl. das erste Kapitel)

ÜBUNGEN

a. *Analysieren Sie nach obigem Beispiel die Wortstellung in den folgenden Sätzen und bestimmen Sie dabei das Verb mit Vorsilbe und nachfolgender Präposition oder geben Sie den idiomatischen Ausdruck an.*

1. Der Professor gab dem Studenten nach langen Überlegungen auf seine einfache Frage eine sehr komplizierte Antwort.
2. Sie wird am kommenden Sonntag nach vielen Vorbereitungen ihre Freunde zu einer Party einladen.
3. Der Professor hat dem Studenten ohne viele Umschweife auf seine Frage eine sehr treffende Antwort gegeben.
4. Der Prokurist legt bei den Stenotypistinnen großen Wert auf schnelles und korrektes Arbeiten.
5. Die kurzsichtige Mutter findet auch jetzt noch für ihren mißratenen Sohn tausend Entschuldigungen.
6. Der Prokurist ist für den Fortbestand des Betriebs unentbehrlich.

2. Nachstehende idiomatische Redewendungen stammen aus dem Tucholsky-Text. Ihre Bedeutung ist in einem Satz erklärt.

a. MIT VORSICHT GENIESSEN

Jemand ist **mit Vorsicht zu genießen,** wenn man im Umgang mit ihm vorsichtig sein muß.

b. NACH UNTEN TRETEN

Wenn eine Person in einer untergeordneten Stellung im Rang unter ihm stehende Personen mißgünstig behandelt, so sagt man, **er tritt nach unten.** Meist ist das mit einem **Dienern nach oben** verbunden.

c. ETWAS AN JEMANDEM HABEN

Man hat etwas an jemandem, wenn einem eine Person nützlich ist oder hilft.

d. UNTER DEM SIEGEL DER VERSCHWIEGENHEIT SAGEN (MITTEILEN USW.)

Wenn man jemandem etwas **unter dem Siegel der Verschwiegenheit** mitteilt, so erwartet man, daß er nicht darüber spricht.

e. ETWAS ODER JEMANDEN NICHT LEIDEN KÖNNEN

Wenn man **etwas oder jemanden nicht gern hat,** so sagt man, daß man **es** oder **ihn nicht leiden kann.**

f. SICH AN ETWAS MACHEN

Wenn man sich an eine Arbeit (im Text: an die Post) **macht,** so heißt das, daß man die Arbeit beginnt.

g. ETWAS IM KOPF HABEN

Wenn man etwas im Kopf hat, so heißt das, daß man daran denkt.
(Verstehen Sie folgenden Witz? A fragt B: Was ist ein Vakuum? B antwortet: Ich habe es im Kopf, aber ich kann es nicht sagen. — Der Witz beruht darauf, daß man **im Kopf haben** hier nicht idiomatisch, sondern wortwörtlich versteht.)

h. EIN BRETT VOR DEM KOPF HABEN

Wenn man ein Brett vor dem Kopf hat (oder **wenn man vernagelt ist**), so heißt das, daß man die wichtigsten Dinge nicht erkennt.

i. SICH GRÜN ÄRGERN ÜBER ETWAS

Tucholsky sagt, **man ärgert sich grün;** meistens jedoch **ärgert man sich grün und blau,** wenn man sich maßlos über etwas ärgert.

j. ETWAS SATT HABEN

Wenn man jemanden oder etwas satt hat, hat man mehr als genug davon.

k. SICH ZUR RUHE SETZEN

Man setzt sich zur Ruhe, wenn man in den Ruhestand tritt, d.h. wenn man pensioniert wird.

ÜBUNGEN

a. *Bilden Sie aus nachstehenden Elementen Sätze und achten Sie dabei vor allem auf die richtige Wortstellung.*

1. Der Chef/ zu Mittag essen/ in einem eleganten Restaurant/ mit Geschäftsfreunden.

2. Die Sekretärin/ auf Urlaub gehen/ jedes Jahr/ mit einer anderen Freundin.

3. Der Angestellte/ sich nach der Meinung des Prokuristen richten/ in allen geschäftlichen Angelegenheiten.

4. Der Portier/ nicht leiden können/ der Angestellte/ seit dem Zwischenfall.

5. Die Stenotypistin/ sich grün und blau ärgern über/ das indiskrete Verhalten ihrer Freundin.

6. Die Stenotypistin/ unter dem Siegel der Verschwiegenheit erzählen/ ihre Freundin/ die neuesten Erlebnisse.

7. Der Kandidat/ sich vorbereiten auf/ die langen und schwierigen Examen/ mit viel Energie und Fleiß.

8. Die Bekannten/ ihr Beileid ausdrücken/ die junge Frau/ mit viel Zartgefühl.

9. Die junge Frau/ ihren Dank aussprechen für/ die liebevolle Hilfe der Freunde/ nach einigen Tagen des Alleinseins.

10. Der reiche Mann/ sich umgeben mit/ unermeßliche Kunstschätze/ seit seiner Jugend.

11. Der Chef/ verantwortlich machen für/ seine eigenen Fehler/ die Sekretärin.
12. Der Prokurist/ verantwortlich sein für/ die Erneuerungen im Betrieb/.
13. Die Mutter/ auf Ordnung sehen/ in ihrem Haus.
14. Der Katalog/ unentbehrlich sein für/ das Verstehen der Ausstellung.
15. Der Chef/ bedacht sein auf/ das gepflegte Aussehen seiner Büroräume/ erst seit kurzer Zeit.
16. Der Beamte/ sich richten nach/ die Vorschriften/ ausschließlich.
17. Das junge Mädchen/ im Kopf haben/ nichts als Kleider.

b. *Beantworten Sie folgende Fragen unter Verwendung des zutreffenden idiomatischen Ausdrucks.*

Was sagt man,
1. wenn ein Mensch schwierig zu behandeln ist?
2. wenn ein Angestellter seine Untergebenen herablassend behandelt?
3. wenn man den Wert einer Person anerkennt?
4. wenn man einem Bekannten etwas im Geheimen mitteilt?
5. wenn einem jemand unsympathisch ist?
6. wenn man eine Arbeit beginnt?
7. wenn man etwas genau weiß?
8. wenn jemand etwas absolut nicht versteht?
9. wenn man eine günstige Gelegenheit verpaßt hat?
10. wenn man sich lange genug gelangweilt hat?
11. wenn man nicht mehr arbeiten muß, um Geld zu verdienen?

Im Anhang auf Seite 286 finden Sie eine Liste mit den wichtigsten Verben, die ein Präpositionalobjekt fordern.

II. KONVERSATIONSTHEMEN

1. Glauben Sie, daß das Mädchen an der Schreibmaschine, so wie es von Tucholsky geschildert wird, sich auch unentbehrlich vorkommt?
2. Nimmt das Schreibmaschinenmädchen inneren Anteil an der Arbeit, die es den ganzen Tag tut?

3. Warum sind dem Mädchen an der Schreibmaschine Fremdwörter ein Greuel?

4. Ist die Schreibmaschinendame tüchtig?

5. Wie begründet die Schreibmaschinendame ihre Bevorzugung oder Abneigung für die diktierenden Männer? Sind diese Gründe sehr überzeugend? Was sagt Tucholsky damit über die Schreibmaschinendame aus?

6. Glauben Sie, daß Dinge, die unter dem Siegel der Verschwiegenheit erzählt werden, wirklich auch geheim bleiben?

7. Warum legt die Sekretärin so großen Wert auf das Schild am Sekretariat: Unbefugten ist der Eintritt streng verboten?

8. Warum sollte die Sekretärin in ihrem Beruf lügen müssen?

9. Richtet sich die Sekretärin immer nach den Wünschen des Chefs?

10. Tucholsky spricht davon, daß die Sekretärin ein unpassendes Buch neben der Schreibmaschine liegen hat. Welche Art von Büchern könnte für die Sekretärin unpassend sein?

11. Aus welchen Motiven mag die Sekretärin eine Hornbrille tragen?

12. Inwiefern ist der Chef anders als sein Ruf?

13. Wohin geht der Chef wohl, wenn er Gänge zu machen hat?

14. Warum läßt er manche Geschenke im Büro liegen?

15. Haben Sie den Eindruck, daß der Chef ein guter Chef ist? Suchen Sie im Text Ausdrücke, die seine guten sowohl wie seine schlechten Seiten herausheben.

16. Wie der Herr so das Geschirr ist ein deutsches Sprichwort. Was will Tucholsky damit sagen?

17. Werden die Anordnungen des Chefs immer befolgt?

18. Tucholsky spricht über den Registrator ziemlich ironisch. Woran können Sie den ironischen Ton bemerken?

19. Was halten Sie von der viermal wiederholten Bemerkung, daß sich jemand vollkommen unentbehrlich vorkommt?

20. Sind die Leute, die sich unentbehrlich vorkommen, auch wirklich immer unentbehrlich?

21. Was ist ein wesentlicher Unterschied zwischen unentbehrlich sein und sich unentbehrlich vorkommen?

22. Finden Sie die Charakterisierungen zutreffend? Können Sie sich nach Tucholskys Beschreibung solche Menschentypen wirklich vorstellen? Wie würden Sie die Beschreibungen abändern?

23. Suchen Sie für jeden der dargestellten Typen so viele zutreffende Eigenschaften wie nur möglich.

24. Beschreiben Sie frei erfundene Typen nach ihrem eigenen Geschmack.

> z.b. **die Köchin ist dick; sie trägt viele Röcke übereinander; sie ist von vielen Schüsseln umgeben; sie schwitzt sehr in der Nähe des Herdes; in ihrer Küche riecht es immer nach guten Gewürzen; usw.**

Beschreiben Sie z.b. den Postboten, den armen Studenten, den reichen Studenten, den geistesabwesenden Professor, usw.

III. AUFSATZTHEMEN

1. Schreiben Sie eine kurze Charakterstudie über Herrn Huber und Herrn Maier und verwenden Sie dabei die angegebenen Hinweise.

> Herr Huber — freundlich/ Herr Maier — um Hilfe bitten — Herrn Huber/ unter dem Siegel der Verschwiegenheit/ Die Frau von Herrn Maier — sehr krank/ Herr Huber — mit Geld aushelfen/ Herr Maier — im Kopf haben die Krankheit seiner Frau — nur/ Nach einigen Tagen — Herr Huber — zurückverlangen das Geld — von Herrn Maier/ Herr Maier — eine Entschuldigung finden — für das Ausbleiben des Geldes/ Herr Huber — versprochen haben — mit der Rückgabe des Geldes — nicht zu drängen/ Jetzt — Herr Huber — sich ärgern über — seine Hilfsbereitschaft/ Er — Wert legen auf — prompte Rückerstattung/ Er — verantwortlich machen — Herrn Maier — für eigene Geldnot — mit hochrotem Kopf/ Herr Maier — sich erinnern an — die Hilfe einer Bank/ Er seine eigene Meinung haben über Herrn Huber/ Dieser Mensch ist mit Vorsicht zu genießen.

2. Schreiben Sie nach obigem Beispiel andere kurze Charakterstudien über Menschen mit folgenden Eigenschaften:
»Wer nach oben dienert, der tritt nach unten.«
»Solch einen Menschen kann ich nicht leiden.«

3. Erklären Sie in einem kurzen Beispiel das Sprichwort:
»Was man nicht im Kopf hat, muß man in den Beinen haben.«

4. Geben Sie aus Ihrem Lebenskreis Beschreibungen von gewissen Menschentypen.

a. Beschreiben Sie Ihre liebste Tante oder einen Vetter, den Sie gar nicht leiden mögen.

b. Geben Sie zwei typische, aber doch entgegengesetzte Bilder von Müttern; eine Mutter, z.B. kann sehr modern sein und sehr aufgeschlossen, die andere mehr eine Beschützerin vor den Problemen des Lebens.

c. Beschreiben Sie kurz eine Person, die Sie aus irgendeinem Grunde sehr beeindruckt hat.

d. Beschreiben Sie einen Freund Ihres Vaters, so wie Sie ihn sich im Berufsleben vorstellen.

e. Beschreiben Sie die Aufmachung einer Freundin Ihrer Mutter.

f. Warum haben Sie Ihre Nachbarn gern oder nicht gern?

g. Wie sieht Ihr liebster Freund oder Ihre liebste Freundin aus?

h. Nach welchen Gesichtspunkten wählen Sie sich Ihre Freunde aus?

i. Beschreiben Sie einen idealen Freund!

j. Beschreiben Sie jemanden, an dem Sie sehr viel haben!

k. Mit welcher Art von Menschen verstehen Sie sich am besten?

l. Geben Sie einige typische, aber voneinander abweichende Bilder von Studenten, die eifrig und strebsam und um gute Noten bemüht sind; solche, die nicht gerne arbeiten; und solche, die an allem interessiert sind, ohne sich je für etwas entscheiden zu können.

m. Beschreiben Sie einen zerstreuten Professor.

n. Schreiben Sie darüber, wie Sie sich den besten Lehrer vorstellen.

o. Welche Art von Geschäftsleuten* kennen Sie aus eigener Erfahrung? Suchen Sie sich einen typischen Fall heraus und beschreiben Sie ihn.

p. Wie stellen Sie sich eine ideale Geschäftsfrau vor?

q. Was ist der Unterschied zwischen einer Geschäftsfrau und einer Frau, die Karriere machen will?

---

* Sing.: **Geschäftsmann**; Pl. **Geschäftsleute**

BILDER AUS DEM GESCHÄFTSLEBEN

10 | ZEHNTES KAPITEL

BRIEFE

Thomas Mann

An Agnes E. Meyer

Pacific Palisades, California
740 Amalfi Drive
16. Juli 41

Liebe Freundin,

»annoying« wird mit a geschrieben, nicht mit e, wie es in meinem letzten Brief vorkam. Die Sache geht mir nach, denn ich war so überrascht als ich den Fehler feststellte. Ich war so fest überzeugt, daß es dasselbe Wort sei wie ennui — und wie kommt also da das a an den Anfang? Solche Dinge können mich sehr beschäftigen. Neulich fiel mir ein, daß das englische Wort »schedule« unser »Zettel« ist. Das wird recht klar durch die ältere Form »Schedel« für »Zettel,« die noch im »Faust« in der Papiergeld-Szene erscheint.

Wie geht es Ihnen? Haben Sie sich erholt? Ich war einige Wochen unter dem Einfluß von Blutveränderungen durch das Klima sehr reduziert und herabgestimmt, was sich besonders schlecht traf, da ich im »Joseph*« gerade beim Schwierigsten war. Das gab natürlich, was man einen circulus vitiosus† nennt. Nun

---

* Joseph: Im Jahre 1942 vollendete Thomas Mann *Joseph und seine Brüder*, eine Roman-tetralogie.
† circulus vitiosus = *vicious circle*

156

hat der Arzt etwas zur Erhöhung meines Blutdruckes und Beschleunigung meines Pulses getan, und ich fühle mich hochgemuter. So sind wir armen Wesen abhängig von kleinen Veränderungen in unserer Körper-Chemie. Ändern Sie die Funktion von ein paar Drüsen in einem Menschen, die »innere Sekretion«, und Sie stellen seine ganze Persönlichkeit auf den Kopf. Es hat etwas Beschämendes und Empörendes.

Wissen Sie, daß »Chemie« von dem alten Namen Ägyptens kommt, den ich so oft gebrauche: Keme, das Schwarze, die schwarze Fruchterde? Der alttestamentliche Name »Cham« (Urvater der Neger) hängt damit zusammen. — Wir leben, wenigstens sprachlich, dem Urtümlichen doch oft sehr nahe. Und auch sonst! wie man gerade heute wohl sagen kann.

Auf dem Bauplatz sind etliche Citronenbäumchen gefällt, und in Form von Lattenwerk zeichnet sich am Boden der Grundriß des Häuschens ab. So sah ich bei meinem gestrigen Besuch den Raum meines zukünftigen Studios, wo meine Bücher und mein Münchener Schreibtisch stehen werden, und wo ich voraussichtlich den »Joseph« zu Ende schreiben werde. Sonderbar!

Die Kapitel-Serie des großen Gesprächs zwischen J. und Pharao, das zu J.'s Erhöhung führt, hat sich jetzt geklärt und geht dem Abschluß entgegen. Die Szene war sehr schwer zu arrangieren, und so gut, wie ich gedacht hatte, ist sie nicht geworden, aber vielleicht immer noch gut genug. Wenn sie abgeschrieben ist, schicke ich sie Ihnen.

Golo ist heute morgen angekommen, sehr willkommen. Wenn es nur gelänge, ihm den bescheidensten College-Posten zu verschaffen! Vielleicht hilft ihm sein Buch über Friedr. Gentz, das die Princeton University Press herausbringen zu wollen scheint.

Von Erika hatten wir wiederholt Nachricht aus London. Sie ist »glücklich, dort zu sein«. Wir sind froh, daß Vive l'empereur gerade anderweitig beschäftigt ist — und zwar garnicht angenehm, wie es scheint.

Ihr T. M.

Wilhelm Raabe

»Hochverehrtestes Fräulein, unvergleichlichstes Wesen! Kaum wage ich, aus der unendlichen Prosa meiner merkantilischen Lebensstellung an Sie, per Stadtpost, dieses Schreiben schüchtern und franko abgehen zu lassen. Aber — es gibt im Menschenleben Augenblicke — sagt der Dichter, und das allein vermag mir den Mut zu geben, Ihnen diesen Blumenstrauß meiner zartesten Gefühle, meiner reellsten Gesinnungen zu Füßen zu legen. Ich erlaube mir also, mich Ihnen hiedurch als Ihren glühendsten, verzweifelndsten Verehrer zu notieren!

›Auf allen Lebenswegen
Schwebt mir dein Bild entgegen‹

sagt abermals der Dichter, und Ihr tägliches Vorüberschweben, holdestes Fräulein Klara, Ihr tägliches Vorüberschweben vor unserm Geschäftslokal, Firma Hack u. Komp., Grünwinkel Nro. 16, ist es, welches seit Monden meinen innersten Menschen nach außen kehrt und mich fast unfähig macht, meinen schnöden Tagesgeschäften zur Zufriedenheit meines Prinzipals nachzukommen. Tausend elegante Talente, welche durch die miserable Handhabung der Waagschale, der Kreide, des Öl- und Essigmaßes in mir niedergedrückt lagen, platzen auf! Ich kann tanzen und bin zu meiner vollständigen geistigen Ausbildung in der Käsemacherschen Leihbibliothek abonniert; in früheren Jahren habe ich die Flöte geblasen und bin — sollten Sie es wünschen, angebetete Klara — bereit, sobald der Winterfrost aus meinen Fingern ist, diese etwas vernachlässigte Kunst von neuem zu kultivieren.

ZEHNTES KAPITEL

Himmlische Klara, ich bin verloren, vernichtet, rettungslos den finsteren Mächten des Wahnsinns übergeben, wenn Sie mir nicht einen Ihrer rosigen Finger reichen, um mich aus diesem schauervollen Abgrunde unkaufmännischer Verstörtheit herauszuziehen. Ich verrechne mich, bin grob gegen die Dienstmädchen und Küchendamen, und — dreimal bin ich mit der Ladenleiter umgefallen! Unvergleichlichste, ich schmeichle mir, 24, schreibe vierundzwanzig Jahre, zwei Monat, drei Tage alt zu sein, die reellsten Absichten zu haben, und gedenke mich nächstens in hiesiger Stadt zu etablieren. Ich bin militärfrei.

Himmlisches Fräulein Klara, ich erwarte Sie diesen Abend bis zehn Uhr, wo unser Geschäftslokal geschlossen wird, und bitte Sie, im Fall Sie diesen meinen Solawechsel zu akzeptieren geneigt sein sollten, bei uns einzutreten und — wenn Kunden usw. zugegen sein sollten — gütigst als Zeichen Ihrer Erhörung ein halb Viertel Rosinen zu fordern. Wollen Sie aber meine süßesten Hoffnungen grausam vernichten, so — verlangen Sie nur einen Hering — wir haben die besten — oder ein Lot Quassia, oder was sie wollen: — die nächste aufgehende Sonne wird wahrscheinlich die erblaßte, verzerrte Leiche Ihres treuesten Verehrers krampfhaft beleuchten. Bis dahin erlaube ich mir hochachtungsvoll und ergebenst zu zeichnen Louis Schollenberger, Handlungsbeflissener. Im Grünwinkel Nr. 16, Firma Hack und Kompanie: Material- und Drogeriewarenhandlung. Am 30. April 185 —

P. Sc. Nächsten Sonntag, wo ich meinen Ausgehetag habe, würde ich, wenn Sie die Güte haben sollten, meinen Antrag zu genehmigen, vor Ihrem Fenster *vorbeireiten*. —

Louis Schollenberger.«

I. ANMERKUNGEN

A. Verben mit dem Dativ

Es gibt im Deutschen viele Verben, die mit dem Dativ gebraucht werden müssen. Diese Verben wenden sich immer einem indirekten Objekt zu. Im Englischen wird die Zuwendung an ein indirektes Objekt oft mit *to* ausgedrückt. Im Deutschen gebraucht man anstelle des *to* den Dativ.

> Ich **schreibe meinem Freund.**
> Wir **haben** es **ihm gesagt.**

Das Dativobjekt antwortet immer auf die Frage **wem?**

> **Wem** schreibe ich?
> **Wem** haben wir es gesagt?

In den meisten Fällen ist das Dativobjekt ein Substantiv oder ein Pronomen, es kann aber auch aus einem ganzen Satz bestehen.

> **Wem Pop-Art gefällt, dem wird auch dieses Plakat gefallen.**

1. VERBEN, DIE IMMER MIT EINEM DATIVOBJEKT VERBUNDEN SIND

Es gibt eine Reihe von Verben, deren einzige Ergänzung ein Dativobjekt ist. Da es sich beim Dativobjekt sehr oft um eine Person handelt, so gehört die Mehrzahl der Verben mit dem Dativ in den persönlichen Bereich.

> Mein Bruder **hat mir** noch immer nicht **geantwortet.**
> Wie **kann** ich **Ihnen danken?**
> Das Geschäft **gehört meinem Schwager.**

Eine Liste der gebräuchlichsten Verben, die immer mit einem Dativobjekt verbunden sind, finden Sie im Anhang auf Seite 288. Beachten Sie auch die Rolle des Dativobjekts in vielen stehenden Redensarten:

> Es **geht ihr** schlecht.
> Das **gefällt mir** gut.
> Der Wein **bekommt dem Kranken nicht.**
> Er **handelt seinen Interessen zuwider.**
> Das **kommt mir** komisch **vor.**
> Ist **Ihnen** etwas **abhanden gekommen?**
> Die Sache **geht mir nach.** (*Thomas Mann*)
> Es **fällt mir ein,** daß . . .

2. VERBEN MIT EINEM DATIV- UND AKKUSATIVOBJEKT

Neben den Verben, die ein Dativobjekt als einzige Ergänzung fordern, gibt es viele, die außer dem Dativobjekt auch noch ein Akkusativobjekt haben müssen.

> Ich **schicke meinem Freund einen Brief.**
> Sie **schenkt ihrer Mutter Blumen.**

Dazu gehören vor allem:

a. Die Verben des Gebens und Nehmens

> Die junge Dame **gab (reichte, brachte, bot, opferte, schenkte, sandte, verschaffte . . .) dem Kellner das Geld.**
> Wenn es gelänge, **ihm den Posten zu verschaffen!**
> Das allein **vermag mir den Mut zu geben, Ihnen diesen Blumenstrauß** meiner zartesten Gefühle, meiner reellsten Gesinnungen **zu Füßen zu legen.** (*Wilhelm Raabe*)

b. Die Verben der Mitteilung und des Verschweigens

> **Ihrem glühenden Verehrer erwiderte (befahl, berichtete, gestattete, meldete, offenbarte, sagte, zeigte . . .) sie nichts.**

Nachstehend finden Sie eine Liste der gebräuchlichsten Verben des Gebens und Nehmens und der Mitteilung und des Verschweigens, d.h. der Verben, die außer dem Dativobjekt ein Akkusativobjekt nach sich ziehen.

(1) Die Verben des Gebens und Nehmens

abnehmen	gewähren	senden
anbieten	gönnen	stehlen
antun	lassen	überlassen
aufdrängen	leihen	übergeben
aufzwingen	leisten	versagen
bereiten	liefern	verschaffen
bescheren	nehmen, opfern	verweigern
bieten	rauben	weihen
bringen	reichen	widmen
entreißen	schenken	zuwenden
entziehen	schicken	zufügen
geben	schulden	zuwerfen

(2) *Die Verben der Mitteilung und des Verschweigens*

befehlen	schreiben
berichten	untersagen
bewilligen	verbieten
bezeichnen	verheimlichen
empfehlen	verkünden
erlauben	versprechen
erwidern	verzeihen
gestatten	vorlesen
klagen	vorrechnen
melden	vortragen
mitteilen	vorwerfen
offenbaren	zeigen
raten	zumuten
sagen	zurufen

BEACHTE: Im Gegensatz zum Akkusativobjekt bleibt das Dativobjekt im Passiv unverändert:

Er zeigt **ihr** seinen neuen Wagen.
Sein neuer Wagen wird **ihr** von ihm gezeigt.

Vgl. dazu die Behandlung des Passivs in Kapitel 3 auf Seite 36.

3. VERBEN MIT EINEM PRÄPOSITIONALOBJEKT IM DATIV

Wie Sie wissen, fordern die Präpositionen **aus, außer, bei, gegenüber, mit, nach, seit, von** und **zu** immer den Dativ. Automatisch ziehen auch alle Verben mit diesen Präpositionen den Dativ nach sich. Das Objekt dieser Verben ist deshalb ein Präpositionalobjekt.

Eine Liste der gebräuchlichsten Verben, die ein Präpositionalobjekt fordern, finden Sie im Anhang auf Seite 286.

Er drängte nach einer Einigung. (drängen nach + Dativ)
Bleiben Sie bei diesem Entschluß? (bleiben bei + Dativ)
Dieses Schreiben sieht mehr nach einem Geschäftsbrief als nach einem Liebesbrief aus. (aussehen nach + Dativ)
Mit dem Aufsatz habe ich noch nicht angefangen. (anfangen mit + Dativ)

ÜBUNGEN

a. *Bilden Sie Sätze mit den folgenden Satzelementen.*

> z.b. Es geht/ das Kind/ schlecht.
> **Es geht dem Kind schlecht.**

1. Er wollte/ mein Rat/ nicht folgen.
2. Gefällt/ ihr *(Pl.)*/ das?
3. Der Dieb nähert sich/ sie/ auf leisen Sohlen.
4. Sie hat/ er/ niemals verziehen.
5. Wir konnten/ der alte Mann/ nicht helfen.
6. Morgen werde ich/ meine Eltern/ schreiben.
7. Die Verkäuferin dankte/ der Kunde/ für seine Ehrlichkeit.
8. Diese Villa gehört/ meine Tante.
9. Geben Sie bitte/ der Beamte/ Auskunft.
10. Der Briefträger überreichte/ die Kinder/ die Post.
11. Diese Farbe gefällt/ ich/ gar nicht.
12. Der Bettler nahm/ der Spaziergänger/ das Geldstück aus der Hand.
13. Die junge Dame entnahm/ ihre Handtasche/ ein winziges Döschen.
14. Die Männer widmeten/ die elegante junge Dame/ einige Aufmerksamkeit.
15. Keiner hat/ wir/ das erklärt.
16. Der Angestellte berichtet/ seine Kollegen/ von der Geschäftsverhandlung.
17. Der Kaufmann gibt/ seine Verkäufer/ eine Stunde frei.
18. Der Millionär schenkt/ seine Freundin/ einen Alfa Romeo.
19. Das scheint/ ich/ erwiesen.
20. Ein Lügner/ kann man nicht glauben.

b. *Bilden Sie vollständige Sätze, indem Sie ein beliebiges Dativobjekt ergänzen.*

> z.b. Der Kuchen/ mißraten.
> **Der Kuchen ist den Teilnehmerinnen des Kochkurses völlig mißraten.**

1. Der Vater/ drohen.
2. Mein kleiner Bruder/ beistimmen.
3. Der Musikliebhaber/ lauschen.

4. Die Schauspieler/ zuhören.
5. Der Lastwagen/ sich nähern.
6. Der Briefträger/ begegnen.
7. Der Schneesturm/ schaden.
8. Das kleine Mädchen/ gleichen.
9. Unser Hund/ nachlaufen.
10. Herr Müller/ winken.

c. *Beantworten Sie die folgenden Fragen mit jeweils einem vollständigen Satz.*

> z.b. Wem gehört dieses Haus? eine reiche Frau, meine Nachbarin, ein Fremder.
> **Dieses Haus gehört einer reichen Frau.**
> **Dieses Haus gehört meiner Nachbarin.**
> **Dieses Haus gehört einem Fremden.**

1. Wem sollte man helfen? ein Armer, ein hilfsloses Kind, die alte Frau.
2. Wem kann man vertrauen? ein Freund, seine Mutter, ein treuer Hund.
3. Wem sollte man öfter schreiben? seine Verwandten, seine Freundin, die ehemaligen Klassenkameraden.
4. Wem darf man sich nur vorsichtig nähern? ein bissiger Hund, ein tiefer Abgrund, eine giftige Schlange.
5. Wem gratulieren Sie? ein erfolgreicher Sportler, ein Jubilar, ein Brautpaar.

d. *Schreiben Sie die folgenden Sätze noch einmal, indem Sie die eingeklammerten Wörter in den Dativ setzen.*

> z.b. Fällt (Sie) das Lernen der deutschen Sprache leicht?
> **Fällt Ihnen das Lernen der deutschen Sprache leicht?**

1. Ist (Ihr Mann) das Essen in Mexiko gut bekommen?
2. Es geht (diese Familie) sehr schlecht.
3. (Unsere Mitreisende) ist das gesamte Gepäck abhanden gekommen.
4. Alle Männer widmeten ihre volle Aufmerksamkeit (die elegante junge Dame).
5. Geben Sie ruhig (Ihre Empfindungen) Ausdruck.
6. Macht es (du) etwas aus, bei mir vorbeizukommen?

e. *Bilden Sie aus den folgenden Satzelementen Sätze mit einem Dativ-und einem Akkusativobjekt.*

z.b. Die junge Dame gab/ der Ober/ das Geld.
Die junge Dame gab dem Ober das Geld.

1. Der junge Mann schickte/ seine Freundin/ ein Blumenstrauß.
2. Nach dem Vortrag reichte der Vorsitzende/ der Redner/ die Hand.
3. Können Sie/ ich/ dieser Satz/ erklären?
4. Willst du/ deine Tante/ ein Geschenk/ mitbringen?
5. Das Kaufhaus hat/ seine Kunden/ einige Gratisproben/ gesandt.
6. Der Zeuge beschrieb/ der Richter/ der Unfall.

f. *Die folgenden Sätze sind ohne ein Dativobjekt unvollständig. Ergänzen Sie das in Klammern angedeutete Dativobjekt.*

z.b. Er wirft (du) den Ball zu.
Er wirft dir den Ball zu.

1. Immer wenn er etwas getrunken hat, kommt (er) alles schöner vor.
2. Die Schriftstellerin zeigt in diesem Buch, was (sie) besonders wichtig ist.
3. Der General stieß (den Verräter) sein Schwert in die Rippen.
4. (Der Jugendliche) wurde nur ein leichtes Vergehen zur Last gelegt.
5. Können Sie (ich) bitte einen großen Gefallen tun?
6. Es ist oft sehr schwierig, (manche Menschen) ihr Unrecht klarzumachen.
7. Es ist (der Gärtner) nicht gelungen, an dieser schattigen Stelle Sonnenblumen zu züchten.
8. Weil (ich) kalt war, legte mein Freund (ich) seinen Mantel um die Schultern.

g. *Bilden Sie Sätze aus den folgenden Satzelememenen. Beachten Sie dabei die in Klammern angegebene Zeit.*

z.b. Der junge Dichter/ abschreiben von/ sein älterer Kollege. *(Perfekt)*
Der junge Dichter hat von seinem älteren Kollegen abgeschrieben.

1. Der Student/ fragen nach/ der Professor. *(Präsens)*
2. Die Kundin/ verlangen nach/ das neuerschienene Buch. *(Imperfekt)*

3. Die Arbeiter/ beginnen mit/ der Bau des Staudamms. *(Futur I)*
4. Die Familie/ sich erholen von/ der anstrengende Besuch. *(Präsens)*
5. Die Untertertia/ mitwirken bei/ die Aufführung des Wilhelm Tell. *(Perfekt)*
6. Der Künstler/ suchen nach/ gute neue Ideen. *(Plusquamperfekt)*
7. Der König/ trinken aus/ der goldene Becher. *(Imperfekt)*
8. Das schüchterne Mädchen/ zögern mit/ ihre Antwort. *(Präsens)*
9. Die Nachbarin/ aufhören mit/ nicht/ ihr Gerede. *(Imp.)*
10. Der Diktator/ gelangen zu/ große Macht. *(Plusquamperfekt)*

B. Briefformen

1. DER PERSÖNLICHE BRIEF

a. Die Anrede

Thomas Mann richtet sich in dem Brief an Agnes E. Meyer, eine ihm gut bekannte Dame. Er redet sie mit **Liebe Freundin** an. Wie Sie aus dem Brief entnehmen, wird diese Dame mit **Sie** angesprochen. Schreibt man in der Briefanrede den Vornamen, also z.B. **Liebe Agnes** oder **Lieber Thomas,** so ist es wahrscheinlich, daß es sich um eine vertrautere Freundschaft handelt. In dem Falle würde ein Brief in den meisten Fällen in der **Du-Form** geschrieben. Schreibt man einem Herrn oder einer Dame, mit denen man nicht näher befreundet ist, so hat man mehrere Möglichkeiten der Anrede:

(1) **Sehr geehrter Herr Müller!** bzw.
 Sehr geehrte Frau Müller!

Das ist eine neutrale Anrede, mit der man nichts falsch machen kann. Es ist die Standardanrede für Personen, die man nur flüchtig oder gar nicht persönlich kennt.

(2) **Lieber Herr Müller!** bzw.
 Liebe Frau Müller!

Diese Anrede setzt voraus, daß man den Empfänger des Briefes persönlich kennt oder daß man einen anderen Grund hat, diese persönlichere Form zu wählen.

(3) **Sehr verehrter Herr Müller!** bzw.
Sehr verehrte Frau Müller!

Diese Anrede werden Sie nur selten brauchen. Man wendet sich damit an hochstehende Persönlichkeiten, die man besonders ehren möchte.

(4) **Ihr Lieben!**

Das ist eine beliebte Anredeform für Familie, Verwandte und gute Freunde. Man kann sie natürlich nur dann gebrauchen, wenn man mehrere zugleich ansprechen will.

b. Der Briefschluß

Es ist durchaus nicht ungewöhnlich, wie in unseren beiden Beispielen, einen Brief nur mit dem Namen oder mit **Ihr** + Namen zu beenden. Meistens jedoch schließt man einen persönlichen Brief mit

(1) **Herzlichst Ihr(e)** . . . oder
(2) **Herzliche Grüße** . . . oder
(3) **Viele Grüße Dein(e)** . . .

Je persönlicher ein Brief ist, desto mehr können Sie Ihrer Phantasie freien Lauf lassen. In einem Liebesbrief haben Sie unendliche Variationsmöglichkeiten, Ihre bzw. Ihren Angebeteten anzureden. (Vgl. den Brief von Wilhelm Raabe) Auch der Briefschluß bleibt in einem Liebesbrief ganz der individuellen Phantasie überlassen.

2. DER GESCHÄFTSBRIEF

Da ein Geschäftsbrief sehr oft an einen Empfänger gerichtet ist, den man persönlich nicht kennt, so ist die Anrede auch kühler gehalten als im persönlichen Brief. Schreibt man an einen Herrn, so hieße es gewöhnlich:

Sehr geehrter Herr . . . **(Name)!**

(Die englische Form: *Dear Sir* = **lieber Herr** wäre hier auf deutsch unmöglich!) Wendet man sich an mehrere Herren, so heißt es **Sehr geehrte Herren!** Handelt es sich um eine Bestellung oder ähnliches, so kann man die Anrede auch ganz weglassen. Der Briefschluß eines Geschäftsbriefs heißt entweder **Hochachtungsvoll** oder weniger formell: **Mit freundlichen Grüßen.** Vergleichen Sie dazu den folgenden Geschäftsbrief.

Lawrence Bergen
330 East 33 Street
New York City, N.Y.
U.S.A.

An das
Rektorat der Universität Freiburg
78 <u>Freiburg i. Br.</u>
Bertoldstraße 7-12

13. Mai 1969

Betrifft: Zulassung zum Studium der Germanistik an der
           Albert-Ludwigs-Universität in Freiburg

Sehr geehrte Herren!

Im Wintersemester 1970/71 möchte ich gerne an der Universität Freiburg Germanistik studieren.

Ich bin Amerikaner und 21 Jahre alt. Nach Besuch der
High School in Huntington/L.I. studiere ich seit vier
Jahren an der New York State University in Stony Brook
Germanistik und Kunstgeschichte. Im Juni 1969 werde ich
mein Studium an der hiesigen Universität mit dem Bachelor of Art abschließen (Hauptfach Germanistik, Nebenfach Kunstgeschichte). Zur Erweiterung meiner Kenntnisse
der deutschen Sprache und deutschen Literatur und als
Vorbereitung für meinen Ph.D. in Germanistik möchte ich
gerne einige Semester an der Universität Freiburg studieren.

ZEHNTES KAPITEL

Würden Sie bitte so freundlich sein mir mitzuteilen, welche Formalitäten ich zu erfüllen habe, um mich an der Albert-Ludwigs-Universität für das Fach Germanistik einschreiben zu können. Beiliegend übersende ich Ihnen meinen Lebenslauf und Kopien meiner Zeugnisse.

Für eine baldige Antwort wäre ich Ihnen sehr dankbar.

Mit freundlichen Grüßen

Lawrence Bergen

Anlagen:
1 Lebenslauf
2 Zeugniskopien

II. KONVERSATIONSTHEMEN

A. Der Brief von Thomas Mann

1. Thomas Mann stellt in seinem Brief fest, daß das englische Wort *schedule* mit dem deutschen Wort **Zettel** verwandt ist. Wie Sie wissen, gibt es eine große Anzahl von Wörtern, deren Verwandtschaft mit dem Englischen ganz deutlich ist.

a. In den folgenden Wörtern ist das anlautende *p* im Deutschen immer zu **pf** verwandelt, das inlautende *p* zu **f.**

pepper	Pfeffer
pan	Pfanne
pipe	Pfeife
penny	Pfennig
plant	Pflanze
plough	Pflug
usw.	

Fallen Ihnen noch mehr Beispiele zu dieser Regel ein?

b. Von den folgenden Wörtern können Sie ein anderes Sprachgesetz ableiten, nämlich die Verwandlung von englisch *t* zu deutsch **z.**

tin	Zinn
ten	zehn
twenty	zwanzig
tame	zahm
to	zu
tongue	Zunge

Suchen Sie mehr Beispiele!

Wissen Sie abgesehen von den Wörtern, die in die beiden obigen Kategorien fallen, noch weitere englische Wörter, deren Verwandtschaft mit der deutschen Sprache offensichtlich ist?

2. Was versteht man unter einem **circulus vitiosus?** Wie begründet Thomas Mann, daß es in seinem Josephsroman zu einem **circulus vitiosus** kam? Können Sie ein typisches Beispiel für einen **circulus vitiosus** nennen?

3. Was sagt Thomas Mann über die Körper-Chemie? Hat er recht, wenn er sagt, daß man mit der Veränderung der Drüsenfunktion eines Menschen seine ganze Persönlichkeit umändern kann? Was ist vom medizinischen Standpunkt dazu zu sagen? Warum findet er das beschämend und empörend?

4. Woher kommt das Wort **Chemie?** Versuchen Sie festzustellen, ob Thomas Mann mit seiner Ethymologie zum Wort **Chemie** recht hat. Stellen Sie die Ethymologie folgender deutscher Wörter fest:

die Apfelsine	die Hochzeit
der Kuchen	das Marzipan
der Käse	der Tisch
der Bräutigam	der Dackel

5. Warum lebt die Familie Thomas Manns in der Zeit, aus der der Brief stammt, in den Vereinigten Staaten? (Beachten Sie das Datum am Briefkopf!) Wen meint Thomas Mann mit **Vive l'empereur?**

B. Der Brief von Wilhelm Raabe

1. Um was für einen Brief handelt es sich hier? Finden Sie den Stil, in dem der Brief geschrieben ist, passend für das, was er aussagen will?

2. Was sagt dieser Stil über den Briefschreiber aus? Wie stellen Sie sich ihn vor?

3. Was ist der Beruf des Herrn Schollenberger? Wo arbeitet er? Ist er sehr glücklich in seinem Beruf? Woran können Sie erkennen, daß dieser Brief nicht im 20. Jahrhundert geschrieben ist?

4. Welche neuerwachten Talente entdeckt Herr Schollenberger in sich? Wie äußert sich seine Verliebtheit während seiner Arbeit?

5. Was will er tun, wenn das von ihm angebetete Fräulein Klara ihn nicht erhört? Glauben Sie, daß er wirklich Selbsmord begehen würde? Wie würden Sie eine solche Androhung beurteilen?

6. Was verspricht Herr Schollenberger zu tun, wenn Fräulein Klara seinen Antrag genehmigt?

7. Was meinen Sie zu der Anrede: Hochverehrtestes Fräulein, unvergleichliches Wesen!?

III. AUFSATZTHEMEN

Der persönliche Brief

1. Schreiben Sie einen deutschen Brief an einen Ihnen nur flüchtig bekannten Herrn oder an eine Dame und verwenden Sie die Anrede:

   Sehr geehrter Herr ... (Name) oder
   Sehr geehrte Frau ... (Name) bzw.
   Sehr geehrtes Fräulein ... (Name)

   Schließen Sie den Brief mit: **Herzlichst Ihr. . . .**

2. Schreiben Sie einen deutschen Brief an Ihre Großmutter (= **Oma**) oder an Ihren Großvater (= **Opa**). In der Anrede können Sie entweder **Liebe Großmutter** oder **Liebe Oma** bzw. **Lieber Großvater** oder **Lieber Opa** sagen. Beenden Sie den Brief mit **Herzliche Grüße Dein . . .**

3. Schreiben Sie einen Brief an Ihre Eltern und Geschwister. Verwenden Sie die Anrede **Ihr Lieben** und beenden Sie Ihren Brief mit **Euer. . . .**

4. Schreiben Sie einen deutschen Liebesbrief und denken Sie sich eine ganz einmalige Anrede und einen besonders schönen Briefschluß aus!

5. Schreiben Sie Ihrer Freundin (bzw. Ihrem Freund) einen deutschen Brief und erzählen Sie ihr (bzw. ihm) darin über den letzten Film, den Sie gesehen haben.

6. Schreiben Sie einen deutschen Brief, in dem Sie einem Ihrer Verwandten zum Geburtstag gratulieren.

7. Nehmen Sie an, eine Ihrer Tanten sei krank gewesen. Schreiben sie ihr einen deutschen Brief, in dem Sie sich nach Ihrer Gesundheit erkundigen.

Der Geschäftsbrief

8. Schreiben Sie einen deutschen Brief an die Universität in Wien und erkundigen Sie sich darin, ob Sie Ihr Junior-Year dort absolvieren können. (Vergleichen Sie dazu den Brief an die Universität Freiburg auf Seite 168.)

9. Schreiben Sie einen deutschen Brief an die Vermittlungsstelle für ausländische Studenten der Universität Heidelberg. Beantragen Sie darin ein Zimmer in einem Studentenheim. Geben Sie den genauen Zeitpunkt an, wann Sie das Zimmer haben möchten und schreiben Sie auch, wieviel Sie für die Miete des Zimmers höchstens ausgeben möchten.

10. Schreiben Sie an ein deutsches Reisebüro und fordern Sie Prospekte für eine Dampferfahrt auf dem Rhein an.

11. Schreiben Sie an die Versandstelle der deutschen Wochenzeitung »Die Zeit« und bitten Sie um Verlängerung Ihres Abonnements.

aus: STILLER

Max Frisch

Im Sommer ist Neuyork ja unerträglich, keine Frage, und wer es irgendwie kann, fährt hinaus, sobald er frei ist. Hunderttausend von Wagen rollen am Sonntag beispielsweise über die Washington Bridge hinaus, drei nebeneinander, eine Armee von Städtern, die dringend die Natur suchen. Dabei ist die Natur zu beiden Seiten schon lange da; Seen ziehen vorbei, Wälder mit grünem Unterholz, Wälder, die nicht gekämmt sind, sondern wuchern, und dann wieder offene Felder ohne ein einziges Haus, eine Augenweide, ja, es ist genau das Paradies; nur eben: man fährt vorbei. In diesem fließenden Band von glitzernden Wagen, die alle das verordnete Tempo von vierzig oder sechzig Meilen halten, kann man ja nicht einfach stoppen, um an einem Fichtenzapfen zu riechen. Nur wer eine Panne hat, darf in den seitlichen Rasen ausrollen, muß, um das fließende Band nicht heillos zu stören, und wer etwa ausrollt, ohne daß er eine Panne hat, der hat eine Buße. Also weiterfahren, nichts als weiterfahren! Die Straßen sind vollendet, versteht sich, in gelassenen Schleifen ziehen sie durch das weite und sanfte Hügelland voll grüner Einsamkeit, ach, man müßte bloß aus dem Wagen steigen können, und es wäre so, wie es Jean Jacques Rousseau sich nicht natürlicher erträumen könnte. Gewiß gibt es Ausfahrten, mit Scharfsinn ersonnen, damit man ohne Todesgefahr, ohne Kreuzung, ohne Huperei abzweigen und über eine Arabeske großzügiger Schleifen ausmünden kann in eine Nebenstraße; die führt zu einer Siedlung, zu einer Industrie, zu einem Flughafen. Wir wollen aber in die schlichte Natur. Also zurück in das fließende Band! Nach zwei oder drei Stunden werde ich nervös. Da alle fahren, Wagen neben Wagen, ist jedoch anzunehmen, daß es Ziele gibt, die diese Fahrerei irgendwann einmal belohnen. Wie gesagt: immerfort ist die Natur zum Greifen nahe, aber nicht zu greifen, nicht zu betreten; sie gleitet vorüber wie ein Farbfilm mit Wald und See und Schilf. Neben uns rollt ein Nash mit quakendem Lautsprecher: Reportage über Baseball. Wir versuchen vorzufahren, um den Nachbar zu wechseln, und endlich gelingt es auch; jetzt haben wir einen Ford an der Seite und hören die Siebente von Beethoven, was wir im Augenblick auch nicht suchen, sondern ich möchte jetzt einfach wissen, wohin diese ganze Rollerei eigentlich führt. Ist es denkbar, daß sie den ganzen Sonntag so rollen? Es ist denkbar. Nach etwa drei Stunden, bloß um einmal aussteigen zu können, fahren wir in ein sogenanntes Picnic-Camp. Man zahlt einen bescheidenen Eintritt in die Natur, die aus einem idyllischen See besteht, aus einer großen Wiese, wo sie Baseball spielen, aus einem Wald voll herrlicher Bäume, im übrigen ist es ein glitzernder Wagenpark mit Hängematten dazwischen, mit Eßtischlein, Lautsprecher und Feuerstellen, die fix und fertig und im Eintritt inbegriffen sind. In einem Wagen sehe ich eine junge Dame, die ein Magazin liest: How to enjoy life; übrigens nicht die einzige, die lieber im bequemen Wagen bleibt. Das Camp ist sehr groß; mit der Zeit finden wir einen etwas steileren Hang, wo es keine Wagen gibt, aber auch keine Leute; denn wo sein Wagen nicht hinkommt, hat der Mensch nichts verloren. Allenthalben erweist sich der kleine Eintritt als gerechtfertigt: Papierkörbe stehen im Wald, Brunnen mit Trinkwasser, Schaukeln für Kinder; die Nurse ist inbegriffen. Ein Haus mit Coca-Cola und mit Aborten, als romantisches Blockhaus erstellt, entspricht einem allgemeinen Bedürfnis. Eine Station für erste ärztliche Hilfe, falls jemand sich in den Finger schneidet, und Telefon, um jederzeit mit der Stadt verbunden zu bleiben, und eine vorbildliche

Tankstelle, alles ist da, alles in einer echten und sonst unberührten
Natur, in einer Weite unbetretenen Landes. Wir haben versucht,
dieses Land zu betreten; es ist möglich, aber nicht leicht, da es
einfach keine Pfade für Fußgänger gibt, und es braucht schon
einiges Glück, einmal eine schmale Nebenstraße zu finden, wo
man den Wagen schlechterdings an den Rand stellen kann. Ein
Liebespaar, umschlungen im Anblick eines Wassers mit wilden
Seerosen, sitzt nicht am Ufer, sondern im Wagen, wie es üblich
ist; ihr Lautsprecher spielt so leise, daß wir ihn bald nicht mehr
hören. Kaum stapft man einige Schritte, steht man in Urwaldstille,
von Schmetterlingen umflattert, und es ist durchaus möglich, daß
man der erste Mensch auf dieser Stelle ist; das Ufer rings um den
See hat keinen einzigen Steg, keine Hütte, keine Spur von
Menschenwerk, über Kilometer hin einen einzigen Fischer. Kaum
hat er uns erblickt, kommt er, plaudert und setzt sich sofort neben
uns, um weiterzufischen, um ja nicht allein zu sein. Gegen vier
Uhr nachmittags fängt es wieder an das gleiche Rollen wie am
Morgen, nur in der anderen Richtung und sehr viel langsamer;
Neuyork sammelt seine Millionen, Stockungen sind nicht zu
vermeiden. Es ist heiß, man wartet und schwitzt, wartet und
versucht, sich um eine Wagenlänge vorzuzwängeln; dann geht
es wieder, Schrittfahren, dann wieder offene Fahrt, dann wieder
Stockung. Man sieht eine Schlange von vierhundert und fünfhundert Wagen, die in der Hitze glitzern, und Helikopter kreisen
über der Gegend, lassen sich über den stockenden Kolonnen
herunter, um durch Lautsprecher zu melden, welche Straßen
weniger verstopft sind. So geht es drei oder vier oder fünf
Stunden, bis wir wieder in Neuyork sind, versteht sich, einiger-
maßen erledigt, froh um die Dusche, auch wenn sie nicht viel
nützt, und froh um ein frisches Hemd, froh um ein kühles Kino;
noch um Mitternacht ist es, als ginge man in einer Backstube, und
der Ozean hängt seine Feuchte über die flirrende Stadt. An Schlaf
bei offenem Fenster ist nicht zu denken. Das Rollen der Wagen
mit ihren leise winselnden Reifen hört überhaupt nicht auf, bis
man ein Schlafpulver nimmt. Es rollt Tag und Nacht . . .

ELFTES KAPITEL

I. ANMERKUNGEN

A. Adverbien

Es gibt drei Arten von Adverbien:
die Adverbien der Zeit, d.h. Adverbien, die auf die Fragen **wann?**
wie lange? wie oft? antworten:

> **gestern, heute, soeben, stets, immer, manchmal, nie** usw.;

die Adverbien der Art und Weise, d.h. Adverbien, die auf die
Frage nach **der Qualität, der Beschaffenheit,** nach **dem Maß,
der Menge** und auf die Frage **wie geschieht etwas?** Antwort
geben:

> **bestens, etwas, meistenteils, genug, zweitens, gern, schnell-
> stens, kurzerhand, glücklicherweise,** usw.;

die Adverbien des Ortes, d.h. Adverbien, die die Fragen **wo?
woher? wohin?** beantworten:

> **hier, dort, aufwärts, hinunter, von da unten,** usw.

1. DIE STELLUNG DES ADVERBS IM SATZ

a. Im deutschen Hauptsatz ist das Verb das zweite Element im
Satz. Das Subjekt ist gewöhnlich das erste Element. Das Adverb
steht nach diesen beiden Elementen, aber vor den substantivischen
Objekten:

> Ich sah **gestern abend** einen lustigen Film.
> Er hat **schon vor langer Zeit** einen ausführlichen Bericht darüber
> verfaßt.

Kommen in dem Satz Personalpronomen vor, so stehen diese
immer nach den beiden ersten Elementen (dem Subjekt und dem
Verb), aber vor den Adverbien.

> Ich sagte **es ihm gestern abend beiläufig auf der Party.**
> Man kann **es ihr** nicht **schonend genug** beibringen.

Personalpronomen mit Präpositionen stehen meist hinter den
Adverbien.

> Unsere Firma hatte **oft geschäftlich mit ihnen** zu tun.

Die oben angegebenen Regeln in bezug auf die Stellung der
Adverbien und Objekte sind nur Faustregeln, d.h. man kann sich

nach ihnen richten, ohne daß sie deswegen immer und unumstößlich angewendet werden. Besonders bei langen, zusammengesetzten Adverbien kommt es oft vor, daß diese ihre Stellung in
bezug auf die Objekte ändern.

> Man sagt es ihm **immer und immer wieder** und doch hört er
> nicht.
> Man spricht **immer wieder** mit ihm über den Vorfall.
> Wir unterhalten **seit Jahren** mit seiner Familie einen ausführlichen
> Briefwechsel.
> Wir sprachen mit ihm **vor einem Jahr zum letzten Mal** über
> dieses Problem.
> Wir sprachen **vor einem Jahr zum letzten Mal** mit ihm über
> dieses Problem.

Falls in einem Satz mehrere Adverbien vorkommen, muß eine
strikte Reihenfolge eingehalten werden, und zwar: Adverbien der
Zeit — der Art und Weise — des Ortes.

> Er traf **gestern müde hier** ein.

Manche Ortsadverbien sind im Grunde genommen Substantiva
mit vorausgehenden Präpositionen, z.B. **in der Schule, auf dem
Land,** usw. Auch in diesem Falle gilt die oben angegebene
Reihenfolge.

> Er fuhr **heute morgen mit dem Auto an die See.**
> Sie stürzt **morgens immer übereilt aus dem Bett.**
> Sie macht sich **in aller Frühe zu Fuß auf den Weg in die Stadt.**

Soll ein Adverb besonders stark betont werden, so kann es am
Anfang des Hauptsatzes stehen, d.h. es übernimmt die Stellung
des Subjekts. Das Subjekt wird dann an die Stelle des dritten
Satzelementes verwiesen. Die restlichen Adverbien behalten ihre
ursprüngliche Stellung bei.

> Er konnte **gestern leider** nicht an der Vorstellung teilnehmen.
> **Gestern** konnte er **leider** nicht an der Vorstellung teilnehmen.
> **Leider** konnte er **gestern** nicht an der Vorstellung teilnehmen.
> Man kann **in diesem Geschäft manchmal** hübsche Geschenke
> finden.

In diesem Geschäft kann man manchmal hübsche Geschenke finden.

Manchmal kann man in diesem Geschäft hübsche Geschenke finden.

b. Ein Nebensatz kann nie von einem Adverb eingeleitet werden. Die Adverbien stehen in diesen Sätzen hinter den Konjunktionen oder Relativpronomen, die den Nebensatz einleiten, und hinter dem Subjekt oder den Personalpronomen, aber vor den Objekten und vor den verschiedenen Verbformen des Nebensatzes.

Als ich **gestern abend nach Hause** kam, wartete ein Brief auf mich.

Das Haus, das er **schon so lange** kaufen wollte, ging nun an einen anderen Besitzer über.

Ich weiß, daß er **manchmal** lügt.

Wenn du es ihm **auch noch so oft** erklärst, vergißt er es **doch immer wieder.**

Er hat das Buch, das er **gestern endlich** seinem Freund bringen wollte, **im Omnibus** liegen lassen.

2. WENN UND ALS IN VERBINDUNG MIT ZEITADVERBIEN

Falls der Nebensatz das erste Satzglied ist und mit **wenn** oder **als** eingeleitet wird, kann das Zeitadverb (es muß aber nicht) dem Nebensatz vorangestellt werden. Es ist dann durch ein Komma vom Rest des Satzes abgetrennt. Diese Konstruktion ist im Englischen sehr gebräuchlich, stellt aber im Deutschen eine Ausnahme dar, die nur im Nebensatz möglich ist.

Gestern sah ich ihn.

Als ich ihn **gestern** sah, war es schon sehr spät.

MÖGLICH: **Gestern,** als ich ihn sah, war es schon sehr spät.

Als ich ihn **gestern** sah, wußte er von dem Vorfall noch nichts.

MÖGLICH: **Gestern,** als ich ihn sah, wußte er von dem Vorfall noch nichts.

Wenn er **morgens** ins Büro geht, schläft er noch halb.

MÖGLICH: **Morgens,** wenn er ins Büro geht, schläft er noch halb.

ÜBUNGEN

a. *Schreiben Sie je einen Hauptsatz, in dem die nachfolgenden Zeitadverbien das dritte Satzglied darstellen. Verwenden Sie dabei die angegebenen Sätze.*

Zeitadverbien: gestern, heute, stets, immer, oft, manchmal, mehrmals, nachts, öfters

> z.b. Das Wetter ist in New York unerträglich.
> **Das Wetter ist manchmal in New York unerträglich.**

1. Hunderttausende von Wagen rollen über die Washington Bridge.
2. Ich werde nach zwei oder drei Stunden nervös.
3. Wir fahren in ein sogenanntes Picknick-Camp.*
4. Ich sehe in einem Wagen eine junge Dame.
5. Wir haben versucht, dieses Land zu betreten.
6. Es braucht schon einiges Glück, einmal eine schmale Nebenstraße zu finden.
7. Das Liebespaar sitzt im Wagen.
8. New York sammelt seine Millionen.
9. Man sieht eine Schlange von vierhundert oder fünfhundert Wagen.
10. Helikopter kreisen über der Gegend.
11. Das Rollen der Wagen mit ihren leise winselnden Reifen hört überhaupt nicht auf.
12. An Schlaf bei offenem Fenster ist nicht zu denken.

b. *Schreiben Sie dieselben Sätze nun so um, daß das Zeitadverb das erste Satzelement darstellt. Beachten Sie dabei die veränderte Wortstellung.*

> z.b. **Manchmal ist das Wetter in New York unerträglich.**

c. *Fügen Sie in die nachstehenden Hauptsätze die beigefügten Adverbien der Art und Weise sinngemäß ein:*

1. Ich kenne mich in New York aus. *bestens*
2. Man darf hier nicht aussteigen. *kurzerhand*
3. Die Straßen sind vollendet. *meistenteils*
4. Wir möchten in die schlichte Natur. *gerne*

---

* englische Rechtschreibung: *picnic*, deutsche Rechtschreibung: **Picknick.**

5. Ein Lautsprecher quakt neben uns. *leider*
6. Wir versuchen vorbeizufahren. *schnellstens*
7. Wir fahren in ein Picknick-Camp. *kurzerhand*
8. Der Eintrittspreis erweist sich als gerechtfertigt. *meistenteils*
9. Wir haben versucht, dieses Land zu betreten. *zweimal*
10. Man stellt den Wagen an den Straßenrand. *einfach*

d. *Fügen Sie in die nachstehenden Hauptsätze die beigefügten Adverbien sinngemäß und in der richtigen Reihenfolge ein. Beachten Sie dabei, daß Sie mehrere Möglichkeiten haben.*

z.b. Es ist unerträglich. in New York/ im Sommer
Es ist im Sommer in New York unerträglich.
Im Sommer ist es in New York unerträglich.
In New York ist es im Sommer unerträglich.

1. Hunderttausende von Wagen rollen nach New Jersey. jeden Abend/ über die Washington Bridge
2. Die Natur ist da. schon lange/ zu beiden Seiten
3. Ich hatte eine Autopanne. heute morgen/ an dieser Ecke/ leider
4. Es gibt Abzweigungen. stets/ genug
5. Nebenstraßen führen zu einer Siedlung. meistenteils/ überall
6. Wir möchten ausruhen. hier/ gerne/ oft
7. Helikopter kreisen über der Gegend. dort/ beständig
8. Ein kühles Kino ist angenehm. in heißen Städten/ nachts

e. *Bilden Sie aus folgenden Satzpaaren je einen Haupt- und einen Nebensatz und verwenden Sie das angegebene Adverb im Nebensatz.*

z.b. Sie kam nach Hause/ eine Freundin wartete abends
Als sie abends nach Hause kam, wartete eine Freundin.
Abends, als sie nach Hause kam, wartete eine Freundin.

1. Ich kenne sie sehr gut. wir sind befreundet/ seit vielen Jahren
2. Ich weiß es. er sagt nicht die Wahrheit/ oft
3. Handelt der Beamte immer richtig? er erfüllt seine Pflicht/ vorzüglich
4. Er kommt betrunken nach Hause. er macht viel Lärm/ nachts

5. Ich telefoniere mit ihm. er erzählt mir die traurige Geschichte/ soeben
6. Mein Vater wartet ungeduldig. er ist pünktlich/ immer
7. Der Auslandskorrespondent schrieb einen revolutionären Artikel. sein Wagemut ist bekannt/ seit jeher
8. Das Wetter ist schön. ich führe meinen Hund spazieren/ gern und lange
9. Er kaufte das Buch. das Buch lag in der Auslage/ gestern
10. Die Antwort war unpassend. er schickte sie/ hierher/ gestern

B. Adverbiale Zeitangaben

Zeitangaben, die in einem bestimmten Fall stehen und oftmals mit einer Präposition verbunden sind, bereiten englischsprechenden Studenten im Deutschen oft Schwierigkeiten. Es gelten für diese Zeitangaben dieselben Regeln wie für alle Zeitadverbien.

1. ZEITANGABEN IM AKKUSATIV

a. Die gebräuchlichsten Zeitangaben im Akkusativ sind:

vorige Woche, nächsten Monat, nächstes Jahr, vergangene Woche, nächste Woche, übernächste Woche, kommende Woche, usw.

Ich werde **nächste Woche** ins Theater gehen.
Er reiste **vergangenes Jahr** durch ganz Europa.

b. Will man eine bestimmte Zeitdauer ausdrücken, z.B. eine Zeitspanne von x Tagen, so verwendet man im Englischen meist die Präposition *for. (I have known him for two years.)* Im Deutschen gebraucht man den reinen Akkusativ ohne jegliche Präposition. Man kann jedoch noch nach dem Zeitausdruck **lang** anfügen.

Er war **drei Jahre (lang)** auf Reisen.
Ich habe sie **viele Jahre (lang)** nicht gesehen.
Er war **zwei Wochen (lang)** auf dem Land.

c. Zeitangaben im Akkusativ mit vorhergehender Präposition für

Ist die Zeitspanne, in der man etwas tut, mit der adverbialen Präposition **nach** verbunden, so verwendet man auch im Deutschen die Präposition **für** bei der Zeitangabe.

> **für** (mit Zeitangabe) plus **nach** (mit Ortsangabe)
> Er geht **für eine halbe Stunde** nach Hause.
> Meine Schwester fliegt **für den Sommer** nach Europa.
> Er geht **für drei Jahre** nach Köln.
> ABER: Er geht **drei Jahre (lang)** ins Rheinland.

d. Zeitangaben im Akkusativ mit vorhergehender Präposition bis

Die gebräuchlichsten Zeitangaben sind:

> **bis nächste Woche, bis Ende des Jahres, bis Mitte nächsten Monats**, usw.

Bis ohne Präposition, aber mit dem Akkusativ, ist weniger gebräuchlich. Im Gegensatz zu **bis zu,** das dem Englischen *until* entspricht, kann **bis** mit dem Akkusativ als *by* wiedergegeben werden. **Bis** bezeichnet in diesem Zusammenhang einen ziemlich genauen Zeitpunkt.

> Der Plan muß **bis Ende der Woche** ausgearbeitet sein.
> Er muß **bis nächste Woche** einen Ausweg finden.

e. Zeitangaben im Akkusativ mit vorhergehender Präposition gegen

Die gebräuchlichsten Zeitangaben sind:

> **gegen Ende der Woche, gegen Mitte des Monats,**
> **gegen Ende der Frist**, usw.

Gegen wird dann verwendet, wenn der Zeitpunkt, an dem etwas geschah oder geschehen wird, ungenau bestimmt werden soll. Im Englischen entspricht das den Präpositionen *by* oder *toward*.

> **Gegen Ende seines Lebens** sprach er nicht mehr viel.
> **Gegen Ende der Ferien** sollte man sich erholt haben.

a. Zeitangaben im Dativ mit vorhergehender Präposition in

Die gebräuchlichsten Zeitangaben sind:

> **in den kommenden Wochen, im nächsten Jahr, im Laufe der nächsten Tage, im Lauf dieser Wochen, in einem Jahr,** usw.

Zum Teil überschneidet sich der Gebrauch von Zeitangaben im Akkusativ mit dem Gebrauch von Zeitangaben im Dativ mit vorhergehender Präposition **in.** Die Akkusativkonstruktion wird dann bevorzugt, wenn man die Zeitangabe als einen Endpunkt ansieht; **in** mit dem Dativ gebraucht man für eine Zeitangabe innerhalb einer bestimmten Zeitspanne.

> Ich werde **in den nächsten Tagen** alles in Ordnung bringen.
> Ich werde **im Laufe der nächsten Tage** alles in Ordnung bringen.
> Ich fliege **im kommenden Sommer** nach Europa.
> ABER AUCH: Ich fliege **kommenden Sommer** nach Europa.
> BEDEUTUNGSWECHSEL: Ich fliege **für den kommenden Sommer** nach Europa.

b. Zeitangaben im Dativ mit vorhergehender Präposition an

Die gebräuchlichsten Zeitangaben sind:

> **am Abend, am Mittag, am vergangenen Dienstag, am Morgen,** usw.
> ABER: **in der Frühe, in aller Frühe**

An plus Dativ wird hauptsächlich dann verwendet, wenn ein spezifischer Zeitpunkt erwähnt wird, an dem etwas geschah oder geschehen wird.

> Er kommt **am Abend** immer sehr spät nach Hause.
> Ich kann **am kommenden Freitag** leider nicht an der Konferenz teilnehmen.
> Wer hielt **am letzten Mittwoch** den Vortrag?

c. Zeitangaben im Dativ mit vorhergehender Präposition seit

Die gebräuchlichsten Zeitangaben sind:

> seit letztem Jahr, seit dem letzten Beisammensein, seit einer halben Stunde, seit vergangener Woche, seit unserem Urlaub, usw.

Seit plus Dativ wird hauptsächlich dann verwendet, wenn ein spezifischer Zeitpunkt in der Vergangenheit erwähnt wird, seit dem etwas geschieht, d.h. die Handlung wurde in der Vergangenheit begonnen, erstreckt sich aber bis in die Gegenwart. Dieses deutsche **seit** entspricht dem englischen temporalen *since*. Beachten Sie dabei, daß es im Englischen auch ein kausales *since* gibt, das im Deutschen nicht mit **seit** wiedergegeben werden kann.

> Ich weiß erst **seit einer halben** Stunde über den Vorfall Bescheid.
> Er wohnt bereits **seit vergangenem Jahr** in dieser hübschen Villa.
> Wir kennen uns **seit unserer Schulzeit.**
> ABER: Er hilft uns gerne, **da (weil)** er ein guter Freund ist.
> Er hat sich sehr geändert, **seit** wir uns kennen.
> **Seit** er von seiner Reise zurückgekommen ist, hat er noch mit niemandem gesprochen.

Im Gegensatz zum Englischen kann im Deutschen ein Satz mit **seit** auch im Präsens stehen, da die Handlung des **seit**-Satzes bis in die Gegenwart reicht. Im Englischen dagegen wird eine Form des Perfekts verwendet.

Seit und seitdem

Bezieht sich der Zeitausdruck, seit dem etwas geschieht, auf ein Substantiv, dann wird immer **seit** verwendet. Bezieht er sich aber auf einen ganzen Satz, so kann anstelle von **seit** auch **seitdem** stehen. Beachten Sie bitte den Unterschied zwischen **seit dem** (**seit** plus Dativ) und **seitdem.**

> Er wohnt **seit dem ersten Juni** in einer neuen Wohnung.
> **Seitdem** er umgezogen ist, sehen wir ihn nur noch selten.
> **Seit dem Umzug** kommt er nur noch selten in diese Gegend.

d. Zeitangaben im Dativ mit vorhergehender Präposition <u>vor</u>

Die gebräuchlichsten Zeitangaben sind:

> **vor einem Jahr, vor einer Stunde, vor seiner Beförderung, vor einigen Wochen, vor vielen Monaten, vor dem schrecklichen Ereignis,** usw.

Vor bezeichnet einen Punkt in der Vergangenheit, an dem etwas geschehen ist und abgeschlossen wurde. Die Handlung erstreckt sich also nicht in die Gegenwart (wie dies bei **seit** der Fall ist). Der Unterschied zwischen **seit** und **vor** entspricht im Englischen dem Unterschied zwischen *since (ago)* und *ago*. Es muß dabei beachtet werden, daß das Englische hier eine andere Zeitenfolge hat als das Deutsche. **Seit**-Satzteile können im Deutschen im Präsens stehen, **vor**-Satzteile logischerweise nicht.

> Er hat schon **vor vielen Jahren** diese Entwicklung vorausgesagt.
> Ich sah ihn **vor knapp einer Stunde.**
> ABER: Ich sehe ihn **seit unserer letzten Auseinandersetzung** nicht mehr·

Vor und bevor

Vor und **bevor** entsprechen beide dem englischen *before*. In Verbindung mit einem Substantiv wird **vor** verwendet, in Verbindung mit einem ganzen Nebensatz **bevor.**

> Er kommt nie **vor 10 Uhr** ins Büro.
> Er sprach, **bevor** er noch dazu aufgefordert wurde.

e. Zeitangaben im Dativ mit vorhergehender Präposition <u>bis zu</u>

Die gebräuchlichsten Zeitangaben sind:

> **bis zum nächsten Mal, bis zur kommenden Woche, bis zum nächsten Ereignis, bis zur bevorstehenden Entscheidung,** usw.

Bis zu bezeichnet einen Zeitpunkt in der Zukunft, der im Englischen oft mit *until* ausgedrückt wird.

> Er muß **bis zu seinem 65. Lebensjahr** arbeiten.
> Er mußte den Prozeß **bis zum bitteren Ende** durchstehen.

3. PRÄPOSITIONEN BEI DATEN, UHRZEITEN, WOCHENTAGEN,
MONATS- UND JAHRESANGABEN

a. Daten stehen entweder als Subjekt des Satzes im Nominativ
oder als adverbiale Bestimmungen nach der Präposition **an** im
Dativ. Auf Briefköpfen findet sich auch oft der Akkusativ.

> **Der erste April** ist der Tag der Narren.
> **Am ersten April** wird viel gelacht.
> New York, **den ersten April 1965.**

b. An plus Dativ steht auch bei Wochentagen und den allgemeinen Tageseinteilungen.

> **am Morgen, am Abend, am Mittwoch, am kommen-
> den Dienstag, am nächsten Freitag, usw.**
> ABER: **um Mittag** (d.h. ungefähr um die Zeit des Mittagessens;
> dies entspricht am besten dem englischen *around lunch*;
> über Mittag heißt während des Mittagessens und ent-
> spricht dem englischen *during lunchtime*)
> EBENSO: **um Mitternacht**

c. Um steht bei genauen Uhrzeiten oder, im Gegenteil, bei sehr
vagen Uhrzeiten. In diesem Fall wird es meist zu einem **so um . . .**
oder zu einem **um . . . herum** erweitert. Es verlangt den
Akkusativ.

> **Um drei Uhr, um achtzehn Uhr,** usw.
> So (ungefähr) **um vier Uhr, so um halb sieben herum,** usw.
> Wird er pünktlich **um acht Uhr** hier sein?
> **Um die Mittagszeit (herum)** ist sie nie sehr beschäftigt.
> **Um vier Uhr** herum bin ich wieder hier.

d. In verlangt den Dativ und steht immer bei den Monats-
bezeichnungen und den Jahreszeiten.

> **Im Mai, im Juli, im Oktober, im Frühjahr, im Sommer, im
> Herbst, im Winter,** usw.
> Ich fliege **im kommenden Monat** nach Kalifornien.
> Ich war **im vergangenen Herbst** auf Besuch hier.

e. Vor Jahreszahlen steht im Gegensatz zum Englischen nie die Präposition **in,** es sei denn, daß der Jahreszahl der Ausdruck **im Jahre** voransteht.

> Er wurde **1945** geboren.
> Er wurde **im Jahre 1945** geboren.
> **Im Jahre 1901** wurde der Nobelpreis zum ersten Mal verliehen.

ÜBUNGEN

a. *Fügen Sie in die nachstehenden Sätze die auf Englisch angegebenen adverbialen Zeitbestimmungen ein. Beachten Sie dabei die Satzstellung.*

1. Er sprach mit dem Direktor über das Projekt. *(last week; over an hour; over an hour ago)*

2. Er versuchte, dem jungen Mann seinen Fehler zu erklären. *(since last week; since he knew him; last Thursday)*

3. Wir alle freuten uns auf die bevorstehende Reise. *(a year ago; until the end of the week; since a year ago)*

4. Wir alle freuen uns auf die bevorstehende Reise. *(since a long time ago; by the end of the school year; next month)*

5. Es wird schwer sein, einen guten Ersatz für ihn zu finden. *(by the end of the year; before next month; within a short period of time)*

6. Es ist unmöglich, alles genau im voraus zu berechnen. *(until the end of the month; by the end of the year; within a week)*

7. Er benimmt sich, als ob er alles wüßte. *(since this morning; this week; in the evening)*

8. Die Pläne der Verwaltung waren definitiv. *(by the end of last year; since a week ago; many months ago)*

9. Er flog nach dem Fernen Osten. *(for three weeks; three weeks ago; this past weekend)*

10. Leider konnte er die Zusammenhänge nicht mehr erkennen. *(by the end of his life; a week ago; in the evening)*

b. *Beantworten Sie die folgenden Fragen mit einem ganzen Satz und verwenden Sie dabei die in Klammern angegebenen adverbialen Zeitbestimmungen.*

1. Wann frühstücken Sie? *(early in the morning; at 8 o'clock; by 10 o'clock)*

2. Wann machen Sie ein Picknick im Wald? *(on Saturday; on the weekend; in July)*

3. Wann gedenken Sie nach Südamerika zu reisen? *(next year; this summer; in fall)*

4. Wann rechnen Sie damit, daß das Projekt fertiggestellt ist? *(this coming summer; by the end of the year; middle of August)*

5. Wann kann man am besten mit ihm sprechen? *(in the morning; in the evening; at 3 PM)*

6. Wann muß der Aufsatz eingereicht werden? *(by the end of the week; Tuesday; before the end of the term)*

7. Wann wurden Sie in diese Universität aufgenommen? *(in 1968; in the fall of this year; on September 3rd)*

8. Wann können Sie den Plan ausgearbeitet haben? *(in a few weeks; before the end of the month; by the end of the year)*

9. Wann werden Sie uns endlich einmal besuchen? *(this coming Saturday; today at 9 PM; in October)*

10. Wann können die Pakete bei Ihnen abgeholt werden? *(this evening; at noon; Monday 2 PM)*

c. *Beantworten Sie die nachstehenden Fragen mit einem ganzen Satz und beachten Sie dabei die Hinweise in Klammern.*

1. Wann sind Sie geboren? (genaues Datum; nur Jahreszahl)

2. Wann können Sie am besten studieren? (genaue Uhrzeit; allgemeine Tageseinteilung)

3. Wann ist die beste Zeit zum Reisen? (Monatsnamen; Jahreszeiten)

4. Wann war eine große Hungersnot? (genaue Jahreszahl; mehrere Monatsnamen)

5. Wann frühstücken Sie? (genaue Uhrzeit; vage Uhrzeit)

d. *Ergänzen Sie die Sätze mit den richtigen Präpositionen und Fällen und verwenden Sie dabei die in Klammern angegebenen adverbialen Zeitbestimmungen.*

Er kommt *(in the evening)* immer sehr spät nach Hause. *(in the morning)* ist er dann müde und erst *(around lunchtime)* wacht er vollkommen auf. Er ist schon *(since our common school days)* so. Jetzt will er *(for)* drei Monate nach Deutschland fliegen. Ich möchte auch gerne *(for)* einige Wochen lang in der Welt herumreisen, aber ich muß *(until the end of next year)* noch sehr schwer arbeiten. *(a year ago)* hatte sich eine günstige Gelgenheit geboten, aber die habe ich verpaßt. *(since that time)* mache ich neue Pläne. *(before)* ich diese Reise unternehme, will ich mein Studium abgeschlossen haben. *(in the following year)* wird dann alles anders.

e. *Bilden Sie zehn Sätze, in denen adverbiale Zeitbestimmungen ihrer eigenen Wahl vorkommen.*

II. KONVERSATIONSTHEMEN

A. *Sehen Sie sich den Frisch-Text genau an, bevor Sie folgende Fragen beantworten.*

1. Ist New York im Sommer schwer oder leicht zu ertragen?
2. Fährt jedermann ins Freie?
3. Ist die Umgebung von New York dicht besiedelt?
4. Sind die Wälder schwer oder leicht zugänglich?
5. Erschwert Unterholz den Zugang zu den Wäldern?
6. Wie sieht nach Frisch das Paradies aus?
7. Kann jedes Paradies betreten werden?
8. Warum sollte man an einem Fichtenzapfen riechen wollen?
9. Wozu sind die Rasenstreifen zu beiden Seiten der Fahrbahn da?
10. Wann bekommt man auf diesen Straßen eine Buße auferlegt?
11. Wie sieht die Landschaft um New York aus?

12. Warum sagt Frisch, daß die Einsamkeit grün ist?
13. Warum sagt Frisch, es versteht sich, daß die Straßen vollendet sind? Was bringt er damit zum Ausdruck?
14. Ist es wirklich unmöglich, aus dem Wagen auszusteigen?
15. Was hat New Yorks Umgebung mit Jean Jacques Rousseau zu tun?
16. Sind die Ausfahrten von den Autostraßen gut angelegt?
17. Muß man viel hupen?
18. Wie stellen Sie sich eine Arabeske großzügiger Schleifen vor?
19. Gibt es bei diesen Ausfahrten auch Ziele?
20. Wie lange kann man so fahren?
21. Warum wird die Natur mit einem Farbfilm verglichen?
22. Warum versucht Frisch, an dem Nash vorbeizufahren?
23. Ist der Eintritt in das Picknick-Camp teuer?
24. Ist das Picknick-Camp ansprechend oder nicht? (Suchen Sie die Schlüsselwörter für Ihre Meinung.)
25. Warum gibt es keine Leute, wo es keine Wagen gibt?
26. Warum liest die Dame ihr Magazin lieber im Wagen?
27. Warum liest die Dame über how to enjoy life? Heißt das, daß sie sonst nicht wüßte, wie man das Leben genießt?
28. Sollte man im allgemeinen in einem Magazin lesen müssen, wie das Leben zu geniessen ist, oder sollte man es einfach wissen und danach handeln?
29. Ist es möglich, daß die Dame ihr Leben genießt, indem sie im Auto sitzt und liest? Ist diese Art von Vergnügen Frisch verständlich?
30. Ist das Picknick-Camp in einem guten Zustand? (Suchen Sie Schlüsselwörter für Ihre Meinung.)
31. Warum entspricht das Blockhaus allgemeinen Bedürfnissen? (Wissen Sie, was eine Bedürfnisanstalt ist?*)
32. Bleibt die Natur im Picknick-Camp mit der Technik verbunden?
33. Braucht man wirklich immer ärztliche Hilfe, wenn man sich in den Finger schneidet?
34. Ist die Tankstelle gut bestellt?
35. Findet Frisch, daß die technischen Errungenschaften in der Natur fehl am Platze sind?

---

* **Bedürfnisanstalt**: öffentliche Aborte: *public rest rooms*. **Bedürfnisse**: *needs*.

36. Finden Sie, daß die Einrichtungen des Picknick-Camps in die Natur passen? Geben Sie Gründe für Ihre Meinung.
37. Sollte es Fußgängerpfade geben?
38. Wo sollte nach Frischs Meinung das Liebespaar sitzen?
39. Will der Fischer gerne allein sein?
40. Warum dauert die Rückfahrt nach New York so lange?
41. Warum nützt die Dusche nicht viel?
42. Warum ist das Kino kühl?
43. Was bezweckt der Vergleich von New York mit einer Backstube?
44. Wie stellen Sie sich eine flirrende Stadt vor?
45. Warum ist an Schlaf bei offenem Fenster nicht zu denken?
46. Machen die Autos großen Lärm?
47. Wodurch entsteht der Lärm und welche Art von Lärm ist es?
48. Warum braucht der Autor ein Schlafpulver?

B. *Geben Sie Antworten, die Ihrer persönlichen Meinung entsprechen.*

1. Max Frisch beschreibt einen Sommer-Sonntagsausflug in die Umgebung von New York. Stimmen Sie mit seiner Beschreibung überein?
2. Haben Sie ähnliche Erfahrungen gemacht, wenn Sie am Sonntag mit dem Auto über Land gefahren sind?
3. Sind alle amerikanischen Städte in dieser Hinsicht mit New York zu vergleichen?
4. Max Frisch beschreibt diesen amerikanischen Ausflug mit den Augen eines Europäers. Ist aber seine Kritik nur negativ? Welches sind die positiven Eindrücke, die er von Amerika auf diesem Ausflug bekommt? Wovon ist er besonders beeindruckt? (Suchen Sie spezifische Wörter wie: das sanfte Hügelland, großzügige Schleifen, ein idyllischer See, herrliche Bäume, usw., um damit Ihre Meinung zu bekräftigen.)
5. Gibt es in der Erzählung besonders typisch amerikanische Szenen? Wodurch, glauben Sie, zeichnen sie sich aus?
6. Wie stellen Sie sich in verschiedenen Teilen der Vereinigten Staaten einen Sonntagsausflug vor? (Man könnte z.B. reiten, mit dem Boot unterwegs sein, fischen, Wasserski fahren, usw.)

C. *Bei den folgenden Fragen sollten Sie viel Scharfsinn und auch etwas Phantasie walten lassen. Die Fragen beziehen sich auf Eigenheiten, durch die sich verschiedene Länder voneinander unterscheiden.*

1. Aus der positiven sowohl wie aus der negativen Haltung Frischs können Sie sich ableiten, wie verschieden ein Sonntagsausflug in Europa und in den Vereinigten Staaten sein muß. Worin besteht der Unterschied? Wie sollte demnach in Europa die Landschaft aussehen? Wie steht es mit der Zugänglichkeit in die Natur? Gibt es Fußpfade? Gibt es Unterholz und verwucherte Wälder? Gibt es eine unberührte Natur? Glauben Sie, daß es viele öffentlich angelegte Picknickwiesen, Sanitätsstationen und Toiletten gibt? (Als Hinweis: Warum sollte sich Jean Jacques Rousseau schon vor 200 Jahren eine gewisse Art der Natur erträumt haben? Wogegen war sein Traum eine Reaktion?)

2. Versuchen Sie nun, in Analogie zu Frisch, der New York mit den Augen eines Europäers beschreibt, solche Gesten oder Szenen vom amerikanischen Gesichtspunkt aus zu beschreiben, die Ihnen besonders europäisch vorkommen. Können Sie auch Unterschiede zwischen französischem, spanischem, italienischem, englischem oder deutschem Gebaren besprechen?

3. Was zum Beispiel ist die korrekte und typische Haltung der Amerikaner beim Essen? Haben Sie schon einmal beobachtet, wie ein Franzose oder ein Deutscher sich bei Tisch benimmt? Haben die Amerikaner, die Franzosen, die Deutschen, usw. dieselben Tischgetränke? Was wissen Sie in dieser Beziehung über die Japaner oder Chinesen?

4. Hatten Sie schon einmal Gelegenheit zu beobachten, wie man sich in Deutschland begrüßt? (Man gibt sich immer die Hand.) In welchen Ländern küßt man sich zur Begrüßung auf die Wangen? Was tut man in Amerika? Wann und wer küßt sich in Amerika zur Begrüßung auf die Wangen? Welche Charaktereigenschaften und verschiedene Temperamente mögen sich wohl in diesen verschiedenen Begrüßungsarten ausdrücken? Können Sie aus diesen alltäglichen Zeremonien Schlüsse ziehen? Können Sie Erklärungen dafür finden?

5. Als Wochenprojekt könnten Sie eine Szene ausarbeiten, in der zwei Studenten sich auf deutsche Art begrüßen. (Sehen Sie sich dafür auch Kapitel 13 an: Schwedhelm, »Herr Mensch«. Es sollte Ihnen reiche Anregungen bieten.) In einer Situation treffen sich zwei alte Freunde zufällig auf der Straße; in einer anderen Situation begrüßt der Portier die verschiedenen Angestellten. (Für eine Psychologie der Abstufungsgrade beim Begrüßen bietet Ihnen der 1. Teil des Tucholsky-Textes (Kapitel 4) viele Hinweise.) Oder inszenieren Sie eine Party-Situation, bei der der Gastgeber und die Gastgeberin die verschiedenen Gäste einander vorstellen. Spielen Sie dann, als Kontrast, dieselbe Szene nach amerikanischem Muster. Diese Vorstellungs- oder Begrüßungsszenen lassen sich natürlich unendlich variieren. Lassen Sie Ihrer Phantasie freien Lauf!

III. AUFSATZTHEMEN

1. Schreiben Sie einen kurzen Aufsatz über einen Wochenendausflug, von dem Sie gerade zurückgekommen sind. Verwenden Sie dabei so viele Adverbien wie nur möglich. Sie können z.B. so beginnen:

> Gestern abend kamen wir . . . zurück.
> Wir hatten zwei herrliche Tage . . . verbracht.
> Jeden Morgen sind wir . . . aufgestanden.
> Spätestens um 9 Uhr . . . (See/schwimmen).
> Nach dem Mittagessen . . . (Mittagsschläfchen/Sonnenschein)
> An einem der beiden Nachmittage . . .

Schreiben Sie nun den Aufsatz zu Ende.

2. Schreiben Sie einen Aufsatz über die Vorbereitungen zu einem Picknick und verwenden Sie dabei alle nachstehenden Ausdrücke:

> heute morgen; herrlichster Sonnenschein; das Kabriolet meines Vaters; der große Picknickkorb meiner Mutter faßt viel; Kartoffelsalat; hartgekochte Eier; Hartwurst; geräucherte Rippchen; Schwarzbrot; Apfelsaft; Schokolade; im Kofferraum des Autos; Badeanzüge; ein Federballspiel; ein Schwimmreifen; im Kofferraum verstauen; Sonnenbrillen nicht vergessen!

3. Woran erkennen Sie, daß die obenstehenden Vorbereitungen zu einem Picknick sich auf ein deutsches Picknick beziehen? Was würden Sie auf einem amerikanischen Picknick essen und trinken? Beschreiben Sie nun, was Sie zu einem amerikanischen Picknick mitnehmen würden und verwenden Sie dabei vor allem die nachstehenden Verben:

> einpacken, mitnehmen, nicht vergessen dürfen, verstauen, hineinpassen, daran denken, sorgfältig einwickeln, nicht zerdrücken, obenauf legen, danebenstellen, Flaschen abkühlen, Behälter füllen.

4. Beschreiben Sie überfüllte Straßen. Verwenden Sie dabei nachstehende Ausdrücke:

> schmale Gehsteige; zuviele Menschen; breite Straßen; schwere Lastwagen; große Limousinen; zuviele Taxis; nervöse Fahrer; dazwischen Personenwagen; ununterbrochener Lärm; lautes Hupen; Passanten überqueren die Straßen unter Lebensgefahr; zu Zeiten des Stoßverkehrs noch schlimmer; Räder quietschen; Hupen tönen; der Polizist trillert auf der Pfeife; er regelt den Verkehr; ein Funkwagen rast; die Sirenen gellen.

5. Schreiben Sie darüber, wie Sie sich ein ideales Wochenende vorstellen, entweder am Strand oder in den Bergen oder sogar in der Stadt.

6. Falls Sie ein Sportliebhaber sind, wählen Sie sich einige der folgenden Aufsatzthemen.
   a. Welche Sportarten kann man am Wochenende betreiben? Welche Sportarten betreiben Sie?
   b. Was halten Sie vom Sport im allgemeinen? Welche Sportarten kann man als gesundheitsfördernd, welche als lebensgefährlich betrachten? Sollten gefährliche Sportarten, z.B. Boxen oder Autorennen abgeschafft werden? Versuchen Sie, in einem sehr kurzen und aggressiven Zeitungsstil zu schreiben. Beginnen Sie vielleicht so:

> Autorennen forderte drei Todesopfer! Rennfahrer erlitt bei den letzten Radrennen Herzanfall! Wann werden endlich Gesetze erlassen, die diese Art von gutbezahltem und vielapplaudiertem Selbstmord verbieten?
> Boxer durch Nierenschlag schwer verletzt!

c. Schreiben Sie über die charakteristischen Sportarten in verschiedenen Ländern. (Vielleicht sollten Sie dazu in der Bibliothek Material suchen und je nach der Länge und Ausführlichkeit Ihres Aufsatzes ein ein- oder zweiwöchiges Projekt daraus machen.) **d.** Was ist der Unterschied zwischen dem amerikanischen *Football* und dem deutschen Fußball?

7. Monatsprojekt: Deutschlands Stellung den Vereinigten Staaten gegenüber.

Suchen Sie sich aus der deutschen Tagespresse Ausschnitte und Kommentare, die die Haltung Deutschlands den Vereinigten Staaten gegenüber reflektieren. Besprechen Sie ausführlich die Themen, für die sich die deutsche Presse in bezug auf Amerika interessiert und beschreiben Sie, wie diese Probleme gesehen werden. Ist die Haltung der deutschen Presse sachlich und gut informiert? Oder ist sie das Gegenteil? Von welchem Standpunkt aus beurteilt die deutsche Presse die Ereignisse in den Vereinigten Staaten? Verwenden Sie in dem Vortrag einige der folgenden Adverbien:

> meistenteils, im allgemeinen, im großen und ganzen, sehr oft, ab und zu, teilweise, häufig, vergleichsweise, ganz allgemein gesprochen.

12 | ZWÖLFTES KAPITEL

ORDNUNG MUSS SEIN

Kurt Kusenberg

Es war einmal ein Land, in dem die Regierung über den Stand
aller Dinge genau unterrichtet sein wollte. Zählungen und Erhebungen von der Art, wie sie allerorten üblich sind, genügten
ihr durchaus nicht; die Wißbegier der Obrigkeit drang tief in das
5 Leben eines jeden Bürgers ein und machte es ihm zur Pflicht, sich
selbst scharf zu beobachten, um jederzeit die nötigen Auskünfte
erteilen zu können. Kein Tag verging, ohne daß der Briefträger
einen oder auch mehrere Fragebogen ins Haus brachte, kein
Abend senkte sich nieder, an dem nicht Beauftragte der Regierung
10 die beantworteten Fragebogen wieder abholten. Es war streng-
stens angeordnet, die Papiere sogleich nach Erhalt mit eigener
Hand zu beschriften, und wer sich dieser Weisung entzog, hatte
das Schlimmste zu gewärtigen. Auf einmalige Verwarnung, die
öffentlich und namentlich bekanntgegeben wurde, folgte beim
15 nächsten Anlaß eine Kerkerstrafe, die selten milde ausfiel, wiederholte sich die Unbotmäßigkeit, so wurde der Sünder vom Leben
zum Tode gebracht. Unter solchen Umständen kam es dahin, daß
die Bewohner des Landes den Vormittag damit verbrachten, die
Fragebogen sorgfältig auszufüllen, und sich erst am Nachmittag,
20 wenn ihnen leichter ums Herz war, ihrer eigentlichen Arbeit
zuwandten.

Da mit Ausnahme der Kinder, die noch nicht schreiben konnten, niemand dieses Zwanges entbunden war, nahm das Leben trotz allem einen geregelten Gang. Zwar wurde weniger gearbeitet als in anderen Ländern, doch erwies es sich, daß die verbleibende Arbeit vollauf genügte, um die Menschen zu nähren, zu kleiden und ihnen dieses oder jenes Verlangen zu erfüllen. Wenn den Ansprüchen der Regierung überhaupt ein Nachteil anhaftete, so lag er allenfalls darin, daß die Bürger einen gewissen Teil ihrer Zeit nicht nach eigenem Ermessen vertun oder nutzen konnten, sondern ihn der allgemeinen Ordnung unterstellen mußten. Ob man das aber für einen Nachteil ansehen darf, ist zumindest fraglich, ganz davon abgesehen, daß Ordnung jedes Opfers wert ist. Mochten die täglichen Eintragungen anfangs manchen, vor allem den Ungeübten, hart angekommen sein, so half auch hier die lindernde und ausgleichende Macht der Gewöhnung weiter. Mit der Zeit mochten die Bürger ihre morgendliche Schreiberei nicht mehr missen, und alle Fremden, die das Land besuchten, waren des Lobes voll über den Sonntagsfrieden, der die erste Hälfte des Tages erfüllte. Solange die Sonne anstieg, saß Alt und Jung, Vornehm und Gering am Schreibtisch, erforschte das Herz, sammelte die Gedanken, zählte, rechnete und ließ rasch oder langsam die Feder übers Papier gleiten, damit die Regierung genau unterrichtet sei.

Längst ist der Leser neugierig geworden, worauf sich die Anfragen, denen eine solche Bedeutung zukam, eigentlich bezogen. Es wäre einfacher — oder auch schwieriger — ihm mitzuteilen, was sie nicht einbegriffen, denn ihre Vielfalt war unermeßlich. Wollten die einen Fragebogen wissen, wieviel Zündhölzer, Raketen und Patronen der einzelne jährlich verbrauchte, so erkundigten sich die anderen eingehend nach den Träumen, die ihn kurz vor dem Erwachen heimsuchten, verlangten eingehende Schilderung und wollten wissen, ob bestimmte Träume regelmäßig wiederkehrten und, falls solches zutreffe, in welchen Abständen. Kaum hatte man nach bestem Vermögen Auskunft gegeben, so erschienen neue Fragebogen, die jedem

ZWÖLFTES KAPITEL

Haushalt auftrugen, eine Liste aller mit dem Buchstaben R beginnenden Gegenstände anzufertigen und ausdrücklich zu vermerken, welche unter ihnen von grüner Farbe seien. Farbenblinden stand es frei, Hausgenossen oder Nachbarn beizuziehen, allerdings nur unbescholtene Leute; der Nachweis, daß es sich wirklich um solche handelte, mußte gesondert erbracht werden. Zugleich legte dasselbe staatliche Papier Wert auf die Feststellung, wie oft im Verlauf des letzten Jahrzehnts der betreffende Bürger den Haarschneider aufgesucht habe, wie sich — schätzungsweise — der natürliche Haarausfall zum künstlichen Beschnitt verhalte und ob das gefundene Verhältnis annähernd dem Verhältnis zwischen der Schuhnummer und der Kragennummer entspreche.

Nach solchen Beispielen könnte man des Eindrucks werden, daß die gestellten Fragen überaus spitzfindig seien und keinen rechten Nutzen erkennen ließen. Beides müssen wir entschieden zurückweisen, denn erstens ist einer Frage nie ohne weiteres anzumerken, welchem geheimen Sinn sie dient, und zweitens liegt der Nutzen einer Unternehmung selten auf zwei Seiten, mitunter aber auf eben der Seite, die ihn nicht wahrhaben will. Was die Einwohner unseres Landes betrifft, so maßten sie sich nicht an, die Fragen der Regierung zu zerfasern, sondern beeilten sich, dieselben zu beantworten, schon darum, weil sie vor dem Mittagsmahl ihrer Pflicht nachkommen wollten. Wer eines gerechten und maßvollen Urteils fähig ist, wird ohnedies zugeben müssen, daß die geforderten Auskünfte ihrem ganzen Wesen nach anziehend waren, ein Aufgebot geistiger Kräfte erheischten und die Bürger unablässig dazu anhielten, sich über ihr Tun und Lassen Rechenschaft abzulegen. Denn es kann auf keinen Fall schaden, wenn jemand sich darauf besinnt, wieviel Morgenröten er Zeit seines Lebens beobachtet, ob er je einen Apfelstrunk in ein blühendes Fliedergebüsch geschleudert und in welchem Maße er die Gewohnheit hat, sich körperlichen Reinigungen zu unterziehen, wobei anzuführen wäre, welchen Waschmitteln er den Vorzug gibt, ob er den Vorgang durch lautes Singen begleitet und wie oft er dabei begonnene Melodien nicht zu Ende führt, letzteres mit

Angabe der vermutlichen Gründe, der durchschnittlichen Temperatur des Waschwassers und seiner aufrichtigen Einstellung zur Seepolitik des Landes. Auch ein Verzeichnis aller rotköpfigen Personen, die dem Ausfüller bekannt sind, und die Anzahl der offensichtlich Leberleidenden unter ihnen, eine kurze, jedoch wahrheitsgemäße Aufstellung der Getränke, deren er sich bisher entschlagen hat, dieses ohne Vermerk der Gründe, ferner Angaben über gelesene Bücher und gegessene Fische, nicht einzeln, sondern in Metern dargelegt, und eine bindende Erklärung, ob einerseits Holzknechte im Walde häufiger anzutreffen seien als Rotwild, andererseits Förster öfter als Steinpilze, und, drittens, Störche seltener als Eiben — auch all diese Fragen sind nur dazu angetan, die Gedanken beisammenzuhalten und sie, wie es hier geschah, bedingungslos in den Dienst des Staates zu stellen.

Es drängt sich die Frage auf, was mit den eingesammelten Niederschriften zu geschehen pflegte, und wir sind in der glücklichen Lage, darüber berichten zu können. Nachdem die Beauftragten, meist zu später Stunde, die Fragebogen bündelweise abgeliefert hatten, machten sich zahlreiche Beamte daran, das Material noch in der gleichen Nacht zu sichten. Eile tat not, denn auch die Beamten hatten am Vormittag ihrer bürgerlichen Pflicht zu genügen und mußten sich nachmittags, im Hinblick auf die Abendstunden, in ständiger Bereitschaft halten. Das Ordnen der Fragebogen vollzog sich nach ebenso bestimmten wie geheimen Gesichtspunkten. Nur soviel sei verraten, daß nicht der Anfangsbuchstabe, sondern der Endbuchstabe der einzelnen Namen dabei als Leitschnur diente. War die Arbeit getan, so wandelten die Bündel, nunmehr ganz anders zusammengesetzt, in die höheren Kanzleien, wo sie nach noch geheimeren Gesichtspunkten, die jedoch — so versichert man — mit der Himmelsrichtung der Straßen, in denen die Ausfüller wohnten, zusammenhingen, neuerlich bearbeitet und schließlich den Ministerien überantwortet wurden, immer sieben Bündel je Ministerium und bei jeden überschrittenen Hundert eines als Zugabe. Jetzt fiel den Referenten die schwere Aufgabe zu, Stichproben vorzunehmen und aus

ZWÖLFTES KAPITEL

diesen einen Bericht zu gewinnen, der auf keine Einzelheiten, auch auf keine eigentlichen Tatsachen Bezug nahm, sondern von der Anzahl der Schreibfehler, dem Zustand des Papiers und von der verwendeten Tinte einen ungefähren Eindruck zu geben suchte. Diese Berichte lagen den Ministern am nächsten Morgen vor, wurden genau überprüft und meistens gutgeheißen. Zwei Wochen später — in der Regel wurden es drei Wochen — gelangten sie an den Präsidenten, der sie ungelesen, jedoch mit großer Sorgfalt in eigens dafür bestimmte Fächer legte.

I. ANMERKUNGEN

A. Der Infinitiv ohne zu

Der **Infinitiv ohne zu** wird verwendet:

nach dem Hilfsverb **werden**;
nach den modalen Hilfsverben **(können, dürfen, sollen, wollen, mögen, müssen)**;
nach dem Verb **lassen**;
nach den Verben **lehren, lernen** und **helfen**;
nach dem Verb **gehen**;
beim Akkusativ mit Infinitiv.

1. Im Aktiv bildet **werden** mit dem **Infinitiv ohne zu** das Futur. Im Hauptsatz steht die gebeugte Form von **werden** als zweites Element, während der **Infinitiv ohne zu** am Ende des Satzes steht. Im Nebensatz steht das gebeugte Hilfsverb **werden** an letzter Stelle, hinter dem Infinitiv des Verbs.

> Es **wird** unter den Abgeordneten eine große Debatte **geben**.
> Man weiß, daß es unter den Abgeordneten eine große Debatte **geben wird**.

(Für die Verwendung des Hilfsverbs **werden** im Passiv, siehe Kapitel 3.)

2. DIE MODALEN HILFSVERBEN

a. Im Hauptsatz

Im Präsens und Imperfekt stehen die modalen Hilfsverben als zweites Satzelement. Der **Infinitiv** des Verbs **ohne zu** steht am Ende des Satzes.

> Er **kann** an der Vorstellung leider nicht **teilnehmen.**
> Er **mußte** den Artikel heute noch **fertigschreiben.**

Im Perfekt und Plusquamperfekt bilden die modalen Hilfsverben zusammen mit dem Infinitiv des Verbs den doppelten Infinitiv am Ende des Satzes. Der Infinitiv des modalen Hilfsverbs steht dabei hinter dem Infinitiv des regulären Verbs. Die modalen Hilfsverben werden mit **haben** konjugiert. Die entsprechende Form von **haben** steht als zweites Element im Hauptsatz.

> Er **hat** an der Vorstellung leider nicht **teilnehmen können.**
> Er **hat** den Artikel heute noch **fertigschreiben müssen.**
> Man **hätte** diesem Bericht keinen Glauben **schenken dürfen.**

Im Futur übernimmt **werden** die Stelle des flektierten Verbs. Der Infinitiv des modalen Hilfsverbs steht am Ende des Satzes, hinter dem regulären Verb.

> Er **wird** an der Vorstellung leider nicht **teilnehmen können.**
> Er **wird** den Artikel heute noch **fertigschreiben müssen.**

Beachten Sie bitte den wesentlichen Unterschied in den folgenden Sätzen:

> Er hat sie von seinem spärlichen Gehalt unterstützen wollen.
> Er wird sie von seinem spärlichen Gehalt unterstützen wollen.
> Man hat diesem Bericht keinen Glauben schenken dürfen.
> Man wird diesem Bericht keinen Glauben schenken dürfen.

b. Im Nebensatz

Im Präsens und Imperfekt folgen die modalen Hilfsverben der bereits bekannten Wortstellung, d.h. sie stehen, wie alle anderen gebeugten Verben auch, am Ende des Nebensatzes.

> Er sagt, daß er an der Vorstellung leider nicht **teilnehmen kann.**
> Es heißt, daß man diesem Bericht keinen Glauben **schenken darf.**

Im Perfekt und Plusquamperfekt steht die gebeugte Form von **haben** nicht, wie zu erwarten wäre, hinter dem doppelten Infinitiv, sondern vor diesem.

> Er hat uns erzählt, daß er an der Vorstellung leider nicht **hat teilnehmen können.**

> Es hieß, daß er sie von seinem spärlichen Gehalt nicht **hat unterstützen können.**

Im Futur wird die gebeugte Form des Hilfsverbs **werden** (= **wird**) (so wie im Perfekt und Plusquamperfekt die Formen von **haben**), vor dem doppelten Infinitiv gestellt.

> Man soll ihm sagen, daß er in Zukunft solche Späße **wird unterlassen müssen.**

> Ich weiß nicht, ob man sich auf seine Zusagen **wird verlassen können.**

Beachten Sie bitte den wesentlichen Unterschied in den folgenden Sätzen:

> Man **hat** diesem Bericht keinen Glauben **geschenkt.**

> Es heißt, daß der Direktor diesem Bericht keinen Glauben **geschenkt hat.**

> Man hat diesem Bericht keinen Glauben **schenken können.**

> Man sagt, daß der Direktor diesem Bericht keinen Glauben **hat schenken können.**

> Der Direktor **wird** diesem Bericht keinen Glauben **schenken können.**

> Man denkt, daß der Direktor diesem Bericht keinen Glauben **wird schenken können.**

3. LASSEN

Das Verb **lassen** hat die gleichen grammatikalischen Eigenheiten wie die modalen Hilfsverben, d.h.

a. es wird mit dem Hilfsverb **haben** konjugiert;

> Er **hat** .... **gelassen.**

b. es bildet im Perfekt und Plusquamperfekt mit dem regulären Verb den doppelten Infinitiv;

> Er **hat** die Pferde vor den Schlitten **spannen lassen.**

c. es stellt im Nebensatz im Perfekt und Plusquamperfekt das flektierte Verb vor den doppelten Infinitiv.

Es heißt, daß er die Pferde vor den Schlitten **hat spannen lassen.**

d. Im Futur kann das flektierte Verb **werden** im Nebensatz vor oder nach dem doppelten Infinitiv stehen.

Ich hoffe, daß er die Pferde vor den Schlitten **wird spannen lassen.**

ODER: Ich hoffe, daß er die Pferde vor den Schlitten **spannen lassen wird.**

e. Sollte außer **lassen** noch ein modales Hilfsverb verwendet werden, dann übernimmt dieses modale Hilfsverb die Stelle von **lassen,** während **lassen** hinter dem Infinitiv des Verbs am Ende des Satzes steht. Beachten Sie in den hier angegebenen Beispielen die verschiedenen Zeiten und auch, ob es sich um einen Haupt- oder Nebensatz handelt.

Er **läßt** die Pferde **anspannen.**
Er **hat** die Pferde **anspannen lassen.**
Er **muß** die Pferde **anspannen lassen.**
Er **hat** die Pferde **anspannen lassen müssen.**
Er **wird** die Pferde **anspannen lassen müssen.**
Ich hoffe, daß er die Pferde **anspannen läßt.**
Ich hoffe, daß er die Pferde **hat anspannen lassen.**
Ich denke, daß er die Pferde **anspannen lassen muß.**
Ich nehme an, daß er die Pferde **hat anspannen lassen müssen.**
Ich nehme an, daß er die Pferde **wird anspannen lassen müssen.**
Ich nehme an, daß er die Pferde **anspannen lassen wird.**
ODER: Ich nehme an, daß er die Pferde **wird anspannen lassen.**

Über die Bedeutung und den weiteren Gebrauch von **lassen** schlagen Sie bitte Kapitel 13 nach.

Die Verben **lehren, lernen** und **helfen** bilden den **Infinitiv ohne zu.**

> Die lateinische Sprache **lehrt** die Studenten **denken.**
> Das Kind **lernt sprechen.**
> Die Tochter **hilft** der Mutter das Geschirr **spülen.**

a. Im Perfekt und Plusquamperfekt bilden diese Verben mit dem regulären Infinitiv keinen doppelten Infinitiv, sondern sie behalten das Partizip Perfekt bei.

> Die lateinische Sprache **hat** die Studenten **denken gelehrt.**
> Das Kind **hat sprechen gelernt.**
> Die Tochter **hat** der Mutter das Geschirr **spülen geholfen.**

b. Im Futur stehen die beiden Infinitive am Ende des Satzes, während das Hilfsverb **werden** im Hauptsatz als das zweite Satzelement, im Nebensatz ganz an das Ende des Satzes hinter die beiden Infinitive rückt. (Diese Satzstellung im Nebensatz entspricht der normalen Satzstellung und ist demnach keine Ausnahme, wie sie bei den modalen Hilfsverben und **lassen** auftritt.)

> Die lateinische Sprache **wird** die Studenten **denken lehren.**
> Ich hoffe, daß die lateinische Sprache die Studenten **denken lehren wird.**
> Das Kind **wird sprechen lernen.**
> Ich hoffe, daß das Kind bald **sprechen lernen wird.**

Bitte beachten Sie bei den nachfolgenden Beispielen den Unterschied zwischen den modalen Hilfsverben und den Verben **lehren, lernen** und **helfen.**

> Er hat gemußt.
> Er hat geholfen.
> Er hat waschen müssen.
> Er hat waschen geholfen.
> Das kleine Kind soll sprechen.
> Das kleine Kind lernt sprechen.
> Das kleine Kind hat sprechen sollen.
> Das kleine Kind hat sprechen gelernt.
> Es ist nicht sicher, ob das kleine Kind hat sprechen sollen.
> Ich weiß nicht, ob das kleine Kind sprechen gelernt hat.

5. GEHEN

Das Verb **gehen** folgt denselben Regeln wie **lehren, lernen** und **helfen.** Es ist dabei nur zu beachten, daß **gehen** mit **sein** konjugiert wird.

Ich **gehe** heute nachmittag **schwimmen.**

Ich **bin** gestern **schwimmen gegangen.**

Wenn das Wetter schön ist, **werde** ich morgen mit meiner Freundin in die neue Badeanstalt **schwimmen gehen.**

Ich weiß nicht, wie lange meine Mutter schon nicht mehr alleine **einkaufen gegangen ist.**

Ich **hatte** heute nachmittag mit meinem kleinen Bruder **schwimmen gehen sollen.**

Es stimmt, daß mein kleiner Bruder heute nachmittag **hat schwimmen gehen sollen.**

6. AKKUSATIV MIT INFINITIV

Der **Akkusativ mit dem Infinitiv** stellt in einem Satz zwei Geschehnisse dar. Das Akkusativobjekt des ersten Satzes ist zugleich das Subjekt des zweiten Satzes.

Ich höre meine Freundin. Meine Freundin lacht.

WIRD ZU: Ich höre **meine Freundin lachen.**

Der **Akkusativ mit Infinitiv** ist bei folgenden Verben möglich: den Verben der Sinneswahrnehmung **sehen, hören, fühlen, spüren** und bei **lassen, heißen, machen, finden.**

Ich **sehe meinen Bruder laufen.**

Ich **fühle den Käfer** auf meiner Haut **kriechen.**

Ich **spüre mein Herz schlagen.**

Die Mutter **läßt das Kind schreien.**

Der Chef **heißt den Besucher eintreten.**

Fühlen und **spüren** sind Synonyme. Die Verben **finden** und **machen** werden nur selten mit dem Akkusativ gebraucht. Die Verben, die den **Akkusativ mit Infinitiv** bilden können, haben im Perfekt und Plusquamperfekt den doppelten Infinitiv und gleichen darin den modalen Hilfsverben und **lassen.** Im allgemeinen gelten für die **Akkusativ-mit-Infinitiv-**Verben dieselben Regeln wie für die modalen Hilfsverben und **lassen.**

Ich habe **ihn kommen hören.**

Ich werde **ihn** bestimmt **kommen hören.**

Ich glaube nicht, daß ich **ihn werde kommen hören.**

ODER: Ich glaube nicht, daß ich **ihn kommen hören werde.**

Es ist nicht wahr, daß ich **ihn habe kommen hören.**

ÜBUNGEN

a. *Schreiben Sie die folgenden Sätze in der Zukunft.*

1. Er spricht sehr laut.
2. Der Antrag wurde abgelehnt.
3. Er läßt sich von seiner Frau alles bieten.
4. Die Obrigkeit drang tief in das Leben eines jeden Bürgers ein.
5. Niemand war dieses Zwangs entbunden.
6. Mit der Zeit mochten die Bürger ihre morgendliche Schreiberei nicht mehr missen.
7. Alle Fremden waren des Lobes voll.
8. Er kann sich auf seine Mitarbeiter verlassen.
9. Worauf haben sich die Anfragen eigentlich bezogen?
10. Den Bürgern war nachmittags leichter ums Herz.

b. *Ersetzen Sie in den obigen Beispielen das Hilfsverb* **werden** *der Zukunft mit einem modalen Hilfsverb. Beachten Sie dabei, daß Sie von der Zukunft auf die Gegenwart unwechseln, obwohl die Konstruktionen mit* **werden** *oder den modalen Hilfsverben identisch sind.*

c. *Schreiben Sie die obigen Sätze mit den modalen Hilfsverben jetzt in der Zukunft.*

d. *Erweitern Sie die folgenden Sätze je dreimal mit einem passenden modalen Hilfsverb. Behalten Sie die angegebene Zeit bei.*

> z.b. Er kam gestern nicht zu dem Vortrag.
> **Er konnte gestern nicht zu dem Vortrag kommen.**
> **Er wollte gestern nicht zu dem Vortrag kommen.**
> **Er durfte gestern nicht zu dem Vortrag kommen.**

1. Die Ergebnisse seiner Arbeit sind in dem Artikel nicht enthalten.
2. Der Architekt erweiterte die Pläne.
3. Der Ingenieur vergrößerte den Maßstab.
4. Dieser Roman wird bestimmt ein best-seller.
5. Sie spricht selten über den Vorfall.
6. Der Tagesablauf hat oft Überraschungen bereit.
7. Dem Fahrplan nach trifft das Flugzeug um 18h^{30} ein.
8. Die Regierung ist über den Stand der Dinge unterrichtet.
9. Diese Frage drängte sich vielen Leuten auf.
10. Einige Wochen später waren die Berichte an den Präsidenten gelangt.

e. *Ändern Sie nun die unter* **d.** *angeführten Sätze (mit den modalen Hilfsverben) sinngemäß in die Zukunft um.*

> z.b. Er konnte gestern nicht zu dem Vortrag kommen.
> Er wollte gestern nicht zu dem Vortrag kommen.
> Er durfte gestern nicht zu dem Vortrag kommen.
> **Er wird nicht zu dem Vortrag kommen können.**
> **Er wird nicht zu dem Vortrag kommen wollen.**
> **Er wird nicht zu dem Vortrag kommen dürfen.**

f. *Beantworten Sie nachstehende Fragen mit einem ganzen Satz.*

1. Haben Sie ihm gesagt, daß er nicht kommen soll?
2. Warum haben Sie ihn kommen lassen?
3. Wann darf der Kranke seine Freunde sehen?
4. Wird der Kranke seine Freunde bald sehen dürfen?
5. Warum kann man ihn den Brief nicht schreiben lassen?
6. Haben Sie gewußt, daß er nicht hatte kommen dürfen?
7. Finden Sie es nicht komisch, daß er nicht hat antworten können?
8. Wer wird ihm das Problem erklären müssen?
9. Warum hatte er sich das Problem nicht erklären lassen?
10. Wollen Sie sich dieses Rätsel nicht erklären lassen?

g. *Erweitern Sie die folgenden Sätze je einmal mit* **lehren, lernen** *und* **helfen.**

z.b. Sie spült mit ihrer Mutter das Geschirr.

Sie lehrt ihre Mutter das Geschirr spülen.
Sie lernt von ihrer Mutter das Geschirr spülen.
Sie hilft ihrer Mutter das Geschirr spülen.

1. Er räumte mit seinem Bruder das Zimmer auf.
2. Der junge Wissenschaftler denkt mit den Studenten über das Problem nach.
3. Der Beamte stellt mit dem Verwalter die Tabellen auf.
4. Der Student geht vorsichtig mit dem Mikroskop um.
5. Die Krankenschwester behandelt den Patienten nach den empfangenen Anweisungen.
6. Die Bewohner des Landes füllten die Fragebogen sorgfältig aus.

h. *Ändern Sie die Sätze unter* **g.** *in das Perfekt, Plusquamperfekt und in das Futur um.*

i. *Bilden Sie nach Ihrer eigenen Wahl zehn Sätze in verschiedenen Zeiten mit* **gehen** *und dem Infinitiv. Verwenden Sie dabei folgende Infinitive mit* **gehen.**

spazieren gehen, einkaufen gehen, bummeln gehen, Schaufenster ansehen gehen, schwimmen gehen, schlafen gehen, Kaffee trinken gehen, sich den Film ansehen gehen, sich die Ausstellung ansehen gehen, zu Mittag essen gehen

z.b. **Er geht jeden Morgen mit seinem Hund spazieren.**

j. *Bilden Sie aus den folgenden Satzpaaren je einen Satz im Akkusativ mit Infinitiv.*

z.b. Ich höre meine Freundin. Meine Freundin lacht.
Ich höre meine Freundin lachen.

1. Wer hört seine Stimme? Seine Stimme ruft.
2. Ich sehe die Gefahr. Die Gefahr kommt.
3. Man kann die Blätter hören. Die Blätter rauschen.
4. Die Gartengesellschaft fühlt die frische Luft. Die frische Luft kühlt ab.
5. Der Makler sieht die Börsenpreise. Die Börsenpreise fallen.
6. Der jähzornige Mann fühlt seinen Ärger. Der Ärger steigt.
7. Die Mutter läßt das Kind. Das Kind spielt.

8. Ich spüre die Temperatur. Die Temperatur fällt.
9. Kann man den Schnee hören? Der Schnee fällt.
10. Ich fühle den Käfer. Der Käfer krabbelt auf meinem Arm.

k. *Ändern Sie die unter* **j.** *stehenden Sätze (Akkusativ mit Infinitiv) vom Präsens in das Perfekt um.*

> z.b. Ich höre meine Freundin lachen.
>
> **Ich habe meine Freundin lachen hören.**

l. *Ändern Sie die unter* **k.** *stehenden Sätze nun so um, daß der Akkusativ mit Infinitiv in einem Nebensatz steht.*

> z.b. Ich habe meine Freundin lachen hören.
>
> **Er versichert mir, daß er meine Freundin hat lachen hören.**

B. Der Infinitiv mit zu

1. Alle übrigen Verben verwenden den **Infinitiv mit** vorausgehendem **zu.**

> Er **verlangt zu sprechen.**
> Er **hat zu sprechen verlangt.**
> Er **wird zu sprechen verlangen.**
> Es ist unglaublich, daß er **zu sprechen verlangt hat.**

Bei den Verben, die den **Infinitiv mit zu** nach sich haben, gibt es keine Sonderregeln oder Ausnahmen, so wie dies z.B. bei den modalen Hilfsverben, bei **lassen** und dem **Akkusativ mit Infinitiv** der Fall ist.

2. HABEN UND ZU MIT DEM INFINITIV

Haben und **zu** entspricht dem englischen *have to,* d.h. es ist ein anderer Ausdruck für **müssen.**

> Er **muß gehorchen:** er **hat zu gehorchen.**
> Er **hat gehorchen müssen:** er **hat zu gehorchen gehabt.**
> Auch die Beamten **werden** ihrer bürgerlichen Pflicht **genügen müssen:** auch die Beamten **werden** ihrer bürgerlichen Pflicht **zu genügen haben.**

Sein und **zu** mit dem **Infinitiv** kann zwei Bedeutungen haben:
a. es kann für **müssen** mit dem Passiv stehen.

> Er **ist zu loben:** er **muß gelobt werden.**
>
> Er **war zu tadeln:** er **mußte getadelt werden.**
>
> Er **ist** aufgrund dieses Fehlers aus der Vereinigung **auszuschließen gewesen:** er **hat** aufgrund dieses Fehlers aus der Vereinigung **ausgeschlossen werden müssen.**

Beachten Sie den wesentlichen Unterschied zwischen **haben zu** und **sein zu:** beide stehen für das modale Hilfsverb **müssen;** einmal jedoch im Aktiv, das andere Mal im Passiv.

> Er **hat zu loben:** er **muß loben.**
>
> Er **ist zu loben:** er **muß gelobt werden.**

b. Sein und **zu** mit dem **Infinitiv** steht für eine Möglichkeit **(können)** im Passiv.

> Diese Geschichte **ist** nicht **zu glauben:**
> diese Geschichte **kann** nicht **geglaubt werden.**
>
> Es **ist** einer Frage nie ohne weiteres **anzumerken,** welchem geheimen Sinn sie dient: es **kann** einer Frage nie ohne weiteres **angemerkt werden,** welchem geheimen Sinn sie dient.

Als Ersatz für **sein** und **zu** mit dem **Infinitiv** kann man anstelle von **können** und Passiv auch die Konstruktion von **man** und **können** im Aktiv verwenden. In ihrer Bedeutung sind diese Konstruktion gleichwertig.

> Diese Geschichte **ist** nicht **zu glauben:**
> diese Geschichte **kann** man nicht **glauben.**
>
> Es **ist** einer Frage nie ohne weiteres **anzumerken,** welchem geheimen Sinn sie dient: man **kann** einer Frage nie ohne weiteres **anmerken,** welchem geheimen Sinn sie dient.

Ein Satz wie **das ist zu machen,** kann demnach zwei Bedeutungen haben:

1. **Das muß gemacht werden.**
2. **Das kann gemacht werden.** (Das kann man machen.)

Für eine genauere Behandlung von **man** im Verhältnis zum Passiv sehen Sie bitte Kapitel 13 nach.

4. BRAUCHEN UND ZU MIT DEM INFINITIV

Brauchen hat im Deutschen zwei Bedeutungen:
a. Steht es als einziges Verb in einem Satz, dann heißt es soviel wie **benötigen, nötig haben*** und entspricht dem englischen *to need.*

> Ich **brauche** unbedingt einen Wintermantel.
> Wer **braucht** keine Freunde?

b. Steht **brauchen** mit **zu** und dem **Infinitiv,** dann ist es gleichbedeutend mit **müssen** oder **es ist nötig, daß . . .**

> Er **braucht** diese Frage nur richtig **zu beantworten,** dann kann er gehen.
> Sie **brauchen** mir gar nichts **zu erzählen;** ich bin über den Vorfall bereits im Bilde.
> Was **braucht** man da noch viel **zu erklären?**

Aus nachfolgendem Merkwort können Sie erkennen, daß sich auch die Deutschen manchmal über den Gebrauch des **Infinitivs mit** oder **ohne zu** nicht ganz im klaren sind. Versuchen Sie, den Satz mehrmals laut und schnell zu lesen, aber brechen Sie sich dabei nicht die Zunge!

> Willst du brauchen ohne zu gebrauchen, brauchst du brauchen gar nicht zu gebrauchen.

5. DER INFINITIV MIT UM . . . ZU UND OHNE . . . ZU

Der deutsche **Infinitiv** mit **um . . . zu** entspricht dem englischen *in order to.*

> Sie beugte sich nach vorne, **um** den Gegenstand besser **zu sehen.**

Der deutsche **Infinitiv** mit **ohne . . . zu** entspricht der englischen *without* plus *-ing* Konstruktion.

> Er kam in das Zimmer **ohne** vorher **anzuklopfen.**

---

* Beachten Sie im Deutschen den Unterschied zwischen **brauchen** (*to need*) und **gebrauchen** (*to use*): **Der alte Mann braucht nicht viel zum Leben. Er gebrauchte das kostbare Instrument mit äußerster Vorsicht.**

ÜBUNGEN

a. *Bilden Sie mit jedem der nachfolgenden Verben, die den* **Infinitiv** *mit* **zu** *nach sich ziehen, je einen Satz.*

beginnen, anfangen, aufhören, überreden, verhindern, versprechen, darauf bestehen, vergessen, sich weigern, sich schämen, versäumen, sich anbieten

> z.b. darauf bestehen . . .
> **Die Gastgeberin bestand darauf, ihren Gästen vorzu-spielen.**

b. *Ändern Sie in den folgenden Sätzen die Form von* **müssen** *in* **haben . . . zu** *um.*

> z.b. Er mußte als Kind seinen Eltern immer gehorchen.
> **Er hatte als Kind seinen Eltern immer zu gehorchen.**

1. Das muß nicht unbedingt die Wahrheit sein.
2. Der Rechtsanwalt hat sich den Fall genau überlegen müssen.
3. Diese Antwort muß den Richter überzeugen.
4. Man wird dem Finanzamt eine genaue Erklärung geben müssen.
5. Du mußt ja nicht immer recht haben.
6. Du mußt deinen Fehler auch einmal zugeben.
7. Die Arbeit muß noch heute erledigt werden.
8. Die Akten müssen dem Staatsanwalt übergeben werden.
9. Was muß man nicht alles gutheißen!
10. Er hat das schon öfters alleine erledigen müssen.
11. Ich hätte das wissen müssen.
12. Wer muß das nicht durchmachen?
13. Muß man nicht immer die Wahrheit sagen?
14. Er muß das Projekt unbedingt zu Ende bringen.
15. Ich muß nicht antworten, wenn ich nicht will.
16. Die Bürger müssen die Gesetze befolgen.

c. *Ändern Sie in den folgenden Sätzen die Formen des modalen Hilfsverbs* **können** *in eine Konstruktion von* **sein** *und* **zu** *plus Infinitiv um. Beachten Sie dabei, daß* **können** *mit dem Passiv oder dem Aktiv verbunden sein kann, während* **sein** *und* **zu** *plus Infinitiv grammatikalisch nur im Aktiv verwendet wird. Beachten Sie die Zeiten!*

z.b. Was kann da schon viel getan werden?
(Was kann man da schon viel tun?)
Was ist da schon viel zu tun?

1. Was kann man schon viel dazu sagen?
2. Man kann auf diese Frage keine eindeutige Antwort geben.
3. Er kann mit seiner Freundin jeden Abend in einem anderen Club gesehen werden.
4. Dieses Verbrechen ist zu schrecklich, als daß man es glauben könnte.
5. Man konnte seinen schrecklichen Verfall von Tag zu Tag deutlicher bemerken.
6. Wie kann man den begangenen Fehler wiedergutmachen?
7. Dieser Hinweis kann vieldeutig ausgelegt werden.
8. Man kann nicht alles haben, was man will.
9. Dieses Wort kann nur mit großer Mühe ausgesprochen werden.
10. Dieser Mantel kann noch gut diesen Winter getragen werden.
11. Man kann nie alles im voraus berechnen.
12. Der Ingenieur hat die Baukosten nicht genau berechnen können.
13. Man hatte diese Reaktion nicht voraussehen können.
14. Dieser Geschichte kann man keinen Glauben schenken.
15. Diese Geschichte hat nicht geglaubt werden können.

d. *Schreiben Sie die folgenden Sätze so um, daß Sie in dem neuen Satz ein passendes modales Hilfsverb verwenden.*

z.b. Das ist zu machen.
Das muß gemacht werden,
oder: **Das kann gemacht werden.**

1. Diese Frage ist schwer zu beantworten.
2. Diese Entscheidung ist nicht leicht zu treffen.
3. Diese Wahl war nicht leicht zu treffen.
4. Diesem Kind ist nicht leicht zu raten.
5. Sind die Feinde zu besiegen?

6. Ein solcher Fehler ist nicht zu verzeihen.

7. Da war nichts mehr zu machen.

8. Da ist auch mit den modernsten Methoden nichts mehr zu holen gewesen.

9. Nach dem Konkurs war von der Firma nichts mehr zu haben.

10. Der Unfall war nur durch seinen Leichtsinn zu erklären.

e. *Schreiben Sie die folgenden Sätze so um, daß Sie entweder* **haben** *und* **zu** *plus Infinitiv oder* **sein** *und* **zu** *plus Infinitiv verwenden müssen. Beachten Sie dabei, daß* **haben** *und* **zu** *dem Aktiv,* **sein** *und* **zu** *dem Passiv entspricht.*

> z.b. Er muß loben.   Er muß gelobt werden.
> **Er hat zu loben.**   **Er ist zu loben.**

1. Was muß da noch viel erklärt werden?

2. Was hat man da noch viel erklären müssen?

3. Sie mußte sich viele Jahre ohne irgendeine Unterstützung durchschlagen.

4. Er mußte dem Chef seinen Fehler beichten.

5. Eine Wiederholung des Vorfalls muß unter allen Umständen vermieden werden.

6. Das muß nicht unbedingt wahr sein.

7. Der Angestellte müßte für sein strebsames Bemühen gelobt werden.

8. Die ältere Dame konnte durch nichts aus der Ruhe gebracht werden.

9. Das Ausgehverbot darf unter keinen Umständen aufgehoben werden.

10. Der Verbrecher muß noch sehr viel gestehen.

11. Das alte Kleid muß diesen Sommer noch getragen werden.

12. Du mußt das alte Kleid diesen Sommer noch tragen.

f. *Bilden Sie aus nachstehenden Elementen vollständige Sätze. Ergänzen Sie die Sätze mit der richtigen Form von* **brauchen, brauchen zu** *oder* **gebrauchen.**

> z.b. Ich/—/ antworten/ nicht.
> **Ich brauche nicht zu antworten.**

1. Ich/ —/ ein Wintermantel.

2. Der Forscher/ —/ das Instrument/ mit großer Sorgfalt.

3. Er/ —/ kommen/ nicht, wenn er/ wollen/ nicht.

4. Die Studenten/ —/ sehr oft/ ein Wörterbuch.

5. Dieses alte Lehrbuch/ sein/ nicht mehr/ zu —.

6. Er/ —/ nur/ fragen, dann/ er/ bekommen/ alles, was/ er/ wollen.

7. Ich/ —/ dein Mitleid/ nicht.

8. Du/ —/ antworten/ mir/ nicht.

9. Er/ —/ oft/ ein falsches Wort.

10. Du/ —/ lügen/ nicht.

11. Wer/ —/ dieses Buch?

12. Er/ —/ nur/ sein/ höflich, dann alle/ gern haben/ ihn.

g. *Bilden Sie aus folgenden Satzpaaren je einen Hauptsatz und erweitern sie ihn mit einer* **um . . . zu** *oder* **ohne . . . zu** *Konstruktion.*

> z.b. Sie sprach von dem Vorfall. Sie erwähnte seinen Namen nicht.
> **Sie sprach von dem Vorfall, ohne seinen Namen zu erwähnen.**

1. Sie bereinigte den Vorfall. Sie machte nicht viel Aufhebens davon.

2. Er nahm den frühen Zug. Er war rechtzeitig zu Hause.

3. Wer kann das entscheiden? Wer weiß die Einzelheiten?

4. Der Gast saß stundenlang da. Er sprach kein einziges Wort.

5. Ich konnte die Geschichte *(nie)* anhören. *(ohne)* Ich mußte laut lachen.

6. Was sollte man tun? Wie befriedigt man seine Ansprüche?

7. Leider muß ich jetzt aufbrechen. Ich muß den letzten Zug erreichen.

8. Er nahm den Vorwurf entgegen. Er zuckte mit keiner Wimper.

C. Der Infinitiv als Substantiv

Der Infinitiv kann als abstraktes Substantiv verwendet werden. Das ursprüngliche Verb wird dann natürlich großgeschrieben. Meist steht ein solches substantivierte Verb, da es ja ein Abstraktum ist, ohne Artikel. Wird der Artikel jedoch zur besonderen Hervorhebung verwendet, dann immer im Singular Neutrum.

> Ihre liebsten Schulfächer sind **Singen** und **Turnen.**
> **Lesen** und **Schreiben** sind unerläßlich.
> Das **Beantworten** des Fragebogens nahm eine ganze Stunde in Anspruch.
> Er hat von dem vielen **Lesen** ganz rote Augen.

Er bekommt von dem ständigen **Trinken** noch einmal Magengeschwüre.

Seit wann brauchst du beim **Lesen** eine Brille?

ÜBUNGEN

a. *Ändern Sie in den folgenden Sätzen den* **Infinitiv mit zu** *in einen substantivierten Infinitiv um.*

> z.b. Es ist nicht einfach, dieses Rätsel zu lösen.
> **Das Lösen dieses Rätsels ist nicht einfach.**

1. Es wird ihm bestimmt schwer fallen, diesen Beruf aufzugeben.
2. Es ist der Gesundheit nicht bekömmlich, zuviel zu essen und zuviel zu trinken.
3. Es ist angeblich sehr gesund, bei offenem Fenster zu schlafen.
4. Es ist mir immer schwer gefallen, schnell zu rechnen.
5. Es ist verboten, diese Bäume zu fällen.
6. Es ist verboten, in diesem Abteil zu rauchen.
7. Es ist verboten, den Rasen zu betreten.
8. Es ist nicht erlaubt, die Notbremse zu ziehen.
9. Unbefugten ist es nicht erlaubt, diese Räume zu betreten.
10. Es ist Betriebsangehörigen gestattet, dieses Bad zu benutzen.

b. *Ändern Sie in den folgenden Sätzen den Nebensatz in einen substantivierten Infinitiv um.*

> z.b. Wenn ich viel lese, bekomme ich Kopfschmerzen.
> **Vom vielen Lesen bekomme ich Kopfschmerzen.**
> ODER: **Ich bekomme vom vielen Lesen Kopfschmerzen.**

1. Wenn meine Mutter zuviel raucht, bekommt sie eine ganz rauhe Stimme.
2. Wenn man zuviel ißt, wird man dick.
3. Wenn ich schnell laufe, bekomme ich Herzklopfen.
4. Wenn du schreist, bekommst du einen roten Kopf.
5. Wenn man schnell spricht, verhaspelt man sich leicht.

D. Interpunktion

Obwohl es Abweichungen und Ausnahmen gibt, ist es im großen und ganzen immer richtig, sich an folgende Regeln zu halten:

1. Der einfache Infinitiv mit **zu, um ... zu** und **ohne ... zu** wird vom Hauptsatz nie durch ein Komma abgetrennt.

> Ich kann es dir nicht verbieten zu rauchen.
> Ich verspreche dir zu kommen.
> Er geht in die Schule um zu lernen.
> Er saß den ganzen Abend da ohne zu sprechen.

2. Der erweiterte Infinitiv wird vom Hauptsatz immer durch Kommas abgetrennt. Alles, was nicht zum reinen Infinitiv gehört (d.h. **zu, um ... zu** oder **ohne ... zu**), wird als Erweiterung betrachtet.

> Ich kann dir nicht verbieten, soviel zu rauchen wie du willst.
> Ich verspreche dir, so schnell wie möglich zu kommen.
> Er besucht uns nie, ohne vorher anzurufen.
> Er geht in die Schule, um Fremdsprachen zu lernen.
> Er saß den ganzen Abend da, ohne ein einziges Wort zu sprechen.
> Der Staat macht es jedem Bürger zur Pflicht, sich selbst scharf zu beobachten, um jederzeit die nötigen Auskünfte erteilen zu können.
> Es erwies sich, daß die verbleibende Arbeit vollauf genügte, um die Menschen zu nähren, zu kleiden und ihnen dieses oder jenes Verlangen zu erfüllen.

ÜBUNGEN

a. *Lesen Sie »Ordnung muß sein« genau durch und unterstreichen Sie alle Infinitive. Analysieren Sie die Sätze daraufhin, ob es sich um einen erweiterten Infinitiv, einen* **Infinitiv mit** *oder* **ohne zu** *oder in den zusammengesetzten Zeiten um einen doppelten Infinitiv handelt.*

b. *Kusenberg verwendet viele Infinitive im Zusammenhang mit den modalen Hilfsverben und mit* **lassen**. *Schreiben Sie die Sätze so um, daß diese Hilfsverben wegfallen. Beachten Sie dabei die veränderte Wortstellung.*

> z.b. Es war einmal ein Land, in dem die Regierung über den Stand der Dinge genau unterrichtet sein wollte.
>
> **Es war einmal ein Land, in dem die Regierung über den Stand der Dinge genau unterrichtet war.**

c. *Beachten Sie die Kommas in Kusenbergs Text genau. Weich. Kusenberg je von den auf dieser Seite aufgestellten Regeln ab?*

II. KONVERSATIONSTHEMEN

1. Kusenbergs Geschichte beginnt mit **es war einmal.** Welche anderen Geschichten beginnen so? Was sagt das über Kusenbergs Geschichte aus?

2. Ist es eine angenehme Pflicht, sich selbst zu beobachten? Beobachten Sie sich selbst oft? Beobachten Sie andere? Was können Sie aus diesen Beobachtungen lernen? Lernen Sie etwas über sich selbst?

3. Ist das Ausfüllen von Fragebogen im allgemeinen eine sinnvolle Beschäftigung? Bei welchen Gelegenheiten muß man normalerweise Fragebogen ausfüllen? Ist das Ausfüllen der Fragebogen in dieser Geschichte sehr sinnvoll?

4. Kusenberg sagt in seiner Geschichte, daß Ordnung eines jeden Opfers wert ist. Stimmen Sie damit überein? Könnte Kusenberg dies auch ironisch gesagt haben?

5. Durch das Ausfüllen der Fragebogen wird der Tagesablauf geregelt. Ist diese Art von Ordnung genug? Sagt Kusenberg an irgendeiner anderen Stelle in der Geschichte, ob es wichtig ist, daß die Ordnung auch einen Sinn und Zweck haben sollte? Oder ist es bereits genug, daß die Bürger durch das Ausfüllen der Fragebogen beschäftigt sind? Verfolgen die Fragebogen noch einen anderen Zweck?

6. Ist die Regierung wirklich an den Ergebnissen der Umfragen interessiert? Warum werden die Fragebogen täglich ausgesandt? Steht die Kompliziertheit der Fragen in einem Verhältnis zu deren Wichtigkeit? Was bezwecken diese Fragen, die zum Teil wirklich an den Haaren herbeigezogen sind?

7. Welchen Eindruck erweckt das Land Fremden gegenüber? Wenn der Eindruck gut ist, ist er dann auch nachahmenswert? Wäre es wünschenswert, daß alle Länder solch einen Eindruck erwecken? Würden die Fragebogen allein dadurch gerechtfertigt? Können Sie sich andere Mittel ausdenken, die denselben Eindruck der Ruhe und des Friedens hervorrufen würden? Wäre zum Beispiel langes Schlafen nicht besser?

8. Kusenberg sagt, daß einer Frage nicht ohne weiteres anzusehen ist, welchen geheimen Sinn sie hat. Will er damit vielleicht sagen, daß die Fragen einen geheimen Sinn haben? Können Sie

sich denken, was er damit meint? Glauben Sie, daß auch seine Geschichte einen geheimen Sinn hat? Was könnte der wohl sein? Hat der geheime Sinn etwas mit den Äußerlichkeiten der einzelnen Fragen zu tun?

9. Kusenberg meint, daß es auf keinen Fall schadet, über gewisse Dinge Rechenschaft abzulegen. Aber hat es denn einen Nutzen? Welchen Nutzen könnte das Ausfüllen der Fragebogen für jeden Einzelnen haben?

10. Glauben Sie, daß Kusenberg sich in dieser Geschichte über die Bürokratie lustig macht? Dient der ganze Beamtenapparat irgendeinem Zweck, außer sich selbst zu erhalten? Die Fragebogen verlangen von den Leuten, daß sie viel nachdenken. Denken sie aber über wesentliche Dinge nach? Was bezweckt der Staat mit diesem gelenkten Denken?

11. Warum legt der Präsident die Berichte »mit großer Sorgfalt« in die Fächer, wenn er sie sowieso nicht liest? Könnte er sie nicht ebensogut wegwerfen? Wozu dient das genaue Überprüfen? Möchten Sie in einem solchen Staat leben? Welche Art von Regierungsform hat dieser Staat?

12. Muß man in Amerika viele Fragebogen ausfüllen? Muß in den Vereinigten Staaten jedermann einen Ausweis haben? Bei welchen Gelegenheiten muß man einen Ausweis vorzeigen können? Wissen Sie, daß man in Deutschland immer einen Ausweis bei sich tragen muß? Haben Sie schon einmal einen Personalausweis gesehen? Was halten Sie von einem Land, in dem man immer in der Lage sein muß, sich ausweisen zu können? Warum glauben Sie wohl, daß dies in den Vereinigten Staaten nicht der Fall ist? Ist der bürokratische Apparat dadurch geringer?

13. Stehen die Strafen in der Geschichte von Kusenberg (bei Nichtausfüllen des Fragebogens) in einem angemessenen Verhältnis zu den Vergehen? Würden Sie aufgrund Ihrer eigenen Erfahrungen sagen, daß Strafen meist in einem gerechten Verhältnis zu den Vergehen stehen? Kennen Sie Beispiele, in denen die Strafen ungerecht (entweder zu milde oder zu streng) waren? Welche Strafen würden Sie in diesen Beispielen für richtiger halten? Was halten Sie im allgemeinen von den Strafgesetzen? Glauben Sie, daß sich der Mensch durch Strafen oder durch die Furcht vor

Strafen bessert? Hat man bis jetzt beweisen können, daß die Furcht vor Strafen Verbrecher von ihren Taten abhält? Ist die schlimmste Strafe, nämlich die Todesstrafe, unter gewissen Bedingungen angemessen? Welche anderen Strafen gibt es außer Disziplinarstrafen? Wie könnte man jemanden von einem Verbrechen abhalten außer dadurch, daß man ihm mit einer schweren Strafe droht? Wenn Strafen sich nicht als wirksam erweisen, welche anderen Möglichkeiten stehen dann offen?

III. AUFSATZTHEMEN

1. Können Sie sich einige Fragen ausdenken, die denen in Kusenbergs Fragebogen gleichen? Entwerfen Sie einen solchen Fragebogen!

2. Setzen Sie einen sinnvollen Fragebogen auf (keinen mit absurden Fragen) und beantworten Sie ihn gleichzeitig.

3. Beschreiben Sie einen Staat, der von seinen Bürgern ebenso absurde Aufgaben verlangt, wie der Staat in der Geschichte Kusenbergs. Was für Aufgaben könnten das wohl sein? (z.B. Häuser bauen und dann wieder einreißen; junge Bäume pflanzen und die alten wieder abschlagen in einem 20-jährigen Zyklus; Berge abtragen und an anderer Stelle wieder aufbauen; phantastische Kinderheime bauen ohne die Kinder hineinzulassen; usw.). Sind die Bürger in diesen Staaten zufrieden? Wie reagieren Sie auf das Verlangen der Regierung?

4. In Kusenbergs Geschichte wurde es jedem Bürger zur Pflicht gemacht, sich selbst scharf zu beobachten. Welche Gefahren bringt das mit sich?

HERR MENSCH

Karl Schwedhelm

»Können Sie nicht grüßen, Mensch?« — so fragte mich gleich am ersten Abend meines Rekrutendaseins ein mir bis dahin unbekannter Unteroffizier ziemlich nachdrücklich. Aus dem Ernst, den er in diese Frage legte, entnahm ich, daß er sich über dieses Problem bereits selber Gedanken gemacht hatte.

Ja, konnte ich, als Deutscher, tatsächlich grüßen? Das habe ich mich damals schon und seither noch öfter gefragt. Gewiß, an Worten hierzu fehlt es uns bestimmt nicht. Vom lax-gemütlichen »Servus« Alt-Österreichs, dem wienerischen »Küß die Hand«, dem süddeutschen »Grüß Gott« über den »Guten Morgen« »— Tag« und »n'Abend« bis zu dem traulichen »Bhüt Gott«, dem altmodischen »Adieu« und dem nicht immer ehrlich gemeinten »Auf Wiedersehn« steht uns eine reiche Skala von Grußformeln — oft landschaftlich genau begrenzten — zur Verfügung. Hinzu kam jener überseeische Nachkriegsimport des hemdsärmeligen, schulterklopfenden »Hallo«, das recht eigentlich die Anrede mit dem Vornamen verlangt.

Inzwischen brachten eifrige Italienreisende noch den unverbindlichen Zuruf des »Ciao« mit über den Brenner.* Variations-

---

* Brenner: Alpenpaß zwischen Österreich und Italien.

möglichkeiten gab es also genug. Dabei ist noch nicht einmal die Rede gewesen von jenen Bekundungen stummer Hochachtung, bei denen die Hände die Rolle der Stimme übernehmen. Vor allem in der Männergesellschaft, dem Beruf, dem Waffenhandwerk, dem Vereinsleben sind sie beliebt. Weil sie wenig Denken, aber Exaktheit erfordern, vergleicht man sie gern mit bestimmten Dressurübungen an Haustieren, wenn man etwa von »Männchen bauen« redet. Dahin gehört das in jeder Ausbildungsvorschrift genau definierte »Anlegen der rechten Hand an die Kopfbedeckung«, wie es bei der Truppe üblich, aber auch jene weit legerere Grußform, die man unter Straßenbahnschaffnern, Briefträgern, jugendlichen Mopedfahrern und Segelkameraden antrifft, wobei man mit zwei Fingern an die rechte Stirnseite oder den Mützenrand tippt. Jedoch wahrhaftig zur Perfektion entwickelt hat jene wortlose Weise des Grüßens das Militär. Beim »Vorbeigehen in strammer Haltung mit Blickwendung zum Vorgesetzten« versteinerte der Oberkörper insektenhaft, wobei die Haltung die Gesinnung und die Hosennaht gleichsam das Herz ersetzte. Doch von anderem, Schlimmerem noch wäre zu reden, von jener verlogenen Adoranten- oder Segensgebärde der emporgestreckten Rechten, die die Braun- und Schwarzgewandeten in ihren »Personenkult« einbauten und um so nachdrücklicher mit dem Rufe »Heil« begleiteten, je offenkundiger ringsum das Unheil wurde.

Solches nannte sich usurpatorisch-kühn »der deutsche Gruß« und war ebenso naturwidrig und verlogen wie der Ruf »Freundschaft«, der wenig später im östlichen Bereich Ausdruck für eine uniformierte Gesinnung sein wollte. Immer dann, wenn in Deutschland mit solchen abstrakten Substantiven gegrüßt wird, ist es an der Zeit, auf der Hut zu sein.

Der Mißstand unserer Grußverhältnisse wird noch übertroffen von der Malaise der Anrede von Mensch zu Mensch im täglichen Umgang. Wie herrlich einfach und doch angemessen distanzierend ist das englische »Sir«, das französische »Monsieur«, das italienische »Signore«. Hier drängt sich kein falscher Anspruch von freundschaftlicher Nähe auf, kein künstl¹cher Abstand wird errichtet. Der andere ist ein Mensch wie ich, ob er Präsident der Bank von Frankreich oder Clochard* ist. Die Erste Dame des Landes wie die Concierge sind in der Anrede das gleiche: »Madame«.

Sie erwarten nichts mehr, nichts anderes — doch dies erwarten sie: so angeredet zu werden. Man wird einwenden, das sei nichts weiter als platte Gleichmacherei. Aber steht nicht weit mehr dahinter: Die selbstverständliche Anerkenntnis des anderen als Mensch, als Wesen gleich mir, unbelastet von allen sozialen Zuordnungen und Machtverhältnissen? Kein würdeloses Kriechen vor Titelträgern, keine Überheblichkeit gegenüber dem, der sein Essen aus einer alten Zeitung auswickelt. Wird letztlich damit nicht auch die Freiheit des einzelnen als ein bewahrenswertes Gut anerkannt?

Wie anders, wie beklagenswert anders bei uns. Haben wir uns einmal klargemacht, daß man bei uns einen Menschen eigentlich nur dann anreden kann, wenn man seinen Namen weiß. Wie sollen wir uns an einen uns namentlich Unbekannten wenden? Wenn wir nur »Herr« sagen, so hat das nahezu den Charakter eines Angriffs, ist gar nicht mehr weit entfernt von jener Situation, in der man dem anderen Ohrfeigen anbietet oder ihn auffordert, einem unauffällig vor die Tür zu folgen. Würde gar eine Dame dieses vertrackte »Herr« aussprechen, so wäre das gleichbedeutend mit dem Vorwurf: »Was erlauben Sie sich?« Diese natürliche Anrede für ein männliches Wesen macht seltsamerweise in unserem Sprachgebrauch aus dem so Angesprochenen sofort einen Gegner. Unsichtbar großgeschrieben ist es der Anrufung Gottes im Gebet vorbehalten. Könnten wir uns aus diesem Dilemma nicht dadurch retten, daß wir einfach sagten: »Mein Herr!« Wie oft liest man es in Romanübersetzungen aus fremden Sprachen. Und doch ist es gänzlich falsch und sinnwidrig. So

---

* Clochard: Pariser Nichtstuer

DREIZEHNTES KAPITEL

reden höchstens die Figuren bei der Courths-Mahler* miteinander.

Steigen wir, da der Deutsche bekanntlich lügt, wenn er höflich ist, nun also in den Bereich der biederen Vertraulichkeit hinab, dorthin, wo die Wahrheit zu Hause sein muß, weil man die Jacke ausziehen darf. Da wäre, im zwanglosen Umgangsdeutsch, jene burschikose Apostrophierung »Mann« — nicht selten erweitert zu dem leicht vorwurfsvollen »Mann Gottes«, womit allerdings gerade amtierende Geistliche kaum jemals bedacht werden dürften. Noch eine Stufe allgemeiner und zugleich vulgärer ist jene vielgebrauchte Interjektion »Mensch«, die vor allem gern von solchen angewandt wird, die nur schwache Ähnlichkeit mit dieser Gattung besitzen. In jugendlichem Alter, auf Baustellen und unter Uniformierten mag dieses Wort eine brauchbare Hilfskonstruktion für die uns so fühlbar fehlende Anredeformel abgeben. Da sie allseits Bekanntes, nämlich die biologische Zuordnung des Gesprächspartners, auf eine sehr plump-direkte Weise ausspricht, läßt sie sich schwerlich gegenüber solchen Zeitgenossen — insbesondere Höhergestellten — anwenden, die in der Überzeugung leben, nicht Menschen, sondern Götter zu sein. Die weibliche Spielart »Frau« als Anrede ist uns von gewissen Besatzungssoldaten als unverhüllter Auftakt zu meist recht drastischen Konversationsversuchen nur allzugut erinnerlich. Das ist reinstes Wörterbuch, rasch zusammengestellt für den Umgang mit der Bevölkerung eines eroberten Landes, wo es um anderes ging als um einwandfreie Idiomatik. Und nun gar das »Weib«. Wer außer einem zornigen Bauern würde es heute noch wagen, irgendein weibliches Wesen als »Weib« anzusprechen. Nur im Bibeldeutsch Luthers hat sich dieser durchaus ehrenhafte Begriff erhalten. Und vollends »Fräulein« — schon Gretchen hatte es zurückgewiesen. Heute, in der Fassung »Frollein†«, klingt es

---

* **Courths-Mahler** (1867–1950) Unterhaltungsschriftstellerin, bekannt für ihren kitschigen Stil.

† **Frollein** = Fräulein

eindeutig nach Snackbar, Witzblatt, Stehbierhalle, nach barer Anzüglichkeit oder offenkundiger Nichtachtung. Von Frau zu Frau gar ist es gänzlich unmöglich. Wie sehr muß jeder Annäherungsversuch dadurch erschwert werden, daß man das Mädchen seiner Wahl nicht einmal korrekt anzureden imstande ist. Da hilft man sich dann in der Not und in St. Pauli* oder auf dem Oktoberfest mit einem harschen Pfiff durch die Zähne, einem winkenden Ruck mit dem Kopf und der kessen Aufforderung: »Na, Puppe!« Aber schon auf Regierungsempfängen ist diese Methode nur begrenzt anwendbar, höchstens zu vorgerückter Stunde an der Bartheke zu empfehlen. Einschmeichelnder ist da schon das minnigliche »Liebe Dame«, das vor allem Hausierer an der Wohnungstür beim Angebot von Schnürsenkeln zu verwenden pflegen. Aber auch dieser Wendung ist keine allgemeine Gültigkeit beschieden gewesen. So wird sie auch wohl künftig dem Kundendienst des ambulanten Gewerbes vorbehalten bleiben, während »Meine Dame« zwar in Ladengeschäften üblich, in Gesellschaft jedoch verpönt ist. Hier ist der Geltungsbereich der »Gnädigen Frau«, ein Terminus, der immer ein bißchen nach Büttenkarten, Handkuß und Teerosen schmeckt, auf dem Tennisplatz noch angehen mag, jedoch schon beim Picknick oder gar auf der Achterbahn lächerlich wirkt. Görings »Hohe Frau« genoß den Gebrauchsmusterschutz von Karinhall† und hat sich schon darum nicht in weiteren Kreisen durchsetzen können. »Genossin Frieda« hingegen, die »verdiente Traktoristin des Volkes« gibt es in einer größeren Auflage.

Um Kompromißlösungen aber war man in dieser aussichtslos erscheinenden Situation dennoch nicht verlegen. Der die Fahrtausweise kontrollierende Schaffner hilft sich in hartnäckigen Fällen meist mit einem treuherzig-direkten »He, Sie da!«, während man

---

* **St. Pauli:** Vergnügungsviertel in Hamburg.
† **Karinhall:** Landsitz Hermann Görings, 40 km von Berlin; von Göring nach seiner verstorbenen Frau Karin benannt. Hermann Göring (1893–1946) war von 1935 bis zum Ende des 2. Weltkrieges Oberbefehlshaber der deutschen Luftwaffe; ab 1940 war er Reichsmarschall des 3. Reiches.

in der Bildungsschicht männliche Personen unbekannten Namens bevorzugt mit »Herr Doktor« anredet. Solche Verlegenheitspromotionen schlagen Brücken auch zum Fremdesten, und wer wäre so grausam, die gute Meinung des Gegenübers mit desillusionierenden Worten ins Unrecht zu setzen. Zumal da bei uns gesellschaftliches Leben überwiegend ohnehin als ein Interessenspiel zwischen Besitz- und Titelinhabern oder Amtsvertretern angesehen wird.

Der Mann, der mir unlängst — ohne mich dabei zu kennen — eine Karte mit der Überschrift »Lieber Herr!« schrieb, und sie mit den — gestempelten — Worten »Mit philatelistischem Gruß!« schloß, war ein Sinnbild für manches, womit wir Deutsche uns selbst im Wege stehen: Für die naive Selbstverständlichkeit, den anderen, gänzlich Fremden, ungefragt in seinen Dienst stellen zu wollen, und zugleich für jene so verbreitete Blindheit für das Ganze, die Sucht, unsere chaotische und dennoch herrliche Menschenwelt in hunderterlei Interessengruppen und Stammtischrunden unterteilen zu wollen und dann alles, was rings geschieht, nur von der (noch dazu wechselnden) eigenen Vereinswarte aus zu beurteilen: Als Gartenbesitzer bin ich dafür, als Tierschutzvereinsmitglied muß ich dagegen sein.

Wir wollen zuviel von anderen und müssen deshalb notwendigerweise enttäuscht werden. Kühler zu sein sollten wir uns bemühen und dennoch zugleich menschlicher. Nur in unserer Vorstellungswelt scheint dies ein unüberbrückbarer Gegensatz zu sein. Kühler, indem wir in reale Probleme weniger Gefühl investieren. Menschlicher insofern, als wir taktvoll den Abstand achten, den der andere zu uns zu halten gesonnen ist. Dann erst werden wir den Menschen als einen Herrn ansehen und den Herrn dennoch als einen Menschen empfinden. Vielleicht wird dann eines Tages ganz nebenbei auch die alte Kasernenhoffrage jenes Unteroffiziers sich beantwortet haben: »Können Sie nicht grüßen, Mensch?«

I. ANMERKUNGEN

A. Umgehung des Passivs

Da Passivsätze oft stilistisch schwerfällig wirken, ist es manchmal besser, sie zu vermeiden. Dabei stehen mehrere Möglichkeiten offen.

1. UMSCHREIBUNG MIT MAN

Die Umschreibung mit **man** wird häufig dann verwendet, wenn im passiven Satz kein Handelnder, von dem oder durch den etwas geschieht, genannt wird.

> **Es ist** oft darüber **gesprochen worden: man hat** oft darüber **gesprochen.**
> Bis spät in die Nacht hinein **wurde getrunken: man trank** bis spät in die Nacht hinein.
> Ihm **kann** nicht mehr **geholfen werden: man kann** ihm nicht mehr **helfen.**
> Hier **wird** deutsch **gesprochen: man spricht** hier deutsch.

Wird in einem passiven Satz der Handelnde durch **von** oder **durch** gekennzeichnet, dann kann man den Satz natürlich genauso gut im Aktiv sagen.

> Er wurde **von seinen Eltern** gelobt: **seine Eltern** lobten ihn.
> Er ist wegen seiner Feigheit **von seinen Freunden** gescholten worden: **seine Freunde** haben ihn wegen seiner Feigheit gescholten.

Für eine genauere Behandlung von **man** schlagen Sie bitte Kapitel 7 nach. **Man** in bezug auf das Passiv wird in Kapitel 3 ausführlicher besprochen.

2. SEIN UND INFINITIV MIT ZU

Werden im passiven Satz die modalen Hilfsverben **können** oder **müssen** gebraucht, dann kann man diese Konstruktion mit **sein und Infinitiv mit zu** ersetzen. Es ist dabei zu beachten, daß die Bedeutung des Satzes passiv bleibt, auch wenn die Konstruktion grammatikalisch aktiv ist.

Er **muß** über diesen Vorfall richtig **aufgeklärt werden** = er **ist** über diesen Vorfall richtig **aufzuklären.**

Er **darf** nicht immer **unterbrochen werden** = er **ist** nicht immer **zu unterbrechen.**

Im Gegensatz zu den **man**-Konstruktionen, bei denen sich das Subjekt ändert, wenn der passive Satz vermieden wird, bleibt bei den **sein und Infinitiv-mit zu**-Sätzen das Subjekt dasselbe wie im passiven Satz, der vermieden werden soll. Die Konstruktion mit **sein und Infinitiv mit zu** kommt fast einem Befehl gleich. Diese Konstruktion wird deshalb oft dann verwendet, wenn etwas befohlen wird.

Die Anordungen der Verwaltung **müssen befolgt werden:** die Anordnungen der Verwaltung **sind zu befolgen.**

Die Hinweise des Chefs **müssen beachtet werden:** die Hinweise des Chefs **sind zu beachten.**

Eine genauere Behandlung der **sein und Infinitiv mit zu**-Konstruktion finden Sie im 12. Kapitel.

3. ZU UND PARTIZIP PRÄSENS ALS ADJEKTIV

Bei amtlichen Schreiben, wissenschaftlichen Arbeiten und offiziellen Bekanntmachungen ist es im Deutschen sehr gebräuchlich, das Passiv dadurch zu umgehen, daß man dem Substantiv, auf das sich die passive Handlung beziehen sollte, ein bestimmtes Adjektiv voranstellt. Dieses Adjektiv ist die Partizip Präsens-Form des Verbs; vor diesem Partizip Präsens steht ein **zu.**

Die **zu befolgenden** Anordnungen der Verwaltung . . .

Die **zu beachtenden** Hinweise des Chefs . . .

Beachten Sie bitte den wesentlichen Unterschied in den nachfolgenden Beispielen:

Der beschwörende Liebhaber: der Liebhaber, der beschwört . . .

Der zu beschwörende Augenblick: der Augenblick, der beschworen werden muß . . .

Obwohl diese adjektivische Konstruktion in der Umgangssprache nicht sehr gebräuchlich ist, findet sie in der Schriftsprache reichlich Verwendung, wohl deshalb, weil dadurch in einem einzigen Satz

viel gesagt werden kann. (Wie Sie wissen, haben die Deutschen eine Vorliebe für lange Sätze.)
Anstatt zu sagen:

> Die Hinweise des Chefs **müssen beachtet werden.** Sie sind aber nicht immer beachtenswert.

sagt man:

> Die **zu beachtenden** Hinweise des Chefs sind nicht immer beachtenswert.

Für eine weitere Behandlung dieser adjektivischen Konstruktion schlagen Sie bitte Kapitel 4 nach.

4. DAS PARTIZIP PERFEKT

Das Partizip Perfekt wird so häufig als Adjektiv verwendet, daß man seinen grammatikalischen Ursprung leicht vergessen kann. Genau genommen ist das Partizip Perfekt jedoch ein Zustandspassiv, wie aus folgendem Beispiel ersichtlich ist.

> Das **gesprochene** Wort: das Wort, das **gesprochen ist** . . .
> Die **geschlossene** Tür: die Tür, die **geschlossen ist** . . .

Für die Diskussion des Zustandspassivs schlagen Sie bitte Kapitel 3 nach. Sie finden auch im 12. Kapitel Hinweise auf die passivische Bedeutung des Partizip Präsens mit **zu** und des Partizip Perfekt.

ÜBUNGEN

a. *Ändern Sie die folgenden Passivsätze in Aktivsätze um.*

> z.b. Es wird oft darüber gesprochen.
> **Man spricht oft darüber.**

1. Seine komische Aussprache wird nicht immer gleich verstanden.
2. Er muß aufgrund seiner Verletzungen vorsichtig behandelt werden.
3. Er ist aufgrund seiner Verletzungen vorsichtig behandelt worden.
4. Unter Straßenbahnschaffnern und Briefträgern wird eine weit legerere Grußform angetroffen.

5. Es wird mit zwei Fingern an die rechte Stirnseite oder den Mützenrand getippt.

6. Es muß noch von weit schlimmerem geredet werden.

7. Zu manchen Zeiten wird in Deutschland mit abstrakten Substantiven gegrüßt.

8. Der Mißstand unserer Grußverhältnisse wird noch übertroffen von der Malaise der Anrede von Mensch zu Mensch.

9. Hier wird kein künstlicher Abstand errichtet.

10. Viele Leute werden so angeredet.

11. Damit wird letztlich die Freiheit des einzelnen anerkannt.

12. Bei uns kann ein Mensch nur angeredet werden, wenn sein Name bekannt ist.

13. Darf hier die Jacke ausgezogen werden?

14. Die Anredeform ist erweitert worden.

15. Diese Interjektion wird gerne angewandt.

16. Das Wörterbuch ist rasch zusammengestellt worden.

17. Die Insel wurde vor kurzem erobert.

18. Jeder Annäherungsversuch muß erschwert werden.

19. Das Mädchen kann nicht einmal korrekt angeredet werden.

20. Es wird sich mit einem Pfiff durch die Zähne geholfen.

21. Diese Methode kann nur begrenzt angewendet werden.

22. Diese Methode konnte nicht empfohlen werden.

23. Männliche Personen unbekannten Namens werden bevorzugt mit »Herr Doktor« angeredet.

24. Das gesellschaftliche Leben wird als Interessenspiel angesehen.

25. Wir müssen notwendigerweise enttäuscht werden.

26. Die Frage wird beantwortet worden sein.

b. *Schreiben Sie die folgenden Sätze so um, daß Sie eine Form von* **sein plus Infinitiv mit zu** *verwenden können.*

> z.B. Er darf nicht immer belästigt werden.
> **Er ist nicht immer zu belästigen.**

1. Er muß immer höflich angesprochen werden.

2. Diese Methode darf nur begrenzt angewendet werden.

3. Männliche Personen unbekannten Namens müssen mit »Herr Doktor« angeredet werden.

4. Dieses Wörterbuch muß rasch zusammengestellt werden.

5. Die Anredeform hat geändert werden müssen.

6. Die Freiheit des einzelnen mußte schließlich anerkannt werden.
7. Hier darf kein künstlicher Abstand errichtet werden.
8. Die Jacke darf hier nicht ausgezogen werden.
9. Das gesellschaftliche Leben muß als Interessenspiel angesehen werden.
10. Diese Frage muß dringendst beantwortet werden.

c. *Bei den folgenden Sätzen sollen Sie aus dem relativen Nebensatz ein Adjektiv im Partizip Präsens mit vorausgehendem* **zu** *bilden.*

> z.b. Diese Methode, die nur begrenzt angewendet werden kann, verspricht viel Erfolg.
> **Diese nur begrenzt anzuwendende Methode verspricht viel Erfolg.**

1. Das Medikament, das nicht empfohlen werden kann, zeigte schädliche Wirkungen.
2. Das Land, das erobert werden muß, liegt offen da.
3. Diese Anredeform, die unbedingt geändert werden muß, ist sehr veraltet.
4. Der Fehler, der nicht wieder gutgemacht werden kann, zeigt bereits schlimme Folgen.
5. Das Mißverständnis, das von einem Freund aufgeklärt werden muß, hat die beiden Parteien auseinandergetrieben.

d. *In der folgenden Übung sollen Sie jeden Satz so umändern, daß er grammatikalisch in einer anderen Form erscheint, ohne seine Bedeutung dadurch zu ändern.*

> z.b. Es darf nicht alles, was er sagt, ernst genommen werden.
> **Man darf nicht alles, was er sagt, ernst nehmen.**
> oder: **Es ist nicht alles, was er sagt, ernst zu nehmen.**

1. Wann darf man wieder mit ihm sprechen?
2. Muß er immer gemahnt werden?
3. Muß man immer diese Anredeform verwenden?
4. Hier darf man keinen künstlichen Abstand errichten.
5. Die Rolle der Stimme ist von den Händen übernommen worden.
6. Es darf nicht den ganzen Abend über dieses Thema gesprochen werden.

7. Er mußte des öftern angeredet werden, bevor er endlich hörte.
8. Er mußte des öftern reden, bevor ihm endlich zugehört wurde.
9. Man kann bei uns viele Menschen nicht richtig anreden.
10. Unser Mißstand ist noch nicht übertroffen worden.
11. Wurde deine Freiheit je anerkannt?
12. Meine Freundin ist zu einer großen Gartengesellschaft eingeladen worden.
13. Sie mußte wegen ihrer hohen Position unbedingt eingeladen werden.
14. Dieser Wein wurde uns sehr empfohlen.

e. *Schreiben Sie jeden der folgenden Sätze so um, daß sich einfache und klar verständliche Sätze ergeben. Machen Sie aus einem Satz mehrere Sätze, falls dies notwendig ist.*

> z.b. Das leicht zu klärende Mißverständnis ließ dennoch lange auf eine Lösung warten.
>
> **Das Mißverständnis war leicht zu klären und ließ dennoch lange auf eine Lösung warten.**
>
> oder: **Das Mißverständnis, das leicht zu klären war, ließ dennoch lange auf eine Lösung warten.**

1. Der nur unter bestimmten Voraussetzungen auszuführende Versuch wurde bald wieder abgebrochen.
2. Die durch Schreckensnachrichten leicht zu erregende alte Frau wurde von den wilden Kindern oft in ungebührliche Aufregungen versetzt.
3. Das durch seinen vorzüglichen Dirigenten berühmt gewordene Symphonieorchester gab eine Galaaufführung.
4. Der durch keinen Besuch zu beunruhigende Kranke verbrachte eine schlaflose Nacht.
5. Die durch kein Geschrei aus der Ruhe zu bringende Mutter stand ganz langsam auf, als ihr kleines Kind laut weinte.
6. Der sich auf sein Geschäft verstehende kluge Fabrikant verzeichnete Gewinne, denen kaum Glauben geschenkt werden konnte.
7. Die jeden Mißton aufklärende Freundschaftsgeste fand nicht statt.
8. Das durch viele Jahrhunderte abgetragene und nicht wieder aufzubauende Schloß hat einen phantastischen Grundriß.

5. DIE AUSDRÜCKE: ES GIBT ZU, GEHT ZU, BLEIBT ZU

Die Ausdrücke **es gibt zu, geht zu, bleibt zu** werden immer mit dem Infinitiv gebraucht. Obwohl die Konstruktion der mit diesen Ausdrücken eingeleiteten Sätze aktiv ist, ist ihre Bedeutung passiv. Im Englischen hat sich die passive Struktur in manchen Fällen noch erhalten. Vergleichen Sie:

Das **bleibt abzuwarten.** (*That remains to be seen.*)
Umschreibung im Passiv mit **müssen**:
Das **muß abgewartet werden.**

Das **geht** nicht **zu machen.** (*That cannot be done.*)
Umschreibung im Passiv mit **können**:
Das **kann** nicht **gemacht werden.**

In anderen Fällen genügt jedoch eine wörtliche Übersetzung nicht.

Das **gibt** mir **zu denken.** (*That makes me think.*)

Da diese Konstruktion nicht bei allen Verben verwendet werden kann, ist es besser, wenn Sie diese Sätze nur mit bereits angegebenen Verben bilden. Ansonsten genügt es, wenn Sie diese Konstruktionen richtig erkennen.

6.

Eine weitere Art, das Passiv zu vermeiden, besteht darin, daß man gewöhnliche Verben zu reflexiven Verben umbildet.

Er **wurde** Herr Meier **genannt**: er **nannte sich** Herr Meier.
Dieser Artikel **wird** nur sehr langsam **verkauft**: dieser Artikel **verkauft sich** sehr langsam.

Obwohl diese Art der Umgehung des Passivs in der Umgangssprache häufig vorkommt, kann sie nicht bei allen Verben angewendet werden. Auch Deutsche machen dabei Fehler. Es ist wichtig, daß Sie diese Konstruktionen und ihre Bedeutung erkennen.

B. Lassen

Der Gebrauch und die Bedeutungen von **lassen** sind sehr weitreichend.

1. **Lassen** ist ein Verb das, wie die modalen Hilfsverben, alleine stehen kann. **Lassen** allein oder in Verbindung mit einem Akkusativ bedeutet **aufhören (aufgeben)**.

    > **Laß** das!
    > Er **kann das Rauchen** nicht **lassen.**
    > (Er **hat das Rauchen** nicht **lassen können.**)

    Eine völlig andere Bedeutung hat **lassen** in den folgenden Beispielen:

    > Ich **lasse** meinen Schirm im Auto.
    > Wir **lassen** unsere Bücher zu Hause.
    > Wo haben Sie Ihren Mann **gelassen?**

    Hier bedeutet **lassen: bleiben,** d. h. der Schirm bleibt im Auto, die Bücher bleiben zu Hause, usw.

2. **Lassen** mit Dativ und Akkusativ bedeutet **belassen, alleine lassen,** auch **geben.**

    > Der Richter **läßt dem Mann die Freiheit.**
    > Die Mutter **läßt dem Kind die Puppe.**
    > Er **läßt mich** nicht in Ruhe.
    > **Lassen** Sie **mich** in Frieden!
    > Die Polizei **läßt mir mein Auto.**

3. **Lassen** mit darauffolgendem Akkusativ plus Infinitiv hat die Bedeutung von **erlauben,** aber auch von **befehlen.** (Im Englischen: *to make a person do something.*)

    > Die Mutter **läßt das Kind spielen.** (Die Mutter erlaubt dem Kind zu spielen.)
    > Der Chef **läßt den Angestellten eintreten.**
    > (Der Chef befiehlt dem Angestellten einzutreten.)
    > ABER AUCH: Er erlaubt dem Angestellten einzutreten.

    Oftmals ist das Akkusativobjekt nach **lassen** ein Reflexivpronomen. Die Bedeutung von **lassen** schließt dann einen ungenannten Handelnden (im Passiv durch **von** oder **durch** gekennzeichnet) ein. In diesem Fall kann man wieder von einer Umgehung des Passivs sprechen.

    > Der alte Herr **läßt sich** (von seinen Verwandten) **feiern.**

Der Unterschied zwischen der reflexiven **lassen**-Konstruktion im Akkusativ und dem reinen Passiv besteht darin, daß die Untertöne von **lassen** (nämlich **erlauben, Erlaubnis geben, etwas mit sich geschehen lassen,** usw.) beibehalten werden, wenn auch in geschwächter Form.

> Der alte Herr **läßt sich feiern**

heißt demnach nicht

> Der alte Herr wird gefeiert

sondern

> Der alte Herr **gibt die Erlaubnis, gefeiert zu werden.**

Ist das Subjekt des Satzes ein unpersönliches **das,** dann deutet die reflexive Konstruktion plus Akkusativ eine Möglichkeit an.

> Das **läßt sich leicht machen:** das kann leicht gemacht werden.
>
> Das **läßt sich** nicht so schnell **entscheiden:** das kann nicht so schnell entschieden werden.
>
> Das **läßt sich** beim jetzigen Stand der Dinge noch nicht **sagen:** das kann beim jetzigen Stand der Dinge noch nicht gesagt werden.

4. **Lassen** MIT DARAUFFOLGENDEM DATIV- UND AKKUSATIVOBJEKT PLUS INFINITIV

Mit dieser Konstruktion wird ausgedrückt, daß das Subjekt an dem Dativobjekt durch einen ungenannten Handelnden eine Handlung vollziehen läßt. Es ist hier wichtig zu beachten, daß das Subjekt die Handlung unter keinen Umständen selbst ausführt.

> Der Mann **läßt seiner Frau ein Haus bauen.**

Der Mann baut das Haus nicht selbst, sondern ein ungenannter Handelnder baut es im Auftrag (auf Befehl, mit der Erlaubnis, Zustimmung, usw.) des Mannes. Der Empfänger der Handlung, die Person für die die Handlung ausgeführt wird, steht im Dativ.

> Die Mutter **läßt dem Sohn die Anzüge reinigen.**
>
> Die Mutter **läßt dem Kind die Haare schneiden.**
>
> Der Prokurist **läßt dem Chef die Post holen.**

Auch in dieser Konstruktion kann ein Objekt, nämlich das Dativobjekt, durch ein reflexives Pronomen ersetzt werden. Die Bedeutung des Satzes geht dann dahin, daß das Subjekt durch einen ungenannten Handelnden etwas für sich selbst tun läßt; aber auch hier tut es das Subjekt nicht selbst.

DREIZEHNTES KAPITEL

Der Herr **hat sich die Haare schneiden lassen.**

Dies heißt, daß der Herr jemanden (ungenannt) beauftragt hat, ihm (dem Herrn) die Haare zu schneiden. Bei dieser reflexiven Konstruktion sind das Subjekt (der Auftraggeber) und der Empfänger die gleiche Person. Beachten Sie den wesentlichen Unterschied bei diesen grammatikalisch gleichgebauten Sätzen:

> Die Mutter läßt dem Sohn die Haare schneiden.
> Die Mutter läßt sich die Haare schneiden.
> Der Mann läßt seiner Frau ein Haus bauen.
> Der Mann läßt sich ein Haus bauen.

Sollte in diesen Sätzen der Handelnde erwähnt werden, so muß dies ausführlich mit einer **von-** oder **durch-**Konstruktion angegeben werden.

> Der Mann läßt seiner Frau **von dem bekannten Architekten** ein Haus bauen.
>
> Die Mutter läßt dem Kind **von einer Nachbarin** die Haare schneiden.
>
> Der Prokurist läßt dem Chef **von dem Laufburschen** die Post holen.
>
> Der Prokurist hat dem Chef **von dem Laufburschen** die Post holen lassen.

5. **Lassen** MIT DARAUFFOLGENDEM DOPPELTEN AKKUSATIV UND INFINITIV

Wird der Empfänger der Handlung (das Dativobjekt) nicht genannt, so kann der Handelnde, der meist ungenannt bleibt oder durch eine **von-**Konstruktion ersichtlich wird, als Akkusativobjekt angeführt werden.

> Der Mann **läßt den Architekten das Haus bauen**

heißt demnach, daß der Mann dem Architekten den Auftrag gegeben hat (befohlen hat, erlaubt hat, usw.), das Haus zu bauen. Da in diesem Satz bereits zwei Akkusativobjekte vorhanden sind, kann nicht erwähnt werden, für wen (das Dativobjekt) das Haus gebaut wird. Beachten Sie bitte den wesentlichen Unterschied in den nachstehenden Sätzen:

> Der Prokurist läßt **dem Chef die Post** holen.
> Der Prokurist läßt **den Chef die Post** holen.
> Die Mutter läßt **dem Sohn die Haare** schneiden.
> Die Mutter läßt **den Sohn die Haare** schneiden.

In den Sätzen mit dem Dativobjekt wird ausgedrückt, **für wen** die Handlung geschieht; in den Sätzen mit dem Akkusativobjekt wird ausgedrückt, **durch wen** die Handlung ausgeführt wird. In beiden Fällen ist das Subjekt derjenige, der die Handlung geschehen läßt, d.h. erlaubt, befiehlt, anordnet, usw.

Diese **lassen**-Konstruktionen sind im Deutschen sehr beliebt, da sie in kurzer Form sehr viel enthalten. Für Deutschlernende ist es wesentlich, den Unterschied in der Bedeutung der einzelnen Fälle klar zu erkennen. Die Wortstellung folgt den Regeln, die bereits in Kapitel 1 erklärt wurden. Die Konjugation von **lassen** wurde im 12. Kapitel besprochen.

Es folgen einige weitere Beispiele, die die Regelmäßigkeit der Satzstellung und der Konjugation darlegen sollten. Analysieren Sie diese Sätze sorgfältig. Sie sollten über jedes einzelne Wort Auskunft geben können.

> Der Prokurist ließ sich ein schönes Haus bauen.
> Der Prokurist ließ den Architekten ein schönes Haus bauen.
> Der Prokurist ließ es sich bauen.
> Der Prokurist ließ es ihn bauen.
> Der Prokurist ließ seinem Sohn ein schönes Haus bauen.
> Der Prokurist ließ es ihm bauen.
> Der Prokurist ließ sich von dem Architekten ein schönes Haus bauen.
> Der Prokurist ließ es sich von ihm bauen.
> Der Prokurist hat es sich von ihm bauen lassen.
> Der Prokurist hat sich von ihm ein schönes Haus bauen lassen.
> Der Prokurist hat es sich von dem bekannten Architekten bauen lassen.

ÜBUNGEN

a. *Schreiben Sie nachfolgende Sätze um, ohne jedoch ihre Bedeutung zu ändern.*

> z.b. Das bleibt abzuwarten: das **muß abgewartet werden.**
> Das geht zu machen: das **kann gemacht werden.**
> Das gibt zu denken: man **muß daran denken.**

1. Es bleibt aufzupassen, ob jemand hereinkommt.
2. Es gibt viel zu tun.
3. Die Tür geht nicht zuzumachen.
4. Das Fenster ging nicht aufzumachen.

5. Es gibt nichts vorzubereiten.

6. Es hat sehr wenig zu besprechen gegeben.

7. Der Wagen ging nicht abzuschließen.

8. Beim Wiedersehen gab es sehr viel zu erzählen.

9. Es bleibt nichts mehr vorzubereiten.

10. Der Deckel geht nicht aufzumachen.

b. *Schreiben Sie die folgenden Sätze im Passiv so um, daß Sie eine aktive Konstruktion mit einem reflexiven Verb erhalten.*

z.b. Dieser Stoff kann sehr gut gewaschen werden:
dieser Stoff wäscht sich sehr gut.

1. Dieses Material wird Quiana genannt.

2. Diese Sonnenschutzcreme wird nur im Sommer verkauft.

3. Seine Großzügigkeit wurde durch seinen Lottogewinn erklärt.

4. Dieses Material konnte nicht sehr gut gewaschen werden.

5. Dieses Gewebe wird wegen seiner Knitterfreiheit empfohlen.

6. Die Richtigkeit seiner Maßnahmen wird durch seinen Erfolg bewiesen.

7. Das Nahen des Gewitters wurde durch den grollenden Donner angekündigt.

8. Sein Betätigungsfeld wurde innerhalb weniger Jahre bedeutend erweitert.

9. Der Umsatz wurde in wenigen Jahren um ein Vielfaches vergrößert.

10. Sein Einflußbereich wurde durch den Umzug nicht wesentlich verkleinert.

c. *Beantworten Sie nachstehende Fragen in einem vollständigen Satz und verwenden Sie dabei die passende Form von* **lassen.**

z.b. Wie sagt man, wenn der Chef möchte, daß die Angestellten für ihn eine Geburtstagsfeier veranstalten?
Der Chef läßt sich von den Angestellten an seinem Geburtstag feiern.

1. Wie sagt man, wenn die Mutter mit ihrem kleinen Sohn zum Friseur geht, damit ihm die Haare geschnitten werden?

2. Wie sagt man, wenn der verliebte, aber vielbeschäftigte Mann seinen Freund bittet, seiner (des Mannes) Frau ein Auto zu kaufen?

3. Wie sagt man, wenn derselbe vielbeschäftigte Mann auch für seinen Freund ein Auto gekauft haben möchte?

4. Wie sagt man, wenn der Angestellte den Laufburschen beauftragt, Bier zu holen?

5. Wie sagt man, wenn die vielbeschäftigte Mutter anordnet, daß das kranke Kind eine Tasse Tee ans Bett bekommen sollte?

6. Wie sagt man, wenn die vergeßliche Mutter dem kranken Kind erlaubt, aus dem Bett aufzustehen?

7. Wie sagt man, wenn die böse Mutter dem kranken Kind befiehlt, das Haus von oben bis unten zu reinigen?

8. Wie sagt man, wenn die zu gute Mutter das Dienstmädchen beauftragt, dem faulen Kind die Schuhe zu putzen?

9. Wie sagt man, wenn die Mutter dem Dienstmädchen befiehlt, die Schubladen erst aus- und dann wieder einzuräumen?

10. Wie sagt man, wenn dem Dienstmädchen die Schubladen ausgeräumt werden, weil die Hausfrau herausfinden will, ob das Dienstmädchen gestohlen hat?

11. Wie sagt man, wenn der Vater der Bank den Auftrag gibt, das Konto seines verschwenderischen Sohnes zu sperren?

12. Wie sagt man, wenn ein Medikament bei vielen Krankheiten gebraucht werden kann?

13. Wie sagt man, wenn etwas nicht geändert werden kann?

14. Wie sagt man, wenn etwas nicht erklärt werden kann?

15. Wie sagt man, wenn der Direktor den Sekretär beauftragt, die Briefe zu unterschreiben?

16. Wie sagt man, wenn der Verwalter an den Gutsbesitzer eine Nachricht schreiben will? Der Verwalter kann aber nicht gut schreiben und bittet jemanden (ungenannt) um diesen Dienst.

17. Was sagt man von einem Artikel, der nicht verkauft werden kann?

18. Was sagt man von jemandem, der nicht hinters Licht geführt werden kann?

19. Was sagt man von jemandem, der nicht betrogen werden kann?

20. Was sagt man von einem Mann, der die Schuhe nicht in einem Laden kauft, sondern einem Schuhmachermeister den Auftrag gibt, die Schuhe nach Maß anzufertigen?

d. *Lesen Sie den Schwedhelm-Text genau durch. Unterstreichen Sie alle Sätze im Passiv und alle Sätze, die das Passiv auf irgendeine Weise umgehen. Bestimmen Sie, welche der verschiedenen Möglichkeiten Schwedhelm gewählt hat, um das Passiv zu vermeiden. Schreiben Sie diese Konstruktionen heraus und bilden Sie damit je einen neuen Satz.*

z.B. Schwedhelm: Weil sie wenig denken, aber Exaktheit fordern, vergleicht man sie gern mit bestimmten Dressurübungen an Haustieren, wenn man von »Männchen bauen« redet.

SIE UNTERSTREICHEN: ... **vergleicht man sie** ... **wenn man redet.**

SIE SCHREIBEN: **Man vergleicht verschiedene Übungen. Man redet von vielen Dingen.**

II. KONVERSATIONSTHEMEN

1. Lesen Sie den Text von Schwedhelm genau durch, um folgende Fragen richtig beantworten zu können.

a. Warum sagt Schwedhelm, daß es nicht immer ehrlich gemeint ist, wenn man mit »Auf Wiedersehen« grüßt?

b. Worauf bezieht sich das Wort »überseeisch«, wenn Schwedhelm von jenem »überseeischen Nachkriegsimport des hemdsärmeligen, schulterklopfenden Hallo« spricht? Warum verlangt das Hallo die Anrede mit Vornamen? Hat Schwedhelm mit der Behauptung recht, daß das Wort »Hallo« im Zusammenhang mit einem Vornamen gebraucht werden soll?

c. Wie stellen Sie sich eine Bekundung stummer Hochachtung vor? Können Sie sich aus Schwedhelms Beschreibung den Unterschied zwischen der militärischen Grußart einer Truppe und der von Sportskameraden vorstellen? Warum glaubt Schwedhelm, daß die Grußart mit »Männchen bauen« so sehr beliebt ist? Können Sie sich vorstellen, daß auch Frauen auf diese Art grüßen? Unter welchen Umständen?

d. Wieviele Arten oder Abstufungen des wortlosen Grüßens beschreibt Schwedhelm? Glauben Sie, daß er in seiner Schilderung übertreibt? Muß nur das deutsche Militär so stramm grüßen? Wie denkt Schwedhelm über Menschen, von denen er sagt, daß ihre (äußere) Haltung ihre Gesinnung ersetzt und ihre Hosennaht das Herz? Was halten Sie von solchen Menschen?

e. Warum sagt Schwedhelm »von schlimmerem wäre noch zu reden« und nicht »von schlimmerem ist noch zu reden«? Was deutet er damit an? Wer sind die Braun- und Schwarzgewandeten? Worauf bezieht sich Schwedhelm, wenn er von der verlogenen Adoranten- oder Segensgebärde spricht? Worauf spielt er an, wenn er vom Heil-Ruf inmitten des Unheils spricht? Was bringt er mit der Gegenüberstellung von Heil und Unheil zum Ausdruck?

f. Was ist der sogenannte deutsche Gruß? Warum sagt Schwedhelm, daß die Bezeichnung deutscher Gruß usurpatorisch- kühn ist? Wie kann Schwedhelm beweisen, daß der Gruß »Heil« naturwidrig ist?

g. Auf welcher äußeren und auf welcher inneren Haltung begründet sich, nach Schwedhelms Meinung, die Grußart einer Gruppe oder militärischen Truppe?

h. Ist das Grüßen auf persönlicher Basis ein weniger unangenehmes Problem? Gibt es für Schwedhelm eine ideale Grußart? Gibt es im Deutschen eine ideale Grußart? Welchen Geist sieht er hinter dem Gruß von z.B. England oder Frankreich walten?

i. Ist es einfach, im Deutschen jemanden anzureden, wenn man seinen Namen nicht kennt? Welche Untertöne schwingen mit, wenn ein Herr einen unbekannten Herrn mit »Herr« anredet? Was bedeutet es, wenn eine Dame einen unbekannten Herrn so anspricht?

j. Warum sollte man, nach Schwedhelm, der Wahrheit näher sein, nur weil man die Jacke auszieht? Glauben Sie, daß es unhöflich ist, die Jacke auszuziehen? Bei welchen Gelegenheiten ist es vielleicht nicht unhöflich?

k. Was bedeutet der Ausdruck »Mann Gottes« wortwörtlich? Wen sollte man deshalb so anreden? Spricht man diesen Mann auch wirklich so an?

l. Wer spricht den anderen, nach Schwedhelms Zuordnungen, mit Mensch an? Ist dies eine sehr höfliche Ausdrucksweise? Wird Sie von vielen Menschen verwendet? Gibt es im Englischen ähnliche Ausdrücke, die eine ganz begrenzte und spezifische Bedeutung haben?*

m. Was ist ein Uniformierter? Wer gehört zu dieser Kategorie? Kann ein Soldat die Anrede »Mensch« bei offiziellen Anlässen gebrauchen? Welche verschiedenen Möglichkeiten hat ein Soldat, wenn er seinen Vorgesetzten grüßen will? Was tut er, wenn er einen Gleichrangigen trifft?

n. Worauf bezieht sich der Autor, wenn er von gewissen Besatzungssoldaten spricht? Wie stellen Sie sich drastische Konversationsversuche vor? Worum ging es wohl, wenn es nicht um einwandfreie Idiomatik ging? Ist ein Ausdruck, der reinstes Wörterbuch ist, auch gebrauchsfähig?

o. Ist es ein Kompliment, mit »Fräulein« angesprochen zu werden? Wo wird diese Anrede verwendet? Bei welchen Gelegenheiten wird sie verwendet? Kann eine Frau eine andere Frau mit »Fräulein« anreden? Was will sie damit sagen, wenn sie es tut?

p. Ist der Ausdruck »Puppe« verwendbar? Scherzt Schwedhelm oder meint er es ernst, wenn er sagt, daß man diesen Ausdruck auf Regierungsempfängen nicht verwenden kann? Kann ein junger Mann seine Freundin mit »Puppe« anreden? Kann ein junger Mann ein unbekanntes Mädchen mit »Puppe« anreden? Wie wird ein Mädchen wahrscheinlich auf solch eine Anrede reagieren?

q. Wie wird eine Frau von einem Hausierer angesprochen? Wie wird sie in einem Ladengeschäft angesprochen? Wie wird sie in Gesellschaft angesprochen? Wie auf dem Tennisplatz, wie bei einem Picknick? Bei welcher Gelegenheit gibt der Herr einer Dame einen Handkuß? Ist diese Art der Begrüßung mit Worten verbunden? Was sagt man zu einer Dame, die man kennt, auf dem Oktoberfest? Wie spricht man eine Dame, die man nicht kennt, auf dem Oktoberfest an? Ist es passend, in St. Pauli eine Frau auf der Straße mit »gnädige Frau« anzusprechen?

r. In welchem Land betitelt man die Frauen mit »Genossin«? Warum gibt es diese Frauen, die so benannt werden, in solch großer Auflage?

---

* z.B. *man; boy*

s. Ist es sehr höflich, jemanden mit »He, Sie da« anzusprechen? Bei welchen Gelegenheiten kommt dies vor? Was ruft man wohl einer Dame nach, die ihren Schirm im Omnibus hat liegen lassen? Was ruft man wohl einer Dame nach, die ihren Schal auf der Party vergessen hat? (Ruft man ihr überhaupt nach?) Was ruft man wohl einer Dame nach, die ihre Geldbörse auf dem Ladentisch hat liegen lassen?

t. Was ist eine Verlegenheitspromotion? Würden Sie sich freuen, mit »Herr Doktor« angesprochen zu werden? Oder wäre es Ihnen peinlich? Wie kann man auf einer Abendgesellschaft einen Herrn ansprechen, dessen Namen man nicht kennt? (Man kann sich diesem Herrn erst selbst vorstellen, worauf auch er seinen Namen nennen muß. Wer aber kann sich auf einer großen Abendgesellschaft alle die vielen Namen merken! Die Situation wird dann nur noch peinlicher, denn nun hat man den Namen auch noch vergessen.)

u. Was sagt der Autor von »Herr Mensch« über das gesellschaftliche Leben aus, wenn er es als ein Interessenspiel zwischen Besitz- und Titelinhabern bezeichnet? Ist es in solch einer Gesellschaft wichtig, einen Titel zu haben? Was ist der Unterschied zwischen einem Besitzinhaber und einem Titelinhaber? Warum besteht zwischen den beiden ein Interessenspiel? Womit oder um was spielen sie? Und wo liegen die Interessen?

v. Was stört an der Anrede »Lieber Herr«? Welche Untertöne schwingen in dieser Anrede mit?

w. Zu welchen Schlußfolgerungen kommt Schwedhelm, nachdem er die Deutschen aufgrund ihrer Grußarten analysiert hat? Ist er vielleicht etwas zu kritisch? Welche Haltung sollte nach Schwedhelms Meinung in einem Gruß zum Ausdruck gebracht werden? Hat Schwedhelm konkrete Vorschläge? Haben Sie konkrete Vorschläge?

2. Antworten Sie auf folgende Fragen mit der korrekten Form der Anrede.

    z.b. Wie grüßt Herr Müller den Herrn Doktor Meier?

    Guten Tag, Herr Doktor.

a. Herr Huber begrüßt Herrn Meier;

b. der Professor ruft Klaus Müller auf;*

c. der Hausmeister sieht den Privatdozenten Berger im Treppenhaus;†

d. der Hausmeister sieht die Frau des Privatdozenten Berger im Treppenhaus;‡

e. der Student will den Professor Meier etwas fragen;

f. der Doktor Bierschneider begrüßt den Amtsgerichtsrat Obermüller;

g. der Professor Grünlich sieht den Herrn Schneider;

h. die Frau von Herrn Schneider begrüßt den Professor Kohl;

i. der Lehrer ruft das Kind Klaus Berger auf;

j. der Verkäufer begrüßt die Frau des Professor Steinmetz;

k. der Hausierer sieht die Frau des Doktor Hintermeier;

l. der Gast ruft den Kellner, um eine Bestellung zu machen;

m. der Kellner wird von einer Dame an den Tisch gerufen;

n. die Frau wird im Tennisclub von ihrem Tennislehrer angesprochen;

o. dem Mädchen wird auf der Straße von Bauarbeitern nachgerufen;

p. der Verkäufer fragt das kleine Kind, was es kaufen will;

q. die Frau des Amtmanns Schuster wird auf dem Oktoberfest von einem Kollegen ihres Mannes angesprochen;

r. die Frau des Amtmanns Schuster wird bei einer Abendgesellschaft von einem Kollegen ihres Mannes begrüßt;

---

* In Deutschland werden Studenten ab Untersekunda (= 6. Klasse Gymnasium, d.h. *10th grade*) nicht mehr mit **du** und dem Vornamen, sondern mit **Sie** und dem Nachnamen angesprochen.

† Wird jemand mit dem Titel angesprochen, so fällt der Name weg. Nur beim Vorstellen wird der Name nach dem Titel mit angegeben, z.B.: **Darf ich Ihnen Herrn Professor Grünspan vorstellen?**

‡ Frauen werden heute, im Unterschied zu früher, nicht mehr mit dem Titel ihres Mannes angesprochen. Früher hätte es z.B. geheißen: **Frau Unterstaatssekretär;** heute heißt es: **Frau Meier.**

s. die Frau des Amtmanns Schuster wird vom Hausmeister gegrüßt;

t. ein Herr will in einem Restaurant die Bedienung rufen;

u. ein Herr will von einer Verkäuferin bedient werden;

v. ein Herr entschuldigt sich auf der Straße bei einer Dame, weil er sie angestoßen hat;

w. ein junger Mann will ein ihm unbekanntes Mädchen ansprechen.

3. Antworten Sie auf die folgenden Fragen mit einem ganzen Satz.

a. Wann spricht man jemanden mit gnädige Frau an?

b. Wann und wo sagt man » Servus «?*

c. Wann und wo sagt man » Küss' die Hand «?†

d. Wann und wem küßt man die Hand?

e. Ist es korrekt » ciao « zu sagen?

f. Kann man » hallo « sagen?

g. Wann und wo sagt man » Guten Tag « oder » Guten Abend «?

h. Wann und wo sagt man » Grüß Gott «?

i. Wann und wo sagt man » Auf Wiedersehen «?

j. Sagt man heute noch » Adieu «?‡

k. Was sagt man, wenn man ein Geschäft betritt?

l. Was sagt man, wenn man zu einer Abendgesellschaft kommt?

m. Was sagt man in Norddeutschland, wenn man sich von zwei Freundinnen verabschiedet?

n. Was sagt man, wenn man auf der Straße einen Unbekannten um Auskunft bitten muß?

o. Was sagt man, wenn man auf der Straße gute Bekannte trifft?

p. Was sagt ein kleines Kind, wenn es auf der Straße Freunde der Eltern trifft?

---

* **Servus** wird nicht nur in Österreich, sondern im ganzen süddeutschen Raum gebraucht und ist vor allem bei Gymnasiasten sehr gebräuchlich. *Servus* (lat.): Diener.

† In Österreich ist es gebräuchlich **Küß die Hand** zu sagen; deswegen küßt man aber die Hand der Dame noch lange nicht. Das ist für formellere Gelegenheiten reserviert.

‡ In Norddeutschland ist eine Abart von **Adieu**, nämlich **Tschüss**, auch heute noch sehr gebräuchlich. **Tschüss** ist ein umgangssprachlicher Ausdruck und entspricht dem amerikanischen *see you*.

4. Welche Untertöne spielen bei den folgenden Anreden mit und wem gegenüber sind sie gebräuchlich?

   a. Frollein

   b. Mann Gottes

   c. Mensch (oft auch Mensch Meier)

   d. Liebe Dame

   e. Gnädige Frau

   f. He, Sie da

   g. Menschenskind (Mensch)

   h. Meine Dame

III. AUFSATZTHEMEN

1. Schreiben Sie einen kleinen Aufsatz, in dem Sie erzählen, wen Hans im Laufe eines Tages getroffen hat und wie er diese Personen begrüßte.

> Hans wird am Morgen von seiner Mutter aufgeweckt. Sie steht vor seinem Bett, schüttelt ihn und sagt: . . . Hans reibt sich die Augen, reckt sich und sagt zu seiner Mutter: . . . Wenn Hans an den Frühstückstisch kommt, sitzt sein Vater schon da und liest die Zeitung. Hans sagt zu ihm: . . . und der Vater antwortet über die Zeitung hinweg: . . . Nach dem Frühstück muß Hans sich beeilen, um rechtzeitig in die Schule zu kommen. Er verabschiedet sich von seiner Mutter mit . . . und dann von seinem Vater mit . . .
>
> Auf dem Weg zur Schule trifft er einige seiner Freunde und sie begrüßen sich alle: . . . Im Schulgebäude sieht Hans seinen Lehrer und sagt zu ihm: . . . Der Lehrer antwortet: . . . Auf dem Nachhauseweg sieht Hans eine Freundin seiner Mutter, sie sieht ihn aber zuerst und ruft ihm zu: . . . Und Hans antwortet darauf: . . . Dann verabschiedet er sich von seinen Freunden: . . . Zu Hause bittet ihn seine Mutter, schnell etwas einzukaufen. Hans geht zum Bäcker und sagt: . . . Dann muß er noch zum Metzger. Der Metzger kennt Hans nicht und fragt: . . . Wie Hans den Laden verläßt, sagt er: . . . Nach dem Abendessen geht Hans auf sein Zimmer, aber vorher gibt er seinen Eltern die Hand und sagt: . . .

2. Lesen Sie den letzten Paragraphen des Schwedhelm-Textes noch einmal genau durch und schreiben Sie dann mit Ihren eigenen Worten, wie Schwedhelm sich ein besseres Grußverhältnis vorstellt.

14 VIERZEHNTES KAPITEL

EINHEIMISCHE KENTAUREN oder:
Was ist besonders deutsch an der deutschen Sprache?

Martin Walser

1

Ihre schönsten und ihre häßlichsten Wörter verdankt die deutsche Sprache einer einzigen Möglichkeit: Man kann bei uns mehrere Wörter zu einem neuen Wort zusammenfügen. Ein Wort, das vorher ohne jedes Anzeichen von Hinfälligkeit frei existierte, gerät unversehens in den Bann eines anderen Wortes, eine Anziehungskraft scheint wirksam zu werden, und schon hat die Paarung stattgefunden.

In dem neuen Wort, das jetzt entsteht, geht es selten ganz friedlich zu. Jedes Wort betont seine Geschichte. Es hat Bedeutung gescheffelt. Und je mehr Bedeutung das einzelne Wort nun mitbringt, desto schöner oder häßlicher kann das Ergebnis sein. Falls ein Wort völlig ins Schlepptau eines anderen gerät, kommt es rasch zu fader Versöhnung; so entstehen die Wörter für die Verwaltung, den technischen Gebrauch. Wo aber die Bedeutungen miteinander im Streit liegen, wo sich ein Wort durchsetzen will auf Kosten des anderen, und das andere gibt nicht so rasch nach, da entstehen mächtige Wörter, die keiner ganz zu eindeutiger Ruhe bringen kann.

Andere Sprachen drücken unsere Doppelwörter durch Genitivkonstruktionen aus oder durch ein Adjektiv plus Substantiv. Unsere Doppelwörter zeigen zwar dem Sprachkundigen noch, ob sie entstanden sind etwa aus einem Adjektiv plus Substantiv oder aus einer Genitiv- oder Dativkonstruktion. Aber im Gebrauch verliert sich diese Herkunft. Und das Wort, das bei der Paarung anfangs den Genitiv regierte (wie etwa »Werk« in »Kunstwerk«), gerät gern ins Schlepptau. Ein »Werk«, das ist jeweils etwas ganz Konkretes. Nun will man sagen, wohin dieses Werk seiner Art nach gehört: zur Kunst. »Kunst« ist viel weniger konkret als Werk. Sobald das Doppelwort »Kunstwerk« existiert, regiert nicht mehr »Werk« in dieser Konstruktion, nicht mehr das Konkrete, sondern das weniger Konkrete: die Kunst.

Je weniger konkret ein Wort ist, desto herrschsüchtiger ist es. Es überdeckt das Konkrete mit seiner anmaßenden, aber vagen Intention. Ein Werk der Kunst, dabei läßt sich denken, zur Kunst gehört vieles, gehören viele Werke: dieses einzelne Werk ist also eines von diesen vielen. Das Abstraktum »die Kunst« entsteht erst aus vielen Werken, kann man denken, wenn man es mit einem Werk der Kunst zu tun hat. Aber »Kunstwerk«, das heißt, die Kunst selber ist in diesem Werk gegenwärtig. So entsteht ein schlechtes Absolutes. Daß man es mit einem Werk der Literatur oder Malerei zu tun hat, verschwindet hinter dem hochgeputschten Anspruch des Wortes »Kunstwerk«. Das ist ein Wert. Da wird absolute Geltung beansprucht. Nicht mehr eine Sache soll benannt werden nach ihrer Machart, sondern ein Rang. So hat denn das Wort auch folgerichtig als Benennung wenig getaugt, es wird mit Vorliebe dort gebraucht, wo ein Anspruch erhoben werden soll.

Wörter dieser Art eignen sich eben gut zur Einschüchterung, zur Verhetzung, zum Aufputschen. Es sind Kentauren aus Begriff und Realität, und der reale Rumpf muß herhalten, einem leeren Begriff reale Existenz zu erschleichen. Was nicht Hand und nicht Fuß hat, soll erscheinen wie etwas, das Hand und Fuß hat.

In der Politik spielen diese Wörter denn auch die größte Rolle. Wie leicht setzte der Nazismus die Presse des Auslands herunter, wenn er nur noch von »Auslandspresse« sprach (»die Auslandspresse stöhnte . . .«). Das Äquivalent im Inland:

»Intelligenzpresse«. Unmöglich hätte Hitler sagen können: die Presse der Intelligenz. So verläßlich war das Wort »Intelligenz« noch nicht diffamiert. Aber »Intelligenzpresse«, das ging, das war ein Wort, ein Schimpfwort, das man nicht mehr zerlegte in seine Herkunft. Von schöner Treue zur eigenen Unart zeugt der Versuch, die jungen demokratiefreudigen Blätter unserer Nachkriegsjahre als »Lizenzpresse« zu diffamieren. Und Gebiete, aus denen ein einziges Mal Deutsche vertrieben wurden, heißen von nun an »Vertreibungsgebiete«. So gelingt es, schlichten Landschaften einen Brandstempel sozusagen für immer aufzuprägen.

Trotzdem ist es mir nicht möglich, diese besondere deutsche Möglichkeit, Wörter zu bilden, als ein Übel zu begreifen. Ich halte es für möglich, dem Mißbrauch gegenüber empfindlich zu werden. Diese Empfindlichkeit ist lehrbar und erlernbar. Wir verdanken dieser Möglichkeit zu viele prächtige Wörter, als daß man die Möglichkeit selber ein Übel nennen dürfte. *Schwermut* ist ein solches Wort. So schön und so genau, daß man sich fast wundert, wie einfach es jeder gebrauchen kann und wie wenig es durch Gebrauch gelitten hat. Und wie uneingeschränkt offen sagt *Schadenfreude*, was es meint. Und *Eigendünkel* kann einem vorkommen, als wäre es Hegel am Vormittag auf einem Hühnerhof beim Betrachten eines Hahns eingefallen. Nachdem wir das Wort *Beichtgeheimnis* hatten, ist sozusagen von selbst das *Bankgeheimnis* dazugewachsen. Und selbst das dunkle Wortgebräu *Weltschmerz* zeigt durch seine schwer auflösbare Konstruktion nur, daß man eben nicht genau weiß, woran man leidet, wenn man unter Weltschmerz leidet. Aber so zurückhaltend und verhangen ein allgemeiner Kummer sich als Weltschmerz beklagt, so unverfroren kann jede unerkannte Verdauungsbeschwerde bei uns als *Weltanschauung* auftreten. Das liegt in der kentaurischen Natur dieser sprachlichen Möglichkeit. Vielleicht sogar in der kentaurischen Natur der Sprache überhaupt.

VIERZEHNTES KAPITEL

Man will sagen, wie man es meint; ausdrücken, was man im Sinn hat, aber noch nicht als Wort und schon gar nicht als Satz. Jedes Zeitalter meint etwas anderes, hat etwas anderes im Sinn, spricht oder schreibt also anders. So erwirbt jedes Zeitalter der Sprache neues Vermögen. Der ganze historische Vorrat an Wörtern und Möglichkeiten kann also schon Auskunft geben über das, was etwa die Deutschen im Sinn hatten, wie sie es jeweils meinten in der Geschichte. Es gibt schlußfreudige Leute, die behaupten, man könne unserer Sprache sogar ansehen, wie wir es überhaupt meinen, sozusagen ein für allemal. Nicht umsonst gebe es im Deutschen Wörter wie »Weltschmerz« und »Weltanschauung«.

Wichtiger als diese beiden voluminösen Wörter ist sicher die Möglichkeit, Wörter so zusammenzufügen. Statt des kentaurischen Doppelworts könnten wir ja auch die logische Konstruktion benützen. Aber offenbar ballen wir den Sinn lieber in einem Wort zusammen. Daß uns die genauere Zuordnung durch den Genitiv verlorengeht, bedauern wir nicht. Es paßt uns sehr, daß wir in unserer Sprache ein Adjektiv ohne Federlesens vor ein Substantiv spannen können, daß es dann mit diesem Substantiv zu einem solchen kentaurischen Wort zusammenschmilzt. Wie der Segelflieger den Aufwind, genießen wir die Verabsolutierung, die eintritt, wenn das Adjektiv plötzlich zusammenfließt mit jenem Substantiv, zu dessen Ausrichtung es schüchtern diente, als es noch deutliches Adjektiv war.

Wie Komponenten gehen die Einzelwörter in der Resultante des neuen Doppelworts auf. Allerdings ist die Intention des neuen Wortes selten so deutlich wie das von der Resultante in der Physik verlangt wird. Viele der zusammengesetzten Wörter müssen von dem, der sie gebraucht, immer wieder mit neuem Sinn ausgestopft werden. Vielleicht sind diese Wörter beliebt, weil man sie immer wieder umfunktionieren kann.

Wie oft wurde, seit es im 18. Jahrhundert erzeugt wurde, das

Wort »Weltanschauung« von denen ernährt, die es gebrauchten, von Hegel bis herab zu den Verkündern einer nationalsozialistischen Weltanschauung. Aber das Wort hält sich. Es zeigt sich im Umgang mit solchen Wörtern eine deutsche Lust und Veranlagung. Das Empfinden und Meinen ist bei uns heftig vorhanden. Dabei sind wir durchdrungen von der Ansicht, daß wir uns *eigentlich* nie ganz ausdrücken können. Schon wenn wir zu reden beginnen, spüren wir, es wird ein Rest bleiben, den wir nicht ausdrücken und schon gar nicht formulieren können.

Auf diesen Rest berufen wir uns gern, wenn wir unsere Mühe mit den Wörtern haben. Die kentaurischen Wörter helfen uns am meisten. Dem Doppel- oder Dreifachwort, dessen Bedeutungen nach vielen Richtungen strahlen, vertrauen wir unser inniges oder heftiges Meinen lieber an als einer syntaktischen Konstruktion. Und die einfachen Substantive kommen uns dann vor wie zu kleine Gefäße, die unseren Ausdruckswillen zu sehr einschränken würden.

Vielleicht sind wir uns selbst gegenüber sogar skeptisch. So deutlich wissen wir gar nicht, was wir sagen wollen, so deutlich kann man vielleicht gar nichts wissen, also meiden wir das deutlichere Einzelwort, spannen es zusammen mit einem zweiten, dadurch verwischen wir das Gesagte, heben es ein bißchen auf; wir beschädigen die Deutlichkeit, den Umriß, aber wir potenzieren den Willensanteil, die Wucht, das Vitale, manchmal sogar die Substanz. Vielleicht nehmen wir einfach den Mund zu voll. Wollen mehr sagen, als man sagen kann. Dadurch wird man heftig. Es kommt. uns dann mehr darauf an, etwas loszuwerden, als auf das, was herauskommt. Und wenn wir bemerken, daß wir, statt mit Worten eine Richtung auszudrücken, ein ganzes Intentionsbündel freigesetzt haben, dann sagen wir: Das Eigentliche ist sowieso unaussprechlich.

Damit bin ich unversehens bei einer vulgären Art, über uns zu urteilen, gelandet.

I. ANMERKUNGEN

Wortbildungen: Komposita

Die deutsche Sprache hat besonders viele Komposita. Deshalb ist es wichtig, sich die Art ihrer Bildung zu vergegenwärtigen. Ein Kompositum bildet eine völlig neue Einheit, d.h. die einzelnen Wörter verlieren oft ihre vorherige Bedeutung. Oft werden sie in der Zusammensetzung mit einem anderen Wort zu einer neuen Bedeutung erweitert. Ein gutes Beispiel dafür ist das Kompositum **Junggeselle.** Der erste Teil des Wortes hat hier seine ursprüngliche Bedeutung völlig verloren, denn ein **Junggeselle** muß nicht unbedingt **jung** sein.

1. ZUSAMMENGESETZTE SUBSTANTIVE

Die Mehrzahl aller Komposita wird durch Zusammensetzung von zwei oder mehreren Substantiven oder einem Substantiv und einem Adjektiv gebildet.

a. Substantiv + Substantiv

Handelt es sich bei einem Kompositum um die Zusammensetzung von zwei Substantiven, so gibt das erste sein Geschlecht auf:

die Zeit	+ das Alter	= das **Zeitalter**
das Wort	+ die Bildung	= die **Wortbildung**
die Sprache	+ der Kundige	= der **Sprachkundige**

Ein solches Kompositum wird auch nur als Ganzes flektiert.

GENITIV: der **Wortbildung** (NICHT: der Wortsbildung)
PLURAL: die **Wortbildungen** (NICHT: die Wörterbildungen)

Das letzte Glied eines Kompositums bestimmt also den Numerus, das Geschlecht und die Wortart.

(1) *Substantive, die unmittelbar verbunden sind*

Eine große Gruppe der Komposita ist aus zwei Substantiven im

Nominativ gebildet. In unserem Text kommen die folgenden derartigen Zusammensetzungen vor:

Kunstwerk	(die Kunst + das Werk)
Brandstempel	(der Brand + der Stempel)
Schadenfreude	(der Schaden + die Freude)
Bankgeheimnis	(die Bank + das Geheimnis)
Weltschmerz	(die Welt + der Schmerz)
Segelflieger	(das Segel + der Flieger)

(2) *Substantive, die mit einem* **s** *aneinandergefügt sind*

Das Genitiv **s** findet sich vor allem in den Komposita, deren erstes Wort männlichen oder sächlichen Geschlechts ist. Aus unserem Text:

Auslandspresse	(das Ausland + die Presse)
Nachkriegsjahre	(der Krieg + die Jahre)
Ausdruckswille	(der Ausdruck + der Wille)

Komposita, deren erstes Glied mit einem der folgenden Suffixe endet, haben immer ein **s**:

-tum	**-ing**
-ling	**-heit**
-keit	**-schaft**
-ung	**-ut**
-ion	**-tät**

Brauchtumsforschung	(das Brauchtum + die Forschung)
Heringssalat	(der Hering + der Salat)
Lieblingsspeise	(der Liebling + die Speise)
Hoheitsgebiet	(die Hoheit + das Gebiet)
Fruchtbarkeitsgöttin	(die Fruchtbarkeit + die Göttin)
Landschaftsbild	(die Landschaft + das Bild)
Anziehungskraft	(die Anziehung + die Kraft)
Armutsviertel	(die Armut + das Viertel)
Intensionsbündel	(die Intension + das Bündel)
Nationalitätsnachweis	(die Nationalität + der Nachweis)

Auch Wörter, die mit einem substantivisch gebrauchten Infinitiv zusammengesetzt sind, sowie Wörter mit **Liebe, Hilfe** und **Geschichte** haben ein **s** an ihrer Nahtstelle.

Essenszeit	(das Essen + die Zeit)
Liebeskummer	(die Liebe + der Kummer)
Hilfsarbeiter	(die Hilfe + der Arbeiter)
Geschichtsunterricht	(die Geschichte + der Unterricht)

(3) *Komposita mit Pluralendung des ersten Wortes*
Die Pluralendung des ersten Wortes im Kompositum findet sich
nicht so häufig:

Hühnerhof	(das Huhn, Hühner + der Hof)
Hundehütte	(der Hund, Hunde + die Hütte)
Götterspeise	(der Gott, Götter + die Speise)
Gästebuch	(der Gast, Gäste + das Buch)

b. Adjektiv (Partizip) + Substantiv

Ist das erste Glied eines Kompositums ein Adjektiv oder ein
Partizip, so verliert es seine Endung:

Oberfläche	(= die obere Fläche)
Gebrauchtwagen	(= der gebrauchte Wagen)
Heiligabend	(= der heilige Abend)
Neubau	(= der neue Bau)

c. Zahlwort + Substantiv

Ein Zahlwort, das das erste Glied eines Kompositums bildet,
kann eine Kardinalzahl, eine Ordinalzahl oder eine Bruchzahl sein:

Einhorn	(eins + das Horn)
Dreiklang	(drei + der Klang)
Siebenmeilenstiefel	(sieben + die Meile + der Stiefel)
Erstgeburt	(der Erste + die Geburt)
Zweitbeste	(der Zweite + das Beste)
Halbinsel	(halb + die Insel)

d. Verb + Substantiv

Ist das Verb das erste Glied einer Zusammensetzung, so erscheint
es meistens nur als Verbalstamm, d.h. ohne die Infinitivendung:

Herrschsucht	(herrschen + die Sucht)
Machart	(machen + die Art)
Schimpfwort	(schimpfen + das Wort)

BEACHTE: Bei den Verben auf **-nen** fällt das anlautende **n** der
Nachsilbe aus:

Zeichenstift	(zeichnen + der Stift)
Rechenbuch	(rechnen + das Buch)

e. Präposition (Adverb) + Substantiv
Wird eine Präposition oder ein Adverb mit einem Substantiv kombiniert, so gibt der erste Teil des Kompositums seine ursprüngliche Bedeutung oft auf:

Beiname	(der Name bei dem Namen)
Vorstadt	(die Stadt vor der Stadt)
Aufwind	(der aufwärts gerichtete Wind)

Zurück wir in Zusammensetzungen durch **rück** ersetzt:

Rückweg	(der Weg zurück)
Rücklage	(das, was man zurücklegt)
Rückantwort	(die Antwort, die man zurückschickt)

f. Drei- und mehrgliedrige Zusammensetzungen
Alle bisher besprochenen Komposita können zusammen mit einem oder mehreren Wörtern wiederum ein neues, längeres Kompositum bilden:

Oberflächenspannung	(die Spannung der Oberfläche)
Vorstadtkino	(das Kino in der Vorstadt)
Rückantwortkarte	(die Karte, die für die Rückantwort bestimmt ist)

Besonders im technischen Bereich und in der Bürosprache gibt es zusammengesetzte Wörter, die durch ihre Überlänge unschön wirken:

Rheindampfschiffahrtsgesellschaft
Röntgenreihenuntersuchungsbescheinigung

ÜBUNGEN

a. *Beantworten Sie folgende Fragen, indem Sie Komposita mit dem Substantiv* **Kunst** *bilden.*

1. Wie nennt man eine Schule, auf der man Kunst studiert?
2. Wie nennt man einen Menschen, der ein Liebhaber der Kunst ist?
3. Wie nennt man ein Geschäft, in dem mit Kunstgegenständen gehandelt wird?
4. Wie nennt man den Beruf, mit Kunstwerken zu handeln?
5. Wie nennt man die Menschen, die in diesem Beruf tätig sind?
6. Wie nennt man einen Verein, der sich mit Kunst beschäftigt?
7. Wie nennt man eine Person, die Kunstwerke sammelt?

8. Wie nennt man ein künstliches Produkt?

9. Wie nennt man imitiertes Leder?

10. Wie nennt man Plastik mit einem anderen Wort?

11. Wie nennt man synthetische Textilien?

12. Wie nennt man künstlichen Dünger?

b. *Beantworten Sie die folgenden Fragen, indem Sie Komposita mit dem Substantiv* **Liebe** *bilden.*

1. Wie nennt man einen Brief, in dem man seine Liebe beteuert?

2. Wie nennt man eine Geschichte, die von einer großen Liebe handelt?

3. Wie nennt man eine Heirat aus Liebe?

4. Wie nennt man die traurige Stimmung wegen einer unglücklichen Liebe?

5. Wie nennt man das gute Werk, das man aus Liebe zum Nächsten tut?

6. Wie nennt man einen Bewunderer?

7. Wie nennt man einen bekannten deutschen Rheinwein?

c. *Bilden Sie Komposita mit den folgenden Wörtern.*

1. Landschaft: das Bild, die Gestaltung, der Maler, die Aufnahme

2. Liebling: das Essen, der Sohn, das Kleid, die Beschäftigung

3. Leistung: die Fähigkeit, der Faktor, der Messer, die Arbeit

4. Freiheit: der Drang, der Krieg, die Strafe, die Urkunde

d. *Erklären Sie die folgenden Komposita in einem möglichst vollständigen Satz.*

z.B. die Oberfläche: **Die Oberfläche ist die obere Fläche eines flüssigen oder festen Körpers.**

1. der Untergrund

2. die Vorderfront

3. die Hintertür

4. der Edelmann

5. die Gemischtwaren

6. die Unterwelt

7. das Oberhaus

8. der Hinterhof

9. das Oberteil

10. die Freifrau

11. der Rotkohl

12. die Weißtanne

13. die Außenwand

14. das Zwischenstück

15. die Hochzeit*

---

* mhd. **hoch(ge)zit** = das hohe Fest, die höchste Freude

EINHEIMISCHE KENTAUREN

2. ZUSAMMENGESETZTE VERBEN

Hier müssen wir zwischen trennbaren und untrennbaren Zusammensetzungen unterscheiden.

a. Trennbare zusammengesetzte Verben

Bei den trennbaren zusammengesetzten Verben sind nur der Infinitiv, das Partizip Präsens und das Partizip Perfekt fest verbunden, in allen finiten Formen jedoch steht der abgetrennte, nicht verbale Teil des Verbes am Ende des Satzes.

> Er wird bald **einschlafen.**
> **Einschlafend** erinnerte er sich.
> Er ist schnell **eingeschlafen.**
> Als er **einschlief** . . .
> ABER: Er **schläft (schlief) ein.**
> Er sagte, er **schlafe** schnell **ein.**
> **Schlaf ein!**

Die meisten Verben, deren erstes Glied aus einem vollständigen Wort (einer Präposition, einem Adverb, einem Adjektiv oder einem Substantiv) besteht, trennen dieses im Präsens, Imperfekt und Imperativ ab. Für einige mit Präpositionen oder Adverbien zusammengesetzte Verben gilt das jedoch nicht. Siehe dazu die folgenden Seiten.

(1) *Präpositionen + Verb*

Verben, die mit Präpositionen oder Adverbien zusammengesetzt sind, bilden die größte Gruppe der trennbaren Verben.

> sehen:
> ansehen, aufsehen, hinsehen, vorsehen, übersehen, absehen, wegsehen, nachsehen, einsehen, durchsehen, umsehen, wiedersehen . . .
> auslachen, ausschimpfen:
> Das Mädchen **hat** ihn **ausgelacht.**
> Tante Hanna **schimpft** das ungezogene Mädchen **aus.**
> ansprechen, anblicken:
> Er **spricht** immer blonde Mädchen **an.**
> Die Kinder **blicken** voller Staunen ihre Geschenke **an.**
> umhängen, umrennen:
> Ingrid **hängt** sich voller Stolz ihre neue Kette **um.**
> Während der Panik **wurde** der kleine Junge **umgerannt.**

durchmachen, durchstehen:

Er hat in seinem Leben viel Schweres **durchgemacht.**

Um das **durchzustehen,** muß man stark sein.

(2) *Adjektiv + Verb*

Es gibt nur ein einziges Adjektiv, das in der Kombination mit einem Verb untrennbar ist, nämlich das Adjektiv **voll:**

vollenden, vollbringen:

Der Bildhauer **vollendet** das Kunstwerk.

Er **vollbrachte** eine große Tat.

Alle anderen Verben mit einem Adjektiv im ersten Wortglied sind trennbar:

weiterarbeiten, loslassen:

Erst im Frühjahr **arbeiten** die Maurer an dem Neubau **weiter.**

Mitten in dem Tumult **ließ** er seinen Hund **los.**

(3) *Substantiv + Verb*

Mit Substantiven zusammengesetzte Verben sind meistens Ableitungen von zusammengesetzten Substantiven. Die meisten sind trennbar, einige jedoch untrennbar.

TRENNBAR:

achtgeben, stattfinden, teilnehmen, standhalten, preisgeben, radfahren

Die Vorstellung **fand** nicht **statt.**

Er **hielt** den Angriffen **stand.**

Sie **gab** das Geheimnis nicht **preis.**

UNTRENNBAR:

hohnlachen, prämiensparen, notlanden, schutzimpfen

Don Juan **hohnlachte** den Drohungen.

Das Flugzeug **notlandete** in der Wüste.

b. Verben, deren Vorsilben trennbar oder untrennbar sein können

Es handelt sich um Verben mit den folgenden Partikeln:

durch-	über-	um-
unter-	hinter-	wider-
wieder-		

Mit **wieder-** gibt es nur ein Verb, das eine feste Zusammensetzung bildet: wiederholen

Je nachdem, ob der erste Wortteil betont ist (wörtliche Bedeutung), oder ob der zweite Wortteil betont ist (oft übertragene Bedeutung), können Verben trennbar oder untrennbar sein.
Bei untrennbaren Verben liegt die Betonung auch auf dem verbalen Wortteil **(wiederho′len),** während sie bei trennbaren Verben auf der ersten Silbe liegt **(wie′derholen).**

wiederho′len:	Er **wiederholt** den Satz.
wie′derholen:	Er **holt** den Ball **wieder.**
übertre′ten:	Sie **übertritt** das Gesetz.
ü′berlaufen:	Der Wassereimer **läuft über.**
durchschau′en:	Er **durchschaute** sie sofort.
du′rchstreichen:	Er **strich** das Wort **durch.**

Wie Sie an diesen Beispielen sehen, können die oben genannten Partikel sowohl untrennbare, als auch trennbare Zusammensetzungen bilden. Als Faustregel läßt sich sagen, daß zusammengesetzte Verben, die in einem übertragenen Sinn gebraucht werden, untrennbar sind; Verben jedoch, deren erstes Wortglied wörtlich genommen werden kann, sind trennbar.

überse′tzen:	ich **übersetze** (übertragene Bedeutung)
unterha′lten:	ich **unterhalte** (übertragene Bedeutung)
ABER:	
ü′bersetzen:	ich **setze über** (wörtliche Bedeutung)
u′nterhalten:	ich **halte unter** (wörtlich Bedeutung)

Bei einigen wenigen Verben ist der Bedeutungsunterschied jedoch so gering, daß die Entscheidung, ob es sich um ein trennbares oder einuntrennbares Verb handelt, schwer fällt.

du′rchsägen:	Er **sägt** den Baum **durch.**	} gleiche
durchsä′gen:	Er **durchsägt** den Baum.	Bedeutung
ü′bersiedeln:	Sie **siedeln** nach Neuseeland **über.**	} gleiche
übersie′deln:	Sie **übersiedeln** nach Neuseeland.	Bedeutung

BEACHTE: Das Partizip Perfekt dieser untrennbaren zusammengesetzten Verben wird ohne **ge-** gebildet.

> Er hat den Satz **wiederholt.**
> Er hat sie **durchschaut.**

ABER:

> Er hat den Ball **wiedergeholt.**
> Er hat alles **durchgeschaut.**

ÜBUNGEN

a. *Bilden Sie mit den folgenden Satzelementen vollständige Sätze und schreiben Sie sie in den angegebenen Zeiten:*

Z.B. Das müde Kind/ einschlafen/ schnell. *(Präsens)*
Das müde Kind schläft schnell ein.

1. Der Mann/ wiedersehen/ seine Frau/ nach vielen Jahren. *(Perfekt)*
2. Der Junge/ auslachen/ sein Freund. *(Imperfekt)*
3. Die Segelyacht/ durchschneiden/ die Wellen. *(Präsens und Perfekt)*
4. Adelheid/ umräumen/ fast jede Woche/ ihre Wohnung. *(Präsens und Perfekt)*
5. Der Architekt/ fertigstellen/ der vor zwei Jahren begonnene Bau. *(Plusquamperfekt)*
6. Die Schüler/ irreführen/ die Rede. *(Perfekt Passiv)*
7. Praktisch sein/ radfahren/ auf dem Universitätsgelände. *(Präsens)*
8. Die alte Frau/ prämiensparen/ seit langer Zeit. *(Plusquamperfekt)*
9. Ich/ unterbringen/ alle Gäste/ in meiner Wohnung. *(Präsens)*
10. Der Leichtathlet/ vollbringen/ eine große Leistung. *(Imperfekt)*

b. *Antworten Sie mit der richtigen Verbform:*

1. Die Truppen —— die feindlichen Reihen —— (durchbre'chen).
2. Der Junge —— sein Spielzeug —— (du'rchbrechen).
3. Ihre Tricks sind leicht zu —— (durchschau'en).
4. Haben Sie schon einmal diese Hefte —— (du'rchschauen)?
5. Der Grassamen ist mit Unkraut —— (durchse'tzen).
6. Hat sie sich endlich einmal —— (du'rchsetzen)?
7. Es hat schrecklich gegossen, wir waren ganz——(durchnä'ssen).

EINHEIMISCHE KENTAUREN

8. Die ganze Universität wurde von der Polizei —— (durchsu'chen).
9. Diese Sammlung habe ich noch nicht —— (du'rchsuchen).
10. Am hellen Tage war das Mädchen —— worden —— (überfa'llen).
11. Seine Anfrage wurde —— (überge'hen).
12. Das Fallobst ist schon in Fäulnis —— (ü'bergehen).
13. Hat er wirklich das Gesetz —— (übertre'ten)?
14. Sie ist zum Katholizismus —— (ü'bertreten).
15. Auf Grund des vielen Regens ist der Fluß —— seine Ufer —— (ü'bertreten).
16. Um Mitternacht —— es in dem alten Haus —— (u'mgehen).
17. Dieses Hindernis kann —— werden —— (umge'hen).
18. Er —— sie —— ihre schlanke Taille —— (u'mfassen).
19. Mit einem Blick —— er alles —— (umfa'ssen).
20. Diese Soldaten sind dem Unteroffizier —— (unterste'llen).
21. Ich habe mein Fahrrad in dem Schuppen —— (u'nterstellen).
22. Wir haben uns glänzend —— (unterha'lten).
23. Seit Jahren haben sie einen lebhaften Briefwechsel —— (unterha'lten).
24. Wir wollen warten, bis die Sonne —— (u'ntergehen).
25. Ein Onkel hat ihm fünftausend Mark —— (hinterla'ssen).
26. Ich habe alle Ersparnisse bei meiner Bank —— (hinterle'gen).
27. Warum —— du mir immer —— (widerspre'chen)?
28. Er konnte der Versuchung nicht —— (widerste'hen).
29. Er hat die Arbeit doch noch —— (volle'nden).
30. Das Urteil wurde sofort —— (vollstre'cken).
31. —— deinen Mund nicht so —— (vo'llnehmen)!
32. Er hat den Tank —— (vo'llfüllen).

3. ZUSAMMENGESETZTE ADJEKTIVE

a. Viele zusammengesetzte Adjektive enthalten im ersten Glied ein Substantiv, das eine verstärkende Wirkung hat.

blitzschnell (= so schnell wie der Blitz)
steinhart (= so hart wie ein Stein)
strohdumm (= so dumm wie Stroh)
taufrisch (= so frisch wie der Tau)
zuckersüß (= so süß wie Zucker)
kugelrund (= so rund wie eine Kugel)

b. In anderen zusammengesetzten Adjektiven sind zwei Adjektive oder ein Adverb und ein Adjektiv zusammengewachsen:

schwerkrank   **kleinlaut**
bitterböse   **hochbarock**

ÜBUNGEN

a. *Leiten Sie von jedem der folgenden Sätze ein zusammengesetztes Adjektiv ab.*

z.b. Der Junge ist dumm wie Stroh.
strohdumm

1. Das Mädchen ist so schön wie ein Bild.
2. Seine Fingernägel sind so schwarz wie die Raben.
3. Die gute Idee kam ihm so schnell wie der Blitz.
4. Ihre Haltung ist so gerade wie eine Kerze.
5. Das ist so traurig wie der Tod.
6. Er war so naß wie ein Pudel.
7. Ihre Haut ist so weiß wie Schnee.
8. Die Kinder waren so still wie die Mäuschen.
9. Er ist so dünn wie eine Spindel.
10. Das Kleid ist rot wie Rosen.

II. AUFSATZTHEMEN

1. Jede Epoche prägt ihren eigenen Wortschatz. In unserem Jahrhundert sind vor allem auf den Gebieten der Technik und Naturwissenschaft viele neue Wörter entstanden. Bei diesen neuen Wörten handelt es sich in den meisten Fällen um Komposita. Schreiben Sie Aufsätze zu den folgenden Themen und gebrauchen Sie dabei die angegebenen Wörter.

a. WELTRAUMFORSCHUNG

Raumfahrt — Raumfahrtforschung — Astronautik — Stufenrakete — Trägerrakete — Fehlstart — Außenstation — Nachrichtensatellit — Navigationssatellit — Sauerstoff — Luftdruck — Kabinentemperatur — Triebwerk — Umlaufbahn — Neigungswinkel — Strahlungsmessung — Raumsonde — Magnetfeld — Stromversorgung — Himmelskörper — Strahlungsgürtel — Astronaut.

b. AUTO

Beschreiben Sie eine Autopanne, die Sie selbst erlebt haben. Beachten Sie, daß einige der folgenden Ausdrücke der Umgangssprache angehören.

> Mit hundert Sachen fahren* — ins Schleudern kommen — einen Platten haben* — Ersatzreifen — Wagenheber — Schraubenschlüssel — Radkappe — Ventil — Zündkerze — Auspuff — Vergaser — Überdruck — Kofferraum — Motorhaube — Karosserie — Getriebe — Hubraum — Gangschaltung — Lenkrad — Windschutzscheibe.

c. FLUGREISE

Beschreiben Sie eine Flugreise, die Sie unternommen haben.

> Hubschrauber — Viermotoriges Flugzeug — Propellerflugzeug — Düsenflugzeug — Flugplatz — Stewardess — an Bord gehen — Pilot — Kontrollturm — Radar — Lautsprecher — Flugstrecke — Sicherheitsgurt — Notlandung — Schwimmweste — Fallschirmabsprung — Fahrgestell — Start — Startbahn — Tragfläche — Pilotenkanzel — Armaturenbrett — Leitstrahl — Luftloch — Funkverbindung — Positionsmeldung — Kopfhörer — zur Landung ansetzen — Höhe verlieren — aufsetzen — Landebahn — Paßkontrolle — Zoll — verzollen — zollfrei.

d. MATHEMATIK, PHYSIK, CHEMIE

Beschreiben Sie ein mathematisches bzw. physikalisches Problem oder ein chemisches Experiment.

---

* Umgangssprache

15 | FÜNFZEHNTES KAPITEL

LYRISCHE EXPERIMENTE

In diesem Kapitel sollen Sie versuchen, ein wenig mit Wörtern zu spielen. Durch unerwartete und ungewöhnliche Wortverbindungen sollen Sie Ihr Sprachgefühl etwas mehr erweitern, Sie sollen ein Auge und ein Ohr für neue und überraschende Möglichkeiten entwickeln.

Christian Morgenstern

Fisches Nachtgesang

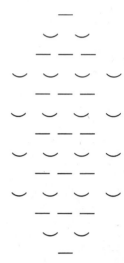

Die Trichter

Zwei Trichter wandeln durch die Nacht.
Durch ihres Rumpfs verengten Schacht
fließt weißes Mondlicht
still und heiter
auf ihren
Waldweg
u. s.
w.

Gespräch einer Hausschnecke mit sich selbst

Soll i aus meim Hause raus
Soll i aus meim Hause nit raus?
Einen Schritt raus?
Lieber nit raus?
Hausenitraus—
Hauseraus
Hauseritraus
Hausenaus
Rauserauserauserause . . . . .

(Die Schnecke verfängt sich in ihren eigenen Gedanken
oder vielmehr diese gehen mit ihr dermaßen durch, daß sie
die weitere Entscheidung der Frage verschieben muß.)

Max Bense

Fuß

Fuß

Fuß

    Fuß

       Fuß

         Fuß

          Fuß

            Fuß

             Fuß

              Fuß

               Fuß

                Fuß

                 Fuß

                  Fuß

                 Fuß

                  Fuß

                 Fuß

                   Füße

KONVERSATIONSTHEMEN

1. Auf welchen Gedanken baut das Gedicht »Fisches Nachtgesang« auf? Kann es ein Gedicht ohne Worte geben? Haben Fische Worte? Ist es möglich, daß Fische sich poetisch ausdrücken wollen? Welche äußere Form hat dieses Fisch-Gedicht?

2. Das Gedicht »Die Trichter« ist in der Form eines Trichters geschrieben. Beachten Sie das Versmaß und den Reim. Wie werden diese von der äußeren Form des Trichters beeinflußt? Wie wird »u.s.w.« ausgesprochen? Ist die richtige Aussprache für den lauten Vortrag des Gedichtes wichtig?

3. Was bespricht die Schnecke in dem Gedicht »Gespräch einer Hausschnecke mit sich selbst?« Hat sie ein großes Problem? Wie zeigt Morgenstern den verwickelten Gedankengang der Schnecke, ohne daß die Schnecke selbst erkennt, daß sie sich vollkommen verwickelt hat? Kennen Sie die Wörter, die Morgenstern die Hausschnecke sagen läßt? Können Sie sie im Wörterbuch finden? Der Monolog der Schnecke ist teilweise in Dialekt. Was kommt dadurch zum Ausdruck?

4. Warum sind die Wörter in dem Gedicht von Max Bense auf ihre besondere Art angeordnet? Was wird dadurch ausgedrückt? Was bezweckt Bense mit seiner Wortwahl? Kann er mit einem so beschränkten Wortschatz wirklich ein Gedicht komponieren? Beschreibt das Gedicht irgendetwas?

ÜBUNGEN

1. Schreiben Sie ein Fischgedicht, in dem z.B. die Blasen, die der Fisch aufsteigen läßt, die Form des Gegenstandes annehmen, über den der Fisch nachdenkt. Stellen Sie sich vor, daß ein schlanker Hering an eine dicke Flunder denkt und sie zu beschreiben versucht. Wie würde das aussehen?

2. Wie könnte man z.B. ein Gedicht über eine Schlange schreiben? Stellen Sie sich vor, daß sich die Schlange einmal am Weg entlang windet, das andere Mal, daß sie zusammengerollt in der Sonne liegt. Verwenden Sie für das Gedicht über die kriechende Schlange folgenden Wortschatz:

kriechen — sich am Weg entlang winden — den Körper strecken —
den Kopf recken — mit der Zunge zischeln — gleiten — schlüpfen
— schieben — sich wiegen — sich biegen

In dem Gedicht über eine zusammengerollte Schlange können
Sie folgende Wörter als Hinweis nehmen:

rund — schwer — Schlaf — tief — Sonne — heiß — lang — Bett aus
Laub — knistern — knacken — Steine — warm — Schuppen —
glitzern

3. Schreiben Sie ein Liebesgedicht in der Form eines Herzens. Sie
können dabei z.B. nur das Wort »Liebe« immer wiederholen,
nach dem Beispiel des Bense-Gedichtes. Oder Sie verwenden nur
den Satz »ich liebe dich«; oder Sie können auch eine ganze
Liebesgeschichte schreiben. Auf wieviel verschiedene Arten
könnten Sie in solch einem herzförmigen Gedicht andeuten, daß
vielleicht ein kleiner Zweifel an dieser Liebe besteht?

4. Stellen Sie sich vor, Sie liegen im Gras, schauen in den blauen
Himmel hinauf und sehen eine Wolke vorüberziehen. Die Wolke
nimmt dabei die Form Ihrer Gedanken an. Wie würde die Wolke
dann aussehen und wie würden sich Ihre Gedanken in dieser
Wolke ausdrücken?

5. Schreiben Sie ein Gedicht über ein dunkles Haus an einem späten
Abend. In dem Haus ist ein Fenster hell erleuchtet. Schreiben Sie
das Gedicht in der Form eines Hauses. Verwenden Sie für den
dunklen Teil des Hauses dunkle Tinte, für das helle Fenster helle
Tinte. Schreiben Sie kurze, einfache Sätze, aber so, daß sie die
Form des Gegenstandes angeben, den sie beschreiben. Verwenden
Sie z.B. folgende Sätze:

die Mauer ist dunkel — die Tür ist niedrig — das Dach hängt tief
herab — das Fenster dunkel — ein Fenster ist hell — der Kamin
raucht

SOZIALE MARKTWIRTSCHAFT

Hans Magnus Enzensberger

MUTTI hat
Haben SIE
NIE wieder

Sorgen!?
Hemmungen vor dem anderen Geschlecht!?
Damenbart!?
Sprechangst vor höhergestellten Personen!?

Wenn alle andern Mittel versagen:

HOLLYWOOD FORMAT

das Bild einer schönen Büste
SOFORT die gewünschte Form
MUTTI
mach mich glücklich ohne Scheu
altbewährt
gegen Juckreiz
eine entsagungsvolle Liebe

verschafft MUTTI
eine herrliche Athletenfigur

KRAFT-DRAGEES

gegen Bettnässen
Vollwaise, 18,
zärtlich und hübsch)

KEIN SCHAUMGUMMI!
Jeder Roman ein Meisterwurf!

HALT!

Scharfe Waffen
Unerwünschtes Fett
Orden und Ehrenzeichen
MUTTI
Zauberkatalog gratis
Offene Beine
Stottern

Eine bessere Zukunft
schnell und spielend leicht
RADIKAL enthaart
ohne Nachwuchs
Vermögen unwichtig
Erfolg bei Frauen
nur für reife Menschen!

(eine Leistung des Bertelsmann Leserings)

ÜBERGLÜCKLICH!

Pickel kommen von innen
in fünf Minuten
Erröten
Bettnässer
radikal verjüngt

wenn ER mit starkem Arm
mich schützend umfängt
wird meine Einsamkeit zerrinnen
wie Schnee im Frühlingswind

Institut Möller   Postfach 662

FÜNFZEHNTES KAPITEL

Ergriffen werden Sie dieses Geschehen um
UNERWÜNSCHTES FETT   eine entsagungsvolle Liebe
GRATIS   verfolgen
IN FÜNF MINUTEN Hämorrhoiden
Ist die Wirkung nicht überraschend,

MUTTI?

Vollwaife?   Senden Sie diefen Gutfchein ein!
    Gewohnheitstrinker?

                Zärtlich und hübfch?
Man wird Sie bewundern!   Abftehende Ohren?

HIER wird nicht angedeutet,
sondern **ENDLICH** einmal
OFFEN darüber gesprochen!

Eine bessere Zukunft liegt vor Ihnen: **REVOLUTION!**

Doppelkinn   schmerzlos
Hemmungen   wurzeltief
Juckreiz   auf Abzahlung

Zentrale für Selbstentwicklung

Goldene Erfindermedaille

in diskretem Umschlag

MUTTI, REVOLUTION! In fünf Minuten zehnfingerblind!

Wenn alle andern Mittel versagen:

REVOLUTION!   *Die emotionale Enthemmungsmethode*
REVOLUTION!   *Explosiv wie Dynamit*
Wenn **ER** *mit starkem Arm*

in fünf Minuten   *wie Schnee im Frühlingswind*
eine bessere Zukunft   *vor höhergestellten Personen*
radikal enthaart   *zuverlässig*
zerrinnt

REVOLUTION: *GARANTIERT UNSCHÄDLICH!*

LYRISCHE EXPERIMENTE   273

II. KONVERSATIONSTHEMEN

1. Wissen Sie, was die soziale Marktwirtschaft ist? Wie bezieht sich der Titel auf den Inhalt des Gedichts? Spricht Enzensberger über die soziale Marktwirtschaft? Oder spricht er mehr durch die Ausdrücke, die durch die soziale Marktwirtschaft geprägt wurden? Womit befaßt sich der Inhalt des Gedichts? Warum verwendet Enzensberger verschiedene Schattierungen und verschiedene Druckarten? Folgt Enzensberger einer bestimmten Anordnung der Zeilen? Könnte man die Zeilen auch umstellen, ohne das, was das Gedicht sagen will, zu verändern?

2. Was bezweckt Enzensberger in diesem Gedicht mit seiner Schlagzeilentechnik? Welche Lebensbereiche werden besonders hervorgehoben? Was besagt das über die soziale Marktwirtschaft? Wer liest solche Schlagzeilen jeden Tag? Wo findet man alle die Versprechen, die Enzensberger erwähnt, auch sonst noch? Ist der Wortschatz Enzensbergers sehr dichterisch? Ist er für die Zwecke, die Enzensberger verfolgt, sehr gut ausgewählt?

3. Wenn Sie das Gedicht genau ansehen, werden Sie erkennen, daß es nach einem bestimmten Plan angelegt ist, obwohl es auf den ersten Blick einen etwas chaotischen Anschein erweckt. Können Sie den Plan, nach dem das Gedicht aufgebaut ist, genauer definieren?

4. Vergleichen Sie die einzelnen Zeilen bzw. die gegenübergestellten Zeilenhälften miteinander. Welche Wirkung bezweckt Enzensberger mit diesen Gegenüberstellungen? Sehen Sie sich zum Beispiel die allerletzte Zeile an, in der **Revolution** und **Garantiert unschädlich** nebeneinander stehen. (Hinter **Revolution** steht außerdem noch ein Doppelpunkt, so daß die Erwartung dessen, was die Revolution sagen will, noch gesteigert wird.) Kann eine Revolution unschädlich sein? Sollte und will eine Revolution unschädlich sein? Will eine Revolution nicht gerade einen Umsturz (und notgedrungenerweise einen Schaden) bewirken? Macht sich Enzensberger in der Gegenüberstellung dieser beiden Begriffe über jemanden lustig? Können Sie noch mehr ironische Gegenüberstellungen dieser Art entdecken?

ÜBUNGEN

1. Schneiden Sie verschiedene Schlagzeilen und Reklametexte aus Zeitungen aus. Suchen Sie solche in verschiedenen Größen, Druckarten und nach Möglichkeit in verschiedenen Farben. Kleben Sie sie auf ein Stück Papier auf. Geben Sie aber der Anordnung dieser Texte irgendeinen Sinn. (Sie können z.B. zeigen, wie dumm manche Texte sind, wenn man sie nicht im Satzzusammenhang sieht, d.h. wenn man sie nicht in der gewohnten Form vor Augen hat; oder Sie können zeigen, wie gefährlich es ist, mit Schlagzeilen zu arbeiten, weil die Hoffnungen, die Erwartungen, die Furcht, die mit diesen Schlagzeilen verbunden sind, genauso übertrieben sind wie der Inhalt der Zeilen selbst; oder Sie können zeigen, wie sich die verschiedenen Texte widersprechen und der Leser die Orientierung eher verliert als gewinnt, wenn er dem Inhalt dieser Schlagzeilen Glauben schenken sollte.) Bei all diesen Projekten ist die Anordnung der Texte und die Auswahl selbst schon richtunggebend für das, was Sie über diese Texte aussagen wollen. Wie im Enzensberger-Gedicht sprechen diese Texte selbst. Aber durch eine bestimmte Anhäufung und Gegenüberstellung sagen sie noch viel mehr aus. Sie sagen nämlich etwas über sich selbst aus und das ist vom Inhalt ihrer Zeilen ganz verschieden.

2. Sie können die ausgeschnittenen Texte auch mit Bildern versehen oder mit Ausschnitten von Bildern, die auf ihre Art genau so sprechen, wie die Texte selbst. Oder Sie können die Texte auf Photographien, Reklamebilder, usw. aufkleben. Weder die Texte noch die Bilder müssen, wie bei Enzensberger, geradlinig angeordnet werden. Diese Technik wird bei Collagen verwendet.

Die Weise Flammt

Der Engel schäumt nach breiter Wette
Ob Mauerloches Tiergeripp
Und seine tiefbewegte Kette
Verzeihet er um Baumgestrüpp

Und ihre angerauchten Säfte
Erfasset sie am Flammenbild
Der Himmel gibt zu tiefem Herzen
Die Stärke drängt ob hoher Kräfte

Nach Himmelslichtes Geisterschild
In Wissensqualmes Totenbein
Und seine abgewöhnten Schmerzen
Verbietet er vom Mondenschein

Das Zeichen dreht in ewger Stärke
Von Donnerschlages Menschenwurm
Und seine unbedingten Werke
Ergründet es zu Tatensturm

Die Erde braust ob ganzer Geister
In Göttersöhne Bergeshöhn
Und ihre vollgepfropften Meister
Verwechselt sie mit Seelenflehn

Die Weise flammt nach stetem Glauben
Von Mitternachtes Geisterwelt
Und ihre fortgerissnen Schrauben
Verhöhnet sie um Sündengeld

Prolog im Himmel

Die Sonne tönt nach alter Weise
In Brudersphären Wettgesang,
Und ihre vorgeschriebne Reise
Vollendet sie mit Donnergang.
Ihr Anblick gibt den Engeln Stärke,
Wenn keiner sie ergründen mag;
Die unbegreiflich hohen Werke
Sind herrlich wie am ersten Tag.

Und schnell und unbegreiflich schnelle
Dreht sich umher der Erde Pracht;
Es wechselt Paradieseshelle
Mit tiefer, schauervoller Nacht;
Es schäumt das Meer in breiten Flüssen
Am tiefen Grund der Felsen auf,
Und Fels und Meer wird fortgerissen
In ewig-schnellem Sphärenlauf.

Und Stürme brausen um die Wette
Vom Meer aufs Land, vom Land aufs Meer,
Und bilden wütend eine Kette
Der tiefsten Wirkung ringsumher.
Da flammt ein blitzendes Verheeren
Dem Pfade vor des Donnerschlags;
Doch deine Boten, Herr, verehren
Das sanfte Wandeln deines Tags.

Vergleichen Sie den »Prolog im Himmel« mit dem Gedicht
»Die Weise flammt«. Lesen Sie beide Gedichte mehrmals laut
und langsam durch. Konzentrieren Sie sich dann vor allem in
beiden Gedichten auf die ersten vier Zeilen. Fallen Ihnen irgendwelche Ähnlichkeiten zwischen den beiden Strophen auf?

ÜBUNGEN

1. Analysieren Sie die ersten vier Zeilen der beiden Gedichte Wort für Wort. Sie werden finden, daß sich die Wortgattungen in den beiden Gedichten genau entsprechen; d.h. wo ein Artikel in dem einen Gedicht steht, steht ein Artikel in dem anderen; wo ein Substantiv steht, steht auch in dem anderen Gedicht ein Substantiv, usw. Untersuchen Sie die Zeiten, die Personenzahl, die Silbenzahl in jeder der beiden ersten Strophen. Beachten Sie, wo in jeder Strophe zusammengesetzte Substantive vorkommen, wo zusammengesetzte Adjektive stehen, wieviele Silben sie haben usw.

2. Untersuchen Sie, ob sich die Zeilen reimen. Sie werden finden, daß die erste Strophe eines jeden Gedichts nach dem Schema abab reimt. Untersuchen Sie, nach welchem Schema sich die weiteren Zeilen im »Prolog im Himmel« reimen. Wie steht es mit den restlichen Strophen von »Die Weise flammt«? Welche Gründe können Sie für eine Unregelmäßigkeit in den Reimendungen angeben? Glauben Sie, daß die Unregelmäßigkeit auf einem Versehen des Autors beruht? Ist es glaubhaft, daß ein Autor, der sich ziemlich genau an ein Vorbild hält, sich seiner Abweichungen von diesem Vorbild nicht bewußt ist? Was will er also damit bezwecken?

3. Wie verhalten sich die ersten vier Zeilen des »Prolog im Himmel« zu den restlichen Zeilen? Können Sie in der Satzstruktur ein gleichbleibendes Schema entdecken? Können Sie in den Reimendungen ein Schema entdecken?

4. Folgt das Gedicht »Die Weise flammt« demselben Reimschema wie »Prolog im Himmel«? Wie verhalten sich die restlichen Strophen des Gedichts »Die Weise flammt« zu der ersten Strophe? Sind diese restlichen Strophen dem »Prolog im Himmel« angeglichen oder ähneln sie der ersten Strophe von »Die Weise flammt«? Welche Unterschiede bestehen zwischen den einzelnen Strophen?

5. Eine Analyse der ersten vier Zeilen von »Prolog im Himmel« ergibt folgendes:

> ZEILE 1: bestimmter Artikel; zweisilbiges Substantiv; einsilbiges Verb in der 3. Person Präsens Singular; einsilbige Präposition; zweisilbiges Adjektiv; zweisilbiges Substantiv.

> ZEILE 2: einsilbige Präposition; zusammengesetztes Substantiv im Genitiv, bestehend aus zwei zweisilbigen Substantiven; zusammengesetztes Substantiv, bestehend aus einem ein- und einem zweisilbigen Substantiv.

> ZEILE 3: Konjunktion; possessives zweisilbiges Adjektiv; zusammengesetztes Adjektiv, bestehend aus einer einsilbigen Präposition und einem Partizip Perfekt; zweisilbiges Substantiv.

> ZEILE 4: dreisilbiges Verb in der 3. Person Präsens Singular (Endung hier: **-et**); einsilbiges Personalpronomen; einsilbige Präposition; zusammengesetztes Substantiv, bestehend aus einem einsilbigen und einem zweisilbigen Substantiv.

Vergleichen Sie nun »Die Weise flammt« mit dieser Wortanalyse. Wie oft und in welcher Reihenfolge erscheint da diese Zeilenanordnung? Welches der beiden Gedichte folgt einem starreren Aufbau?

6. In einem der beiden Gedichte werden die Worte ihres herkömmlichen Sinnes dadurch beraubt, daß sie nicht in einem gewohnten Zusammenhang auftreten. Was wird damit bezweckt? Können Sie in diesen ungewöhnlichen Kombinationen einen neuen Sinn entdecken? Kann man überhaupt noch von einem Gedicht sprechen, wenn ganz klar zu erkennen ist, daß es von einem anderen Gedicht abgeleitet ist?

7. Welches der beiden Gedichte gefällt Ihnen besser? Warum? Welche Reaktion lösen die Gedichte bei Ihnen aus? Erscheint Ihnen ein Gedicht, das unverständlich ist, interessant oder uninteressant? Finden Sie es langweilig oder lustig?

8. Nachdem Sie das Aufbauprinzip der ersten Strophe der beiden Gedichte genau analysiert haben, können Sie nun nach demselben Prinzip Ihre eigenen Gedichte (oder wie wollen Sie diese Gebilde sonst nennen?) verfassen? Nachstehend finden Sie Wortgruppen, die nach dem Muster der ersten vier Zeilen in beiden Gedichten ausgesucht wurden. Sie können sie auf die verschiedensten Arten zusammensetzen, vorausgesetzt, daß Sie die passenden Reimendungen verwenden. Wie Sie sehen, gibt es unendlich viele Kombinationsmöglichkeiten.

ZEILE 1:	Der Wandel	hört	nach	grüner Nähe
	Die Klingel	saust	vor	holder Höhe
	Das Mündel	gilbt	mit	trauter Leere
ZEILE 2:	wenn		Eierkuchens	Halsgekraus
	ob		Butterbrotes	Brautgemach
	da		Sauerteiges	Baugerüst
ZEILE 3:	und meine		langgesuchte	Krähe
	doch deine		banggeahnte	Böe
	denn keine		tiefgeträumte	Beere
ZEILE 4:	begehret	uns	mit	Festgeschmaus
	entdecket	es	um	Hohngelach'
	versöhnet	wer	durch	Schaugelüst

z.b. Der Wandel gilbt vor holder Leere
Ob Butterbrotes Baugerüst
Und meine banggeahnte Beere
Versöhnet wer um Schaugelüst

9. Versuchen Sie, selbst ein Gedicht aus Ihrem eigenen Wortschatz zu fabrizieren.

Frauen

Sagen zittern
Fragen wittern
Zähne weichen
Kähne bleichen
Sorten schweben
Pforten weben
Namen greifen
Samen schweifen
Schleier hören
Weiher lehren
Frauen gleiten
Grauen weiten

Das obenstehende Gedicht besteht aus nichts als einer Reihe von
zweisilbigen Substantiven und zweisilbigen Verben. Die Sub-
stantive stehen alle im Nominativ Plural, die Verben in der 3.
Person Präsens Plural, was dem Infinitiv des Verbes gleichkommt.
Die ungewöhnliche Zusammenstellung der Substantive mit den
Verben und das sinngemäße non-sequitur der Zeilen sollte Ihrem
Sinn für Wörter und Wortverbindungen einen neuen Ausblick
geben.

Wie Sie bemerkt haben, sind »Die Weise flammt« und »Frauen«
keine Gedichte im herkömmlichen Sinn. »Die Weise flammt«
ist eine grammatikalische und konstruktive Nachahmung von
Goethes »Prolog im Himmel« aus *Faust*. »Frauen« ist eine einfache
mathematische Gegeneinandersetzung bestimmter Reimschemen.
Beide Gedichte wurden von einem Computer komponiert. Die
Frage, ob Computer wirkliche Gedichte schreiben, kann zu vielen
Diskussionen Anlaß geben. Die streng formale und grammatikalische Ordnung der ausgewählten Computer-Gedichte
steht jedoch außer Zweifel. Im alltäglichen und dichterischen
Sprachgebrauch beschränkt die Wortauswahl bereits die Bedeu-
tung des Wortes. Beim Computer ist das nicht der Fall, da die

Auswahl auf Zufall beruht. Innerhalb der formalen Ordnung eines Computer-Gedichtes sind daher die Assoziationsmöglichkeiten viel freier und sie regen die Phantasie des Lesers auf eine neue Art an.

Um Zufalls-Gedichte zu komponieren, muß man nicht immer einen Computer zur Verfügung haben. Sie können z.B. durch Würfeln die Wahl eines Wortes bestimmen. Wenn Sie solche Gedichte würfeln ist es wichtig, daß Sie sich, als Gegenpol zu der unendlich großen Wortauswahl, an eine strenge formale Ordnung halten. Sie können z.B. einer ganz einfachen Satzstruktur folgen (wie im Gedicht »Frauen«), oder sich an ein bereits gegebenes Vorbild halten (wie im Gedicht »Die Weise flammt«).

Entwerfen Sie verschiedene Systeme, nach denen Sie Gedichte würfeln können.

ÜBUNGEN

1. Versuchen Sie, Wortverbindungen herzustellen, die keinen eigentlichen Sinn ergeben, die aber bildlich interessant oder wohltönend sind. Machen Sie sich den Grund klar, warum Sie gewisse Wörter zusammenstellen; z.B. wegen des Reimes, wegen gleichklingender Laute, wegen einer neuen, interessanten Bedeutung usw. Sie brauchen sich dabei nicht an das Vermaß zu halten, das in dem obenstehenden Gedicht verwendet wird.

2. In dem Gedicht »Frauen« finden Sie, daß die Zeilen sich nach dem Schema aa bb cc dd usw. reimen. Dasselbe gilt für die Substantive am Anfang jeder Zeile. Auch sie reimen sich nach dem Schema AA BB CC DD usw. Sie können nun dieses Schema Aa Aa Bb Bb Cc Cc Dd Dd usw. nach eigenem Belieben ändern. Die Kombination Aa Ba Ab Bb usw. hörte sich zum Beispiel so an:

> Sagen zittern
> Zähne wittern
> Fragen weichen
> Kähne bleichen

Verwenden Sie denselben Wortschatz und schreiben Sie nach dem Schema Ba Ba Ab Ab usw; oder Ab Ab Ba Ba usw. Sie können die beiden Gruppen (A, B, C usw.) und (a, b, c usw.) auch frei gegeneinandersetzen, z.B.

A B C A B C D E F D E F usw.
a b c b c d c d e d e f usw.

Wie Sie sehen, haben diese Gebilde nur noch wenig mit Gedichten zu tun. Sie sind vielmehr nach mathematischen Regeln kombiniert. Schreiben Sie nun einige weitere Gebilde nach Ihren eigenen Kombinationsregeln. Diese Regeln sollen dann von Ihren Studienkameraden herausgefunden werden.

3. Nachstehend finden Sie Gruppen von Wörtern, die Ihnen das Dichten erleichtern sollten.

Eier	Uhren	Ketten	brausen	schenken	sagen
Schleier	Fluren	Wetten	sausen	denken	fragen
Freier	Buren	Betten	hausen	senken	wagen
Feier	Kuren	Stätten	zausen	lenken	ragen
Weiher			grausen	tränken	nagen
Leier			schmausen		lagen
Reiher					
Geier					

sehen	trinken	schwemmen	drängen
flehen	sinken	hemmen	hängen
wehen	winken	klemmen	sengen
gehen	hinken	dämmen	mengen

4. Nehmen Sie ein Ihnen bekanntes deutsches Gedicht und ersetzen Sie jedes Wort durch ein anderes, das jedoch der gleichen grammatischen Kategorie angehört. Beachten Sie dabei auch die Silbenzahl, die Übereinstimmung der Fälle mit den Präpositionen, der Verben mit den Substantiven. Als Muster können Sie folgende Strophen verwenden:

a. Ich ging im Walde so für mich hin
Und nichts zu suchen, das war mein Sinn.
Im Schatten sah ich ein Blümlein steh'n,
Wie Sterne leuchtend, wie Äuglein schön.

Ich wollt' es brechen,
Da sagt es fein
Sollt' ich zum Sterben
Gebrochen sein?

b. Frühling läßt sein blaues Band
Wieder flattern durch die Lüfte.
Süße, wohlbekannte Düfte
Streifen ahnungsvoll das Land.

c. Konrad, sprach die Frau Mamma,
Ich geh' aus und du bleibst da,
Sei hübsch ordentlich und fromm
Bis nach Haus' ich wieder komm'.
Und vor allem, Konrad, hör'
Lutsche nicht am Daumen mehr.

d. Ob der Phillip heute still
Wohl bei Tische sitzen will?
Also sagt in strengem Ton
Der Papa zu seinem Sohn.
Und die Mutter blickte stumm
Auf dem ganzen Tisch herum.

ANHANG

Verben mit Präpositionen

abhängen von
abschreiben von
achten auf
anfangen mit
sich ängstigen vor
ankommen auf
anspielen auf
arbeiten an
sich ärgern über
aufhören mit
sich aufregen über
aussehen nach
sich aussprechen über
basieren auf
sich bedanken für
sich befassen mit
beginnen mit, von
beitragen zu
sich bemühen um
berichten über, von
beruhen auf
sich beschränken auf
bestehen auf
bestehen aus
sich beziehen auf
bleiben bei
debattieren über
denken an
dienen zu
drängen nach, auf

sich drücken um
dUFten nach
eingehen auf
sich einigen auf
einschreiten gegen
sich einstellen auf, gegen
eintreten für
einwilligen in
sich entscheiden für, gegen
sich entschließen für, gegen
sich entsinnen an
sich erbarmen über
sich erfreuen an
ergeben aus
sich erheben gegen
sich erholen von
sich erregen über
erröten über
erschrecken vor, über
erstaunen über
erstrecken auf
experimentieren mit
fahnden nach
flehen um
fliehen vor
folgen auf, aus
forschen nach
fragen nach
sich freuen an, auf, über
führen zu

sich fürchten vor
gehen gegen, um
gehören zu
gelangen zu
gelten für
glauben an
greifen nach
grübeln über
halten auf
handeln an, über, von
hängen an
hereinbrechen über
herrschen über
hoffen auf
hören auf, von
hungern nach
sich hüten vor
sich interessieren für
jammern über
jubeln über
kämpfen um, für
klagen über
sich konzentrieren auf
korrespondieren mit
sich kümmern um
lachen über
leiden an, unter
lesen von, über
sich machen an
mitwirken bei, an
nachdenken über
neigen zu
passen zu
protestieren gegen
sich rächen an
reagieren auf
rechnen auf, mit
riechen nach
sich schämen vor, wegen
schelten auf
schimpfen auf, über

schreiben über, gegen, von
schwärmen von
schwören auf
sehen auf
sein gegen
sinnen auf
sorgen für
sich sorgen um
spekulieren auf
sprechen für, über, gegen,
  mit, von
stehen zu
sterben an, für
stimmen für, gegen
stinken nach
streben nach
streiten um
suchen nach
sich täuschen über
teilhaben an
trauen auf
trauern um
träumen von
trinken auf
urteilen nach, über
verlangen nach
sich verlassen auf
verstoßen gegen
vertrauen auf
sich verwandeln in
verzichten auf
warten auf
sich wehren gegen
weinen über, um
sich wenden gegen
werden aus, zu
wissen um, von
sich wundern über
zählen auf
zögern mit
zweifeln an

Verben mit dem Dativ

absagen
ähneln
antworten
begegnen
beipflichten
beistimmen
bleiben
danken
dienen
drohen
entfliehen
entsprechen
erwidern
fluchen
folgen
gefallen
gehorchen
gehören
gelingen
genügen
geraten
gleichen
glücken
gratulieren
helfen
lauschen
mißfallen

mißlingen
mißraten
mißtrauen
nacheifern
nachgehen
nachlaufen
nahen
sich nähern
nutzen, nützen
schaden
schmecken
schmeicheln
trauen
trotzen
vergeben
verzeihen
widersprechen
widerstehen
widerstreben
winken
zuhören
zureden
zürnen
zusagen
zustehen
zustimmen
zuvorkommen

WÖRTERVERZEICHNIS

Substantive sind im Nominativ Singular und Plural angegeben; ∴ ist das Zeichen des jeweiligen Umlauts.
Die starken Verben erscheinen alle in ihren drei Stammformen.
Verben mit trennbaren Vorsilben sind mit einem Bindestrich angezeigt.

A

das **Aas** carcass
der **Aasgeier, -** carrion-vulture
ab-beißen, biß ab, abgebissen to bite off
ab-blättern to flake
ab-brechen, brach ab, abgebrochen to stop short, to break (from)
ab-danken to resign, to retire
die **Abendgesellschaft, -en** party
das **Abendkleid, -er** evening gown
der **Aberglaube** superstition
ab-geben, gab ab, abgegeben = *hier:* dienen als
der **Abgeordnete, -n** delegate
abgelegt left off
abgesehen davon, daß apart from the fact
abgetragen dilapidated, old, in ruins
der **Abgrund, ⁓e** abyss
ab-halten von + Dat., hielt ab, abgehalten to keep from
abhanden kommen to get lost
ab-hängen von + Dat., hing ab, abgehangen to depend upon
sich **ab-heben, hob ab, abgehoben** to set off, to contrast
abhold + Gen. [to be] against something
ab-holen to pick up
ab-kühlen to cool off, to chill
ab-laufen, lief ab, abgelaufen to take its course
ab-legen (Schiff) to leave; **Rechenschaft ablegen** to give an account
ab-lehnen to reject
die **Ableitung, -en** derivation
ab-lenken (von) + Dat. to distract (from)
ab-liefern to deliver, to hand in
ab-nehmen, nahm ab, abgenommen to lose weight, to decrease
abonnieren to subscribe
der **Abort, -e** toilet

ab-reisen to depart
ab-schaffen to do away with
ab-schließen, schloß ab, abgeschlossen to conclude, to finish
der **Abschluß, ⁓sse** conclusion, settlement
ab-schrecken to frighten
ab-schwächen to diminish
ab-sehen, sah ab, abgesehen to foresee, to conceive, to cheat (by copying)
ab-setzen to put down, to lay down
absolvieren to absolve, to graduate
der **Abstand, ⁓e** distance
ab-stürzen to fall down
das **Abteil, -e** train compartment
die **Abteilung, -en** department
der **Abteilungsleiter, -** department head
ab-tropfen to drip off
ab und zu sometimes
abwechselnd alternately
die **Abweichung, -en** discrepancy
abweisend unfriendly, rejecting
sich **ab-wenden von + Dat., wandte/wendete ab, abgewandt/abgewendet** to turn away
die **Abwesenheit, -en** absence
sich **ab-zeichnen** to outline against
die **Abzweigung, -en** bifurcation
die **Achsel, -n** shoulder
die **Achterbahn, -en** roller coaster
acht-geben, gab acht, achtgegeben to pay attention
ächzen to moan
der **Acker, ⁓** field
der **Adler, -** eagle
ähnlich + Dat. similar
die **Ähnlichkeit, -en** similarity
die **Akte, -n** document
allein (Konj.) = **aber**
allenthalben = **überall**
allerlei various
allerletzt very last
allerorten everywhere
allgemein general

alltäglich common, everyday

die **Alltagssprache, -n** everyday speech

die **Alpen** the Alps

alt: beim alten bleiben things remain as they were

altmodisch old-fashioned

ambulant (*lat.* ambulare, *engl.* to amble) moving, not steady

Amtes: seines — walten to perform one's functions

amtierend in office

amtlich official

der **Amtsvertreter, -** official (government), representative

sich **amüsieren** to have fun

an + Dat o. Akk. on, at, to

die **Analogie, -n** analogy

der **Anbeginn = der erste Beginn**

an-bellen to bark at

an-beten to adore

sich **an-bieten, bot an, angeboten** to offer

der **Anblick** sight

an-blicken = an-sehen

an-bringen, brachte an, angebracht to attach

andererseits on the other hand

ändern to change

anderweitig elsewhere, otherwise

an-deuten to hint at

an-eignen: sich etw. — to seize something

an-erkennen, erkannte an, anerkannt to recognize

die **Anerkenntnis, -se** recognition

die **Anerkennung, -en** acknowledgment

der **Anfall, ⸚e** attack, onset

der **Anfang, ⸚e** beginning

anfangen = beginnen

anfangs = am Anfang in the beginning

an-fassen to touch

die **Anfrage, -en** inquiry

an-führen to indicate, to lead

die **Angabe, -n** indication, information

an-geben, gab an, angegeben to indicate; inform; turn in; show off; declare

der **Angeber, -** show-off

die **Angebetete, -n** adored one, sweetheart

angeblich presumably

das **Angebot, -e** offer

an-gehen, ging an, angegangen: das geht mich nichts an that is all the same to me; **angehen mögen** to be permissible

angehörig belonging to

der **Angeklagte, -n** accused

angemessen appropriate, suitable

angenehm pleasant

der **Angestellte, -n** employee

angestrengt intensive

dazu angetan designed for

an-gleichen (+ an + Akk.), glich . . an, angeglichen to assimilate (to)

der **Angriff, -e** attack

an-haften to cling to

an-halten (+ zu + Dat.), hielt an, angehalten to instigate, to coerce

die **Anhäufung, -en** piling-up, accumulation

an-hören to listen to

hart an-kommen, kam hart an, hart angekommen to be difficult

die **Ankunft, ⸚e** arrival

Anlaß, ⸚e: beim nächsten — upon the next occasion

an-legen to invest, to plan

anliegend adjacent

sich **an-maßen** dare to presume

anmaßend presumptuous, haughty

das **Anmeldeformular, -e** entry-form

an-merken = ansehen + Dat.

annähernd approximately

an-nehmen, nahm an, angenommen to accept, to assume

an-ordnen to order, to command to arrange

die **Anordnung, -en** order, arrangement

die **Anrede, -n** address

anregend interesting, stimulating

die **Anregung, -en** stimulus

an-rennen, rannte an, angerannt to run against

anrüchig ill-famed, disreputable

die **Anrufung, -en** appellation, invocation

an-rufen, rief an, angerufen to call (also: by phone)

an-sammeln to gather, to collect, to amass

die **Anschaffung, -en** purchase

anschaulich concrete, descriptive

der **Anschein** appearance; **den — erwecken** to have the appearance

die **Ansicht, -en** opinion

ansonst otherwise

an-spannen to harness

an-sprechen + *Akk.*, **sprach an, angesprochen** to address

ansprechend pleasant

der **Anspruch, ⁝e** claim, demand; **in — nehmen** to use, to claim; **seine Ansprüche zufrieden stellen** to satisfy one's demands

Anstalten treffen to prepare oneself

an-stecken to set fire to; to pass on a contagious disease

an-steigen, stieg an, angestiegen to climb, to swell

anstelle von = anstatt von + *Dat.* instead of

etw. **an-stellen** to commit, to cause to do

der **Anteil, -e** part, portion; **— nehmen an,** to take part in

an-telefonieren to call (by phone)

der **Antrag, ⁝e** application, proposition

an-treffen, traf an, angetroffen to meet, to find

an-vertrauen + *Dat.* to entrust a thing to a person

die **Anweisung, -en** instruction

an-wenden, wandte an, angewendet/angewandt to apply

die **Anzahl, -en** number

das **Anzeichen, -** indication

an-ziehen, zog an, angezogen to attract, to dress, to get dressed

anziehend attractive

die **Anziehung, -en** attraction

die **Anziehungskraft, ⁝e = die Anziehung** attraction

die **Anzüglichkeit, -en** suggestiveness, insinuation

der **Apfelsaft, ⁝e** apple juice

die **Apfelsine, -n** orange

der **Apfelstrunk, ⁝e** apple core

die **Arbeitsbedingung, -en** working condition

die **Arbeitsweise, -n** method of working

der **Architekt, -en** architect

ärgern: sich grün und blau — to burst with anger

arglos harmless

das **Armaturenbrett, -er** dashboard

die **Armut** poverty

arrangieren to arrange

die **Art, -en** kind

eine **Art von** + *Gen.* a kind of

die **Arznei, -en** medicine

der **Arzt, ⁝e** doctor

ärztlich medical

die **Aschenschale, -n = der Aschenbecher** ashtray

der **Atem** breath

der **Atemzug, ⁝e** respiration

der **Aufbau, -ten** construction

auf-brechen, brach auf, aufgebrochen to take leave

der **Aufbruch, ⁝e** departure

die **Aufdeckung, -en** clarification

sich **auf-drängen** to force (oneself) upon

der **Aufenthalt, -e** sojourn, stay

auffallend striking

die **Auffassungsgabe, -n** gift to grasp concepts

auf-fordern to invite, to ask

die **Aufforderung, -en** invitation, request

auf-fressen, fraß auf, aufgefressen to eat up

die **Aufführung, -en** performance

die **Aufgabe, -n** task

das **Aufgebot, -e** array; the banns

aufgebracht angry

aufgeschlossen communicative, open-minded

auf-glänzen to shine, to glitter

auf-hacken open with a chopper

auf-halten, hielt auf, aufgehalten to stop, to sojourn, to stay

auf-heben, hob auf, aufgehoben to file away, to store; to void, to annul

Aufhebens machen to make a lot of fuss

auf-hellen to clear, to brighten (up)

auf-klappen to open

auf-klären to enlighten, to inform

die **Auflage, -n** edition

sich **auflösen** to dissolve, to melt

die **Aufmerksamkeit, -en** attention; — **schenken** to pay attention

die **Aufnahme, -n** photograph; acceptance

auf-nehmen, nahm auf, aufgenommen to record, to accept

auf-prägen to imprint

auf-räumen to clean up, to straighten

auf-reißen, riß auf, aufgerissen to tear open

aufrichtig sincere

der **Aufsatz, ¨e** composition, essay

auf-saugen to absorb

auf-schlagen, schlug auf, aufgeschlagen to open, to set up

die **Aufschrift, -en** inscription

das **Aufsehen** sensation

auf-setzen (Flugzeug) to touch down

auf-spannen (Segel) to spread

auf-stecken = auf-geben to give up

auf-stehen, stand auf, aufgestanden to get up

auf-stellen to put together

auf-suchen to visit

auf-tauchen to emerge, to appear

auf-tragen, trug auf, aufgetragen = einen Auftrag geben

auf-treiben, trieb auf, aufgetrieben (to cause) to swell

auf-treten, trat auf, aufgetreten to act, to perform

auf und ab to and fro, up and down

auf-wachen to wake up

auf-warten + Dat. = servieren

der **Aufwind, -e** up-current

die **Aufzeichnung, -en** note

der **Augenblick, -e = der Moment**

der **Augenschein, -e** appearance, evidence

die **Augenweide** a joy to the eyes

aus-arbeiten to work out in detail

aus-beißen, biß aus, ausgebissen: sich die Zähne — to rack one's brains over

aus-bessern to repair

die **Ausbildung, -en** education

die **Ausbildungsvorschrift = die Vorschrift** (rules) **bei der Ausbildung** (training)

die **Ausdehnung, -en** expansion, extent

aus-drücken to express

zum **Ausdruck bringen = aus-drücken**

ausdrücklich expressly

der **Ausdruckswillen, -** means of expression

die **Auseinandersetzung** discussion, argument, disagreement

auseinander-zerren to tear apart

die **Ausfahrt, -en** exit

aus-fallen, fiel aus, ausgefallen to turn out

der **Ausflug, ⸚e** trip, excursion

aus-führen to point out

ausführlich in detail, extensively

die **Ausführlichkeit, -en** exactness

aus-füllen to fill out, to fill in

der **Ausfüller** the one who fills out

die **Ausgabe, -n** expense

aus-geben: Geld: gibt — aus, gab — aus, ausgegeben to spend money

ausgedehnt extensive

aus-gehen von + *Dat.*, **ging aus, ausgegangen** to start from

der **Ausgehtag, -e** the day off

das **Ausgehverbot, -e** curfew

ausgekocht cunning, hardened

ausgenommen excluded

ausgeschlossen = **unmöglich**

ausgesucht = **besonders, sehr**

ausgleichend equalizing

aus-kommen mit + *Dat.*, **kam aus, ausgekommen** to get along with, to manage

die **Auskunft, ⸚e** information

aus-lachen + *Akk.* to laugh at a person

die **Auslage, -n** display windows

das **Ausland** foreign country

ausländisch foreign

aus-legen to interpret; to lay out

aus-lösen to evoke, to inspire, to initiate

aus-münden to flow into, to run into

die **Ausnahme, -n** exception

der **Auspuff, -e** exhaust

ausreichend sufficient, abundant

die **Ausrichtung, -en** adjustment, orientation

aus-rutschen = **ausgleiten**

die **Aussage, -n** statement

aus-schimpfen + *Akk.* to scold

aus-schließen, schloß aus, ausgeschlossen to exclude

der **Ausschnitt, -e** excerpt

das **Aussehen, -** looks

aus-sehen nach + *Dat.* to look like

die **Außenwand, ⸚e** outer wall

außer apart from, besides

außerdem besides

außerhalb befindlich situated outside

äußern to utter, to express

äußerst extreme

die **Aussicht, -en** view

aussichtslos without hope, without a way out

die **Aussprache, -n** pronunciation

aus-statten to furnish, to embellish

aus-stehen: jemanden nicht — können to hate the very sight of a person; **ich kann ihn nicht ausstehen** I cannot bear (stand) him

aus-steigen, stieg aus, ausgestiegen to get off, to get out of

aus-stopfen to stuff

aus-strömen to exude

aus-teilen to distribute

der **Austritt, -e** the leaving

der **Ausweg, -e** way out, outlet

aus-weichen + *Dat.*, **wich aus, ausgewichen** to withdraw, to make way

der **Ausweis, -e** identification

aus-wirken auf + *Akk.* to exert

ausziehen, zog aus, ausgezogen to move out; to undress

aus-wickeln to unwrap

etw. **auszusetzen haben** to find fault with, to pick holes in

die **Autopanne, -n** breakdown

das **Autorennen, -** car racing

der **Autounfall, ̈e** car accident

B

der **Bach, ̈e** brook

die **Backstube, -en** bake house

der **Badeanzug, ̈e** bathing suit

der **Bahnhof, ̈e** station

der **Balken, -** beam

das **Band, ̈er** ribbon

Band: am laufenden — all the time

der **Bann** ban, domination

der **Bart, ̈e** beard

bauen to build

die **Baufirma, -en** construction company

das **Baujahr, -e** year of construction

die **Baukosten** building cost

der **Baum, ̈e** tree

der **Baumkuchen, -** pyramidal cake

der **Bauplatz, ̈e** construction lot

sich **bauschen** to billow

der **Baustein, -e** building stone

die **Baustelle, -n** construction site

beachten to observe

beachtenswert worthy of attention

der **Beamte, -en** official, bureaucrat

beanspruchen to claim, to demand

die **Beantwortung, -en** answer

bearbeiten to work on

der **Beauftragte, -n** functionary, man in charge

bedauern to regret

bedauernd regretting

bedecken to cover

die **Bedenken** (*pl.*) doubt, scruple

bedenken, bedachte, bedacht to bear in mind

bedenklich precarious, questionable

die **Bedeutung, -en** significance, meaning

eine **Bedeutung zukommen** + *Dat.* to be significant, to be of significance

der **Bedeutungswechsel, -** change in meaning

sich **bedienen** + *Gen.* to use a thing

bedingungslos unconditionally

bedrängen + *Akk.* to afflict

bedrohen to menace, to threaten

bedürfen + *Gen.* to need, to want

das **Bedürfnis, -se** need

die **Bedürfnisanstalt, -en** public restroom

beehren + *Akk.* + **mit** to honour (with), to favour (with)

sich **beeilen** to hurry

beeinflussen to influence

die **Beere, -n** berry

der **Befehl, -e** order

befehlen, befahl, befohlen to command, to order

sich **befinden, befand, befunden** to be located, to find oneself (in a condition)

befördern zu to promote

befreundet sein to be friends

die **Befürchtung, -en** apprehension, fear

die **Begebenheit, -en** event (story)

begegnen to encounter, to meet

begeistert enthusiastic

beflissen studious

befolgen to follow

die **Beförderung, -en** promotion

der **Begeisterungsschrei, -e** cry of enthusiasm

die **Begründung, -en** argument

beginnen, begann, begonnen to begin

begleiten to accompany

begreifen, begriff, begriffen = **verstehen** to understand, to grasp, to conceive

begreiflich understandable
der **Begriff, -e** idea, concept
sich **begrüßen** to greet
das **Behagen = das Vergnügen**
behalten, behielt, behalten to keep
der **Behälter, -** container
behandeln to treat
behaupten to state, to affirm
behutsam = vorsichtig
bei-bringen, brachte bei, beigebracht to instruct, to inform
das **Beichtgeheimnis, -se** secret of the confessional
bei-fallen, fiel bei, beigefallen to come into the mind, to occur to
bei-fügen to add
beiläufig = nebenbei, incidentally
beiliegend enclosed
das **Beispiel, -e** example
beißen, biß, gebissen to bite
bei-stimmen to agree to
bei-tragen, trug bei, beigetragen to contribute
bei-ziehen, zog bei, beigezogen to consult
bekannt famous
der **Bekannte, -n** acquaintance
bekannt-geben, gab bekannt, bekanntgegeben to announce
die **Bekanntmachung, -en** announcement
sich **beklagen** to complain about
beklagenswert pitiful
bekommen: gut — to agree with
bekömmlich agreeable (to one's health)
bekräftigen to strengthen
sich **bekümmern um + Akk.** to bother
die **Bekundung, -en** demonstration
belästigen to bother
beleidigen to offend, to insult

beliebig: beliebige Anzahl any sum you please, as you wish;
nach eigenem Belieben according to individual desires
beliebt popular, favored, favorite
bellen to bark
beleuchten to illuminate
die **Beleuchtung, -en** lighting
belohnen to reward
sich **bemächtigen** to take hold of
bemerken to realize, to notice
die **Bemerkung, -en** remark
sich **bemühen** to strive for
sich **benehmen, benahm, benommen** to behave
benennen, benannte, benannt to name
die **Benennung, -en** naming
benommen dizzy, giddy
bequem comfortable
berauben + Gen. to deprive
der **Bereich, -e** realm, range, area
bereinigen to clear up
bereiten to prepare; to create
bereits = schon, already
die **Bereitschaft, -en** readiness;
sich in — halten to be ready
bereitwillig willing to do
bereuen to regret, to repent
der **Berggipfel, -** mountain top
der **Bericht, -e** report
berichten + Dat. to report, to inform
der **Beruf, -e** profession
sich **berufen auf, berief, berufen** to appeal to
sich **beruhigen** to calm down
beruhigen (jemanden) to pacify, to calm
berühmt wegen + Gen. famous for
die **Besatzung, -en** occupation
sich **beschädigen** to do damage to oneself, to hurt oneself
die **Beschaffenheit, -en** nature, quality, condition
beschäftigen to employ

die **Beschäftigung, -en** occupation
beschämend humiliating
Bescheid wissen über to know about
bescheiden modest
die **Bescheinigung, -en** certification
beschieden sein + *Dat.* to be destined; **es ist mir beschieden** it is my fate
beschmutzen to soil
der **Beschnitt, -e** cutting, clipping
beschreiben, beschrieb, beschrieben to describe
die **Beschreibung, -en** description
beschriften to mark, to write upon
beschuldigen + *Akk.* + *Gen.* to accuse of (a crime)
beschwören + *Akk.*, **beschwor, beschworen** to conjure; to implore
besiegen to defeat
sich **besinnen auf, besann, besonnen** to try to remember; **sich eines Besseren besinnen** to think better of it
der **Besitz** property, possession
besitzen, besaß, besessen to possess
besorgen: einen Brief — to forward (send) a letter
sich **bessern** to improve
bestehen, bestand, bestanden to exist; **— auf** + *Dat.* to insist upon
besteigen, bestieg, bestiegen to board (ship); to mount
bestellen to order (food), to service
die **Bestellung, -en** order, commission
bestimmen to decide
bestimmt certain, definite
das **Betätigungsfeld, -er** field of operation
beteuern to affirm solemnly
betonen to emphasize, to stress
die **Betonung, -en** stress, emphasis

betrachten to look at
beträchtlich considerable
bestrafen to punish
betreffen + *Akk.*, **betraf, betroffen** to concern
betreiben, betrieb, betrieben to do, to undertake
betreten, betrat, betreten to enter
betreten *(Adj.)* embarrassed
der **Betrieb, -e** business company, firm; **im — sein** to be in use
betriebsangehörig = **einem Betrieb angehören**
der **Betriebsleiter, -** managing director
betrifft: was . . . — as far as . . . is concerned . . .
sich **betrinken, betrank, betrunken** to get drunk
der **Betrug** cheat, fraud, swindle
betrügen, betrog, betrogen to cheat, to deceive
das **Bett, -en** bed
betten to bed
der **Bettpfosten, -** bedpost
das **Bettelweib, -er** beggar woman
betteln to beg
beugen to bend, to conjugate, to decline
bevorstehend impending
bevorzugen to prefer
bevorzugt *(Adj.)* preferable, privileged
bewahren to keep, to guard
bewegen to move
beweglich: schwer — stolid
die **Bewerbung, -en** application
der **Bewohner, -** inhabitant
die **Bevölkerung, -en** population
der **Bewunderer, -** admirer
bewundern to admire
bewußt conscious, aware of
bewußt werden to realize
die **Bewußtlosigkeit** unconsciousness
das **Bewußtsein** consciousness
die **Bezeichnung, -en** name

bezichtigen + *Akk.* + *Gen.* =
beschuldigen
beziehen, bezog, bezogen to
refer to, to relate; *also* =
bezahlt bekommen
die Beziehung, -en relation
der Bezug, -̈e the drawing (of
wages); in bezug auf in
reference to, in relation to; —
nehmen to refer to
das Bezugswort, -̈er = das Wort,
auf das sich etwas bezieht
bezwecken to intend
die Bibel Bible
die Bibliothek, -en library
bieder upright, decent
sich biegen, bog, gebogen to
bend
bieten, bot, geboten to offer;
sich alles bieten lassen to
submit to everything
das Bild, -er picture
die Bildung, -en formation
die Bildungsschicht, -en level of
education, level of society ex-
posed to higher education
der Bildhauer, - sculptor
billig inexpensive, cheap
binden, band, gebunden to
bind
bis by
bis zu + *Dat.* until
bissig *siehe* beißen
bitten, bat, gebeten um to ask
for
die Blase, -n bubble
blasen: Flöte — to play (on) a
flute
blaß pale
das Blatt, -̈er leaf
Blätter = Zeitungen
die Blaubeere, -n blueberry
das Blaue vom Himmel reden to
talk one's head off
bleiben bei + *Dat.* to keep to,
to stick to
bleich pale
die Blickwendung, -en direction
of glance

die Blindheit, -en blindness
blindlings blindfold
blinzeln to blink, to twinkle
der Blitz, -e flash, lightning
blitzen to give flashes of lightning, to flash
das Blockhaus, -̈er log cabin
die Blockhütte, -n = Blockhaus
blödsinnig idiotic
blühend blossoming
die Blume, -n flower
der Blumenstrauß, -̈sse bouquet
die Bluse, -n blouse
bluten to bleed
der Blutsauger, - vampire, blood-
sucker
der Boden, -̈en floor, soil
die Bodenfläche, -n floor surface
der Bombenangriff, -e bombing
raid
das Boot, -e boat
an Bord gehen to board
die Börse stock market
der Börsenpreis, -e stock market
price
das Börslein, - (die Börse, -n)
little purse
böse bad
der Bote, -n messenger
das Bramsegel, - topgallant sail
in Brand setzen to set on fire
das Brandmal = Mal
der Brandstempel stigma
brauchbar useful
brauchen = benötigen, nötig
haben to need; — zu +
Inf. = müssen
das Brauchtum custom, tradition
der Bräutigam, -e bridegroom
brennen, brannte, gebrannt to
burn; to cause pain
das Brett, -er board; ein — vor
dem Kopf haben to be unable
to comprehend, to be a block-
head
die Brieftasche, -n wallet
der Briefträger, - mailman
der Briefwechsel, - correspondence

die **Brille, -n** eye glasses
bröckeln to crumble
das **Brot, -e** bread
das **Brötchen, -** roll
die **Bruchzahl, -en** fraction
die **Brücke, -n** bridge
der **Brunnen, -** fountain, well; **der — mit Trinkwasser** water fountain
die **Brust, ⁻e** breasts, bosom
der **Brustkorb, ⁻e** chest
die **Buchausgabe, -n** book edition
der **Buchfink, -en** chaffinch
die **Buchführung, -en** bookkeeping
die **Büchse, -n** box; gun
bummeln to amble
das **Bündel, -** bundle; (**Intentionsbündel** mass of intentions)
bündelhaft shaped like a bunch; as a bunch
bündelweise in bundles
die **Burg, -en** castle, fort
der **Bürger, -** citizen
bürgerlich civic
das **Burgverlies, -e** dungeon
das **Büro, -s** office
die **Bürokratie** bureaucracy
der **Bürorock, ⁻e** office coat
die **Bürosprache, -n** office language
burschikos fresh, flirtatious
bürsten to brush
der **Bussard, -e** buzzard
die **Buße, -n = Strafe**
der **Büstenhalter, -** brassière
das **Büttenpapier, -e** handmade paper

C

der **Chef, -s** boss
cheflich bossy
die **Chemie** chemistry
der **Chirurg, -en** surgeon
die **Citrone, -n = die Zitrone** lemon
die **Concierge = die Hausmeisterin**

D

das **Dach, ⁻er** roof
dahinter-kommen to find out
die **Dämmerung, -en** dusk
der **Dampf, ⁻e** steam, vapor
der **Dampfer, -** steamship
daneben-stellen to place next to
der **Dank** thanks
darben to suffer from
sich **dar-bieten, bot dar, dargeboten** to offer
darbringen = bringen
dar-stellen to represent
darüber hinaus above that
davon-gehen, ging davon, davongegangen to walk away
die **Dauer** duration
dauern to last
dauernd all the time
die **Debatte, -n** debate
die **Decke, -n** blanket
der **Degen, -** sword
demnach = deshalb consequently, therefore
demnächst soon
dennoch nevertheless
deprimiert depressed
dergestalt = auf solche Art
dergleichen the like
derlei things of such kind
deutlich distinctly
dienen + Dat. to serve, to wait on
der **Diener, -** servant
Dienst: außer — off duty
das **Dienstmädchen, -** maid
diesbezüglich referring to this
diffamieren to defame
das **Dilemma** dilemma
der **Dirigent, -en** symphony conductor
die **Disziplinarstrafe, -n** disciplinary punishment
donnern to thunder

das **Doppelzimmer, -** double bedroom
das **Doppelwort, ¨er** compound
das **Dorf, ¨er** village
das **Dorfwirtshaus, ¨er** village inn
dorren = verdorren
das **Döslein, -** (die **Dose, -n)** box
der **Drang** rush, eagerness, impulse
drastisch drastic
dreifach triple
die **Dressur, -en** training, breaking-in
dringend urgently
drinnen inside
die **Drogerie, -n** drugstore
drohen + Dat. to threaten
dröhnen to roar, to rumble
die **Druckart, -en** type of printing
drücken to press
die **Drüse, -n** gland
der **Duft, ¨e** fragrance
dumpf muffled
der **Dünger, -** fertilizer
das **Dunkel** darkness
der **Dunst, ¨e** vapor
durchaus quite possibly
durchdringen, durchdrang, durchdrungen to penetrate, to pierce
durchdringen, drang durch, durchgedrungen to penetrate, to get through
durch-machen to live through, to endure
durchnässen to soak, to wet
durchsägen, durchsägte *oder* **sägte durch, durchsägt** *oder* **durchgesägt** to saw a board through
sich **durch-schlagen, schlug durch, durchgeschlagen** to fight one's way through
durchschnittlich average
durch-sehen, sah durch, durchgesehen to look through
durchsetzen mit to impregnate; to infuse with
sich **durch-setzen** to carry one's point, to succeed

durchsichtig transparent
durch-stehen, stand durch, durchgestanden to take, to get through
durch-streichen, strich durch, durchgestrichen to cross out
durchsuchen to search
Durst haben to be thirsty
die **Dusche, -n** shower
das **Düsenflugzeug, -e** jet plane

E

der **Edelmann, die Edelleute** nobleman
ebensowenig just as little
echt genuine, real
die **Ecke, -n** corner
der **Edelstein, -e** precious stone
die **Ehe, -n** marriage
das **Ehepaar, -e** married couple
ehrenhaft honorable
die **Eibe, -n** yew
die **Eidechse, -n** lizard
der **Eifer** eagerness
eifrig eager
der **Eigendünkel** egotism, self-conceit
die **Eigenheit, -en** particularity
eigens specially
die **Eigenschaft, -en** quality, attribute
eigentlich actual, proper
sich **eignen zu** to be suitable for, to be adequate to
eilig = schnell
der **Eimer, -** pail, bucket
ein-begreifen, begriff ein, einbegriffen to include
ein-binden, band ein, eingebunden to bind, to tie in
der **Einbruch, ¨e** burglary; — **der Dämmerung** nightfall
eindeutig explicit, unambiguous, clear
ein-dringen, drang ein, eingedrungen to penetrate
der **Eindruck, ¨e** impression; **man**

kann des — werden = man kann den — bekommen

sich **ein-finden bei, fand ein, eingefunden** to find oneself with

eingehend in detail

ein-gestehen, gestand ein, eingestanden to admit

ein-halten, hielt ein, eingehalten to keep, to observe

einheimisch resident, native

die **Einheit, -en** unity

das **Einhorn, ¨er** unicorn

ein-holen to overtake

der **Einkauf, ¨e** purchase

der **Einkaufschef, -s** buying agent

ein-kerkern to incarcerate

die **Einlage, -n** deposit

ein-leiten to introduce, to be initiated

einmal once

einmalig very special, done but once

ein-räumen to furnish; to make place for

ein-rechnen to include, to add

ein-reichen to hand in

ein-reißen, riß ein, eingerissen to tear down

ein-richten to furnish; to arrange

die **Einrichtung, –en** equipment, installation

die **Einsamkeit** solitude

ein-sammeln to collect

ein-schenken to pour

ein-schlafen, schlief ein, eingeschlafen to fall asleep

einschmeichelnd ingratiating

ein-schränken to restrict

die **Einschränkung, –en** limitation

sich **ein-schreiben, schrieb ein, eingeschrieben** to enroll, to register

die **Einschüchterung, –en** intimidation, bluffing

ein-sehen, sah ein, eingesehen = erkennen to realize, to see, (to look into it)

ein-sickern to soak

einsilbig monosyllabic

ein-sperren to imprison

die **Einstellung, -en** attitude

sich **ein-stellen auf** to adjust oneself to

die **Eintragung, -en** entry

ein-treffen, traf ein, eingetroffen to arrive, to come true (predictions)

ein-treten, trat ein, eingetreten to happen; to enter, to take place

im **Eintritt inbegriffen** included in the entrance fee

ein-verstanden sein to agree with

das **Einverständnis, –se** agreement

einwandfrei perfect, without objections

die **Einweihung, -en** inauguration, housewarming

ein-weisen, wies ein, eingewiesen to induct

ein-wenden, wand ein, eingewandt to object

ein-wickeln to wrap

die **Einzelheit, -en** detail

das **Einzelzimmer, -** single bedroom

das **Eisen, -** iron

das **Eisenerz, -e** iron ore

das **Elend** misery

elend miserable

elendiglich = elend miserable

der **Ellenbogen = der Ellbogen, -** elbow

der **Empfang, ¨e** reception

empfangen, empfing, empfangen to receive

das **Empfangsgerät, -e** radio set, receiving set

empfehlen, empfahl, empfohlen to recommend; sich **empfehlen** to take leave

empfindlich gegen sensitive to

empörend revolting, disgusting

empor-strecken to lift up

zu **Ende führen = beenden**

der **Endpunkt, -e** final stop

engstirnig narrow minded
das **entbehrt jeder Grundlage** to be without any foundation
entbinden, entband, entbunden + *Akk.* + *Gen.* to relieve a person of (attendance); **entbunden sein** + *Gen.* to be free of
die **Entdeckung, -en** discovery
sich **entfernen** to depart
entgegnen = **antworten**
entgegen-nehmen, nahm entgegen, entgegengenommen to accept, to receive
entgleiten, entglitt, entglitten to escape, to slip from
enthalten, enthielt, enthalten to contain; **sich enthalten** + *Gen.* to abstain, to refrain from something
entheben + *Akk.* + *Gen.*, **enthob, enthoben** to eject (remove) a person from (a post)
sich **entkleiden** = **sich ausziehen**
sich **entledigen** + *Gen.* to get rid of
entnehmen aus + *Dat.*, **entnahm, entnommen** to deduce; to remove, to take out of
das **Entrinnen** escape
der **Entscheid** = **die Entscheidung**
die **Entscheidung, -en** decision; — **treffen** to make a decision
entscheidend decisive
entschieden determined
sich **entschlagen** + *Gen.*, **entschlug, entschlagen** to get rid of
sich **entschließen, entschloß, entschlossen** to decide
die **Entschuldigung, -en** excuse
sich **entsprechen, entsprach, entsprochen** to correspond to
entsprechend accordingly
das **Entsetzen, -** terror
entstammen to come from
entstehen, entstand, entstanden to originate; to result
die **Entwicklung, -en** development
die **Entwicklungshilfe** foreign aid

xiv

der **Entwurf, -̈e** design, planning
sich **entziehen** + *Gen.*, **entzog, entzogen** to refuse to comply with, to be outside of
jdn. **entzücken** to delight, to enchant
das **Erbrechen** vomiting
die **Erbse, -n** pea
das **Erdbeben, -** earthquake
die **Erde, -n** soil, ground
der **Erdteil, -e** continent
das **Ereignis, -se** event; **das freudige — = die Geburt**
erfahren, erfuhr, erfahren to experience, to learn
die **Erfahrung, -en** experience
erfordern to require
der **Erfolg, -e** success
erforschen to search
das **Ergebnis, -se** result
ergebnislos without result
nach **Erhalt** upon receipt
erhalten, erhielt, erhalten to receive; **sich —** to be preserved, to support oneself
erharren to expect, to wait for
sich **erheben, erhob, erhoben** to rise, to get up
die **Erhebung, -en** inquiry, levying
erheischen to ask for, to demand
die **Erhöhung, -en** elevation, rise; enhancement
erjagen to attain (by hunting after it)
sich **erkälten** to catch a cold
erkennen, erkannte, erkannt to realize, to understand, to recognize
die **Erklärung, -en** declaration
erklimmen, erklomm, erklommen to climb (up)
erkoren = erwählt
sich **erkundigen** to inquire, to collect information
erkünstelt artificial
erlassen: ein Gesetz —, erließ, erlassen to pass a law

erlauben: sich etw. — to allow, permit oneself something

das **Erlebnis, -se** experience

erledigen to take care of

erledigt *(Adj.)* exhausted

erleichtern to lighten, to relieve

die **Erleichterung, -en** relief

erleiden, erlitt, erlitten to suffer

erlesen exquisite, precious

das **Ermessen, -** judgment

ermorden to murder

ernähren to nourish, to feed

erneuern to renew

der **Ernst** seriousness; **der — der Lage** the seriousness of the situation

erobern to conquer

eröffnen = öffnen

erreichen to reach

die **Errungenschaft, -en** acquisition

der **Ersatz** substitution, replacement

der **Ersatzreifen, -** spare tire

die **Erscheinung, -en** appearance

erschleichen, erschlich, erschlichen to get a thing in an underhanded way

erschrecken, erschrak, erschrocken to become frightened

erschüttern to shake, to disturb

die **Erschütterung, -en** vibration

erschweren to make more difficult

ersetzen to substitute, to replace

ersinnen, ersann, ersonnen to think up

die **Ersparnisse** *(pl.)* savings

erstarren to petrify

erstaunen to astonish, to be surprised

erstaunlich surprising, astonishing

ersteigen, erstieg, erstiegen to climb

sich **erstrecken auf** to extend over; **sich erstrecken bis** to extend to

erteilen (Information, Auftrag, Befehle, etc.) to give (information *etc.*)

ertönen to be heard, to sound, to resound

ertragen, ertrug, ertragen to bear, to stand

der **Erwachsene, -n** adult

erwähnen to mention

erwarten to expect

die **Erwartung, -en** expectation

sich **erweisen, erwies, erwiesen** to prove, to show; to establish

erweitern to extend, to expand, to enlarge, to widen

erwerben, erwarb, erworben to earn, to make money

das **Erworbene** the money earned

die **Erzählung, -en** story

die **Erzieherin, -nen** governess

die **Eselsbrücke, -n** key, crib, mnemonic device

der **Essig** vinegar

sich **etablieren** to set up in business

das **Etikett, -e** label

das **Etui, -s** case

F

die **Fabrik, -en** factory

das **Fach, ¨er** compartment, shelf, subject (of study)

das **Fachwerkhaus ¨er** halftimbered house

fade dull, flat, empty

fähig + *Gen.*; — **zu** + *Dat.* capable of; to be able to

die **Fähigkeit, -en** capability

die **Fahne, -n** flag

das **Fahrgestell, -e** landing gear

fahrig nervous

der **Fahrstuhl, ¨e** elevator

der **Fahrtausweis, -e** ticket

der **Fahrplan, ¨e** time table

das **Fahrzeug, -e** vehicle

der **Faktor, -en** factor
der **Fall, ⁻e** case
   fällen to fell, to cut down
das **Fallobst** fallen fruit, windfall
der **Fallschirmabsprung, ⁻e** parachute jump
   farbenblind color blind
der **Farbfilm, -e** color film
der **Farn, -e** fern
das **Faschingskostüm, -e** carnival costume
das **Faß, ⁻sser** barrel
   faul lazy, rotten
die **Fäulnis** rottenness; **in —
   übergehen** to putrefy
die **Faust, ⁻e** fist
die **Faustregel, -n** rule of thumb
die **Feder, -n** pen, feather
das **Federballspiel, -e** badminton
ohne Federlesens without much ceremony, in short order
   fehl am Platz sein to be out of place
   fehlen to miss
die **Fehlerquelle, -n** source of error
der **Fehlstart, -e** misfire
   feierlich solemn, ceremonious
der **Feiertag, -e** holiday
der **Feind, -e** enemy
   feindlich hostile
die **feindlichen Truppen** the enemy
die **Feldfrucht, ⁻e** agricultural produce
der **Felsen, -** rock
   fern-bleiben + Dat., blieb fern, ferngeblieben to stay away from
der **Ferne Osten** Far East
   fertig-stellen to complete
der **Fesselballon, -e** balloon
das **Fest** feast
   fest-legen to pin down, to decide, to fix
   fest-stellen to determine, to establish, to notice
die **Feststellung, -en** statement, diagnosis
   feucht wet, humid

die **Feuchte = die Luftfeuchtigkeit** humidity
die **Feuerstelle, -n** open hearth
der **Fichtenzapfen, -** pine cone
der **Film, -e** movie
die **Fingerabdrücke** fingerprints
die **Fingerkuppe, -** fingertip
der **Fingernagel, ⁻** fingernail
die **Firma, Firmen** company, firm
   fix und fertig all ready-made
   flackern to flare, to flicker
   flappen to flutter
die **Flasche, -n** bottle
   flattern to float, to fly
der **Fleck** spot
   fleckig spotty, stained
der **Fleischer, -** butcher
das **Fliedergebüsch** lilac bushes
   flirren to flit about, to vibrate
das **Fließband, ⁻er** conveyer belt
die **Flöte, -n** recorder, flute
   fluchen to swear
die **Flucht** flight, escape
   flüchtig hasty, superficial
der **Flüchtling, -e** fugitive
der **Flügel, -** wing
die **Flügeltür, -en** French door
der **Flughafen, ⁻en** airport **= der
   Flugplatz, ⁻e** airport
das **Flugzeug, -e** airplane
die **Flunder, -n** flounder
der **Flur, -e** corridor
   flüssig fluent
die **Folge, -n** consequence
   Folge leisten to obey
   folgerichtig consequently
   fordern to demand, to ask for
   forschen to search
die **Forschung, -en** research
der **Förster, -** forester
der **Fortbestand** continuance
der **Fortgang** continuation, progress
   fort-reißen, riß fort, fortgerissen to rip (from), to sweep away
der **Fragebogen, ⁻** questionaire
   fraglich questionable
   franko prepaid
die **Frechheit, -en** impudence

die **Freifrau, -en** baroness
die **Freiheit, -en** freedom
frei-setzen to release, to free
frei-stehen + *Dat.*, **stand frei,**
freigestanden to be free to
der **Fremde, -n** the stranger
das **Fremdwort, ¨er** foreign word
vor **Freude außer sich sein** to go
into raptures
der **Frevel, -** misdeed, crime
der **Friede(n)** peace
friedlich peaceful
friedsam = friedlich
die **Frisur, -en** hairstyle
der **Frost, ¨e** frost, freeze
die **Fruchtbarkeit, -en** fertility
Frühe: in aller — early in
the morning; **in der —** in
the morning
das **Frühjahr = der Frühling**
spring
frühzeitig early
fühlbar perceptible
der **Funke, -n** sparkle
funktionieren to operate, to
work
die **Funkverbindung, -en** radio
contact
der **Funkwagen, -** police car
für (+ *Akk.*) for
die **Furcht** horror, fear
fürsorglich provident
der **Fürsprecher, -** intercessor
der **Fußboden, ¨ = der Boden,**
floor
der **Fußgänger, -** pedestrian
der **Fußgängerpfad, -e** pedestrian
walkway
die **Fußsohle, -n** sole of the foot

G

der **Gang, ¨e** corridor, hall; **einen**
geregelten — nehmen to
take an ordered course
die **Gangschaltung, -en** change of
gears, transmission
gänzlich = vollkommen

die **Garderobe, -n** cloakroom
gar nicht not at all
das **Gartengerät, -e** garden tool
das **Gartengitter, -** garden lattice
gar weit = sehr weit
die **Gasse, -n** alley
der **Gastgeber, -** host
gastieren to give a guest performance
die **Gattung, -en** species
der **Gaumen, -** palate
die **Gebärde, -n** gesture
das **Gebaren** behavior
die **Gebeine** *(pl.)* bones
geben: von sich — to utter
das **Gebet, -e** prayer
gebeugt = flektiert conjuga-
ted
das **Gebiet, -e** district, tract of land
das **Gebilde, -** make, formation
der **Gebrauch** usage; **— machen**
von + *Dat.* to make use of
gebrauchen to use
gebräuchlich customary, common
der **Gebrauchsmusterschutz** paten-
ted protection
der **Gebrauchtwagen, -** used car
gebrechlich fragile
die **Geburt, -en** birth
der **Geburtstag, -e** birthday
gedämpft subdued in tone
der **Gedanke, -n** thought
der **Gedankengang, ¨e** train of
thought
die **Gedankenverbindung, -en**
combination of thought
das **Gedeck, -e** cover; **ein neues**
— auflegen to lay an extra
place
gedenken + *Gen.*, **gedachte,**
gedacht to think of; **geden-**
ken + **zu** + *Infinitiv* to plan
to do something
das **Gedicht, -e** poem
gedrückt subdued
Gefahr: selbst auf die — hin
even at the risk of
gefährdet threatened

gefallen + *Dat.*, **gefiel, gefallen**
to please, to like
gefallen *(Adj.)* perished
einen **Gefallen tun** + *Dat.* to do a
person a favor
die **Gefälligkeit, -en** favor
der **Gefangene, -n** prisoner
das **Gefängnis, -se** prison, jail
das **Gefäß, -e** container
das **Gefühl, -e** emotion, feeling
gegen *(+ Akk.)* toward, against,
by
die **Gegend, -en** region, district
der **Gegensatz, ¨e** contrast
der **Gegenstand, ¨e** object, thing;
der in Frage stehende —
object in question
das **Gegenüber, -** partner
die **Gegenüberstellung, -en** con-
frontation
gegenwärtig present
der **Gegner, -** opponent, enemy
das **Gehalt, ¨er** salary
geheim secret
das **Geheimnis, -se** secret
das **Gehirn, -e** brains
das **Gehör** hearing
gehorchen to obey
gehören zu + *Dat.* to belong to
der **Gehsteig, -e** sidewalk
die **Geige, -n** violin
die **Geisterstunde, -n** hour of the
ghosts
geistesabwesend absentminded
geistig spiritual, intellectual
der **Geistliche, -n** minister, priest
der **Geizhals, ¨e** miser, cheapskate
gelangen an + *Dat.* to arrive at
gelangen zu + *Akk.* to arrive at
das **Gelaß, -sse** = **der Raum**
gelassen *(Adj.)* calm, cool, com-
posed
das **Geldstück, -e** coin
viel **gelegen sein an** to be very
interested in
die **Gelegenheit, -en (günstige)**
opportunity
das **Gelenk, -e** *hier:* **das Handgelenk, -e** wrist

gelenkt guided
gelingen to succeed
gellen to shriek
gelten für + *Akk.*, **galt, gegol-
ten** to be valid for, to be taken
for
die **Geltung, -en** acceptance, worth
der **Geltungsbereich, e** realm,
sphere of influence
gemächlich slowly, leisurely
die **Gemeinde, -n** community
die **Gemischtwaren** groceries
gemütlich cosy, snug, comfortable
genehmigen to approve, to rati-
fy
die **Genesung** convalescence
sich **genieren** to be embarrassed
genießen, genoß, genossen to
enjoy
der **Genosse, -n; die Genossin,
-nen** comrade
genügen + *Dat.* to satisfy, to
suffice
das **Gepäck** luggage
gepflegt well looked-after
geradezu actually
geraten, geriet, geraten to get
into; to succeed
das **Geräusch, -e** noise
gerechtfertigt justified
die **Gerechtigkeit, -en** justice
das **Gerede** gossip
das **Gerichtsgebäude, -** lawcourts
gering small, little
gern(e) to like to
der **Geruch, ¨e** smell
der **Geruchssinn** sense of smell
das **Gerücht geht um wie gesagt**
the rumor is as stated
geschäftlich business matter
das **Geschäftslokal, -e** shop
der **Geschäftsteilhaber, -** partner
geschehen, geschah, geschehen
to happen
das **Geschehen** happening, event
das **Geschehnis, -se** = **das Geschehen**
gescheit = **klug**

das **Geschenk, -e** present

das **Gescherr: wie der Herr so das
— ** like master like man

das **Geschirr** dishes

das **Geschlecht, -er** sex, gender

das **Geschrei** screaming

die **Geschwindigkeitsbegrenzung,
-en** speed limit

die **Gesellschaft, -en** company,
society

das **Gesetz, -e** law; **ein — verabschieden** to pass a law

das **Gesicht, -er** face; **zu —
bekommen** to catch sight
of

der **Gesichtspunkt, -e** point of view

die **Gesinnung, -en** disposition,
mental attitude

gesondert separately

gesonnen sein to intend, to be
of a mind

die **Gespanntheit = Spannung**
tension

das **Gespenst, -er** ghost

gespensterartig ghostlike

das **Gespräch, -e** conversation

**gesprochen: ganz allgemein
— ** generally speaking

die **Gestalt, -en** figure

die **Gestaltung, -en** forming, shap-
ing, arrangement

**gestatten: sich etw. — = sich
etw. erlauben**

die **Geste, -n** gesture

gestehen, gestand, gestanden
to confess

die **Gesundheit, -en** health

das **Gesundheitsamt** public health
service

gesundheitsfördernd conducive
to good health

das **Getränk, -e** beverage

das **Getriebe, -** mechanism, gear

das **Geviert: sechs Meter im —
= sechs Meter im Quadrat**
six meters square

**gewahr werden + ** *Gen. oder
Akk.* to become aware of

gewandet = gekleidet

das **Gewebe, -** material, tissue, tex-
ture

der **Gewehrschein, -e** gun permit

das **Gewerbe, -** trade

das **Gewicht, -e** weight

der **Gewinn, -e** profit, gain

gewinnen, gewann, gewonnen
to gain

gewissermaßen to a certain extent

das **Gewitter, -** thunderstorm

gewitzt clever

sich **gewöhnen an + ** *Akk.* to accus-
tom to, to get used to

die **Gewohnheit, -en** habit

gewöhnlich usually

das **Gewürz, -e** spice

**gießen, goß, gegossen = sehr
stark regnen** to pour; **wie
aus Kübeln — ** it rains cats
and dogs

giftig poisonous

glänzend shiny, splendid

die **Glasseele, -n** soul of glass, a
very sensitive person

glatt smooth, even

die **Glaubwürdigkeit, -en** credibi-
lity

gleichgültig indifferent, re-
gardless

die **Gleichmacherei, -en** equalizing

gleichwertig equivalent

die **Gleichwertigkeit, -en** equiva-
lence

gleichzeitig at the same time

gleißen to shine, to glitter

das **Glied** the member; **das Satzglied** part of a sentence

glitschen to slide

glitzern to glint, to glitter, to
sparkle

glücklich successful, lucky

glühen to glow

glühend ardent

die **Glutwand, ¨e** dense curtain of
heat

der **Golfplatz, ¨e** golf course

der **Golfspieler, -** golfer

der **Gongschlag,** ¨**e** sound of gong
gönnen: sich etwas — to permit oneself a thing
die **Götterspeise, -n** jelly
die **Gottheit, -en** deity, divinity
graben, grub, gegraben to dig
der **Grad, -e** degree; **in höherem —** to a higher degree
grad als ob just as if
der **Grassamen, -** grass seed
das **Grauen** horror
grausam cruel
greifen, griff, gegriffen to grasp, to hold
der **Greis, -e** old man
das **Greuel, -** abomination, horror
im **großen und ganzen** by and large
die **Großzügigkeit, -en** generosity, breadth of mind
die **Grube, -en** ditch
auf **Grund** + *Gen./*von + *Dat.* because of
der **Grund,** ¨**e** ground (site), reason
die **Grundmauer, -n** foundation
der **Grundriß, -sse** floorplan
das **Grundstück, -e** real estate
gruseln: ich gruselte mich I felt creepy
der **Gruß,** ¨**e** greetings, salutation
grüßen to greet, to salute
grunzen to grunt
die **Gültigkeit, -en** validity
die **Gummisohle, -n** rubber sole
der **Guß,** ¨**sse** downpour
gut-heißen, hieß gut, gutgeheißen to approve
gütig generous

H

der **Haarausfall** losing of hair
an **den Haaren herbeigeholt** far-fetched
der **Haarschneider, -** *(rare)* barber
der **Haarwuchs** growth of hair
die **Hacke, -n** chopper
hacken to hack
die **Hafenanlage, -n** harbor docks

der **Häftling, -e** prisoner
der **Hahn,** ¨**e** rooster
der **Hahnschrei, -e** cock's crow
hakenförmig hooked
die **Halbinsel, -n** peninsula
halten von + *Dat.*, **hielt, gehalten** to think of
die **Haltung, -en** posture
der **Halunke, -n** rascal
hämmern to hammer, to knock
Hand und Fuß haben to be solidly built, to be to the point
der **Handel** business, bargain
handeln von to deal with, to be about
der **Handelnde, -n** person who acts, agent
die **Handelsfirma, -firmen** business company
das **Handgelenk, -e** wrist
die **Handhabung, -en** handling
der **Händler, -** dealer
die **Handlung, -en** action
der **Handkuß,** ¨**sse** kiss on a lady's hand
der **Handschuh, -e** glove
die **Hängematte, -n** hammock
die **Hantierung, -en** operation, handling
harsch harsh
hartgekocht hardboiled
hartnäckig obstinate
die **Hartwurst = Dauerwurst** hard salami
der **Hase, -n** hare
hassen to hate
häßlich ugly
häufig frequent
das **Hauptfach,** ¨**er** major subject
hauptsächlich above all
der **Hauptsatz,** ¨**e** main clause
der **Hausbewohner, -** fellow tenant, resident, inmate, neighbor
der **Hausgenosse, -n = Hausbewohner**
das **Hausgesinde** domestic employees
der **Haushalt, -e** household
der **Hausierer, -** peddler

der **Hausmeister, -** janitor
die **Hausschnecke, -n** snail
das **Haustier, -e** domestic animal
die **Haut, ⁒e** skin
hecheln to hackle
das **Heft, -e** notebook
heftig = stark
die **Heide, -n** heath, moors
das **Heidekraut, ⁒er** heather, erica
heikel critical, difficult
der **Heiligabend** Christmas Eve
(Dec. 24)
die **Heimat** homeland
heim-suchen to afflict, to visit
upon
die **Heirat, -en** marriage
heiraten to get married
heiser hoarse
heiter cheerful, gay
die **Heiterkeit** cheerfulness
heldenmütig heroic
helfen + Dat., half, geholfen
to help
der **Heller, -** penny, rap; **keinen**
— wert not worth a rap
das **Hemd, -en** shirt
der **Hemdausschnitt, -e** neck of a
shirt
hemdsärmelig in shirtsleeves
herablassend condescending
herab-sinken, sank herab,
herabgesunken to settle, to
fall
heran-rasen to race toward
der **Herbst** autumn
der **Herbstduft, ⁒e** siehe **der Herbst**
siehe **der Duft**
der **Herd, -e** stove
her-halten müssen, hielt her,
hergehalten to have to suffer
herkömmlich traditional; **—er**
Sinn traditional meaning
die **Herkunft, ⁒e = das Her-**
kommen origin, descent
der **Herr, -en** the lord
die **Herrschaft, -en** authority, control
herrschaftlich manorial
herrschen to reign

herrschsüchtig thirsty for power, domineering
her-stellen to produce
her-rühren to originate
herum-turnen to monkey
about
herum-wühlen to dig about
herunter-drücken to push
down
hervor-bringen, brachte her-
vor, hervorgebracht to produce
hervor-heben, hob hervor,
hervorgehoben to emphasize
der **Herweg, -e** the way to (the
village)
das **Herz, -en** heart
der **Herzanfall, ⁒e** heart attack
Herzen: sich zu — nehmen
to take to heart
heulen to howl, to whistle; to
cry
die **Hexe, -n** witch
der **Hilfsarbeiter, -** helper
die **Hilfsbereitschaft** helpfulness
der **Himmel** sky
der **Himmelskörper, -** celestial
body
die **Himmelsrichtung, -en** one of
the four geographical direc-
tions
im **Hinblick auf + Akk.** with . . .
in mind, with regard to
das **Hindernis, -se** obstruction, dif-
ficulties
hinein-passen to fit into
hin-fallen, fiel hin, hinge-
fallen to fall down
die **Hinfälligkeit** infirmity, weak-
ness
hingebungsvoll devoted
hin-kommen, kam hin, hinge-
kommen to get to
in **Hinsicht auf** in regard to; **in**
dieser Hinsicht in this regard
die **Hintergehung, -en** deception,
fraud
der **Hinterhof, ⁒e** backyard

hinterlassen, hinterließ, hinterlassen to leave behind
hinterlegen to deposit
hin und her to and fro, backwards and forwards
hinwegkommen über to get
  over
der Hinweis, -e hint, indication
die Hitze heat
die Hochachtung, -en high esteem,
  respect
das Hochhaus, ¨er skyscraper
hoch-putschen = aufputschen
  to goad on
der Hochstapler, - swindler
hocken to crouch
der Hof, ¨e courtyard
höflich polite
an Höhe verlieren to lose altitude
die Hoheit, -en high dignity
der Höhergestellte, -n superior
hohl hollow
der Hohlraum, ¨e hollow space,
  cavity
hohnlachen über to laugh deri-
  sively, to sneer at
holen to fetch, to get
der Fliegende Holländer Flying
  Dutchman
das Holz, ¨er wood
der Holzknecht, -e lumber jack
die Hornbrille, -n hornrimmed
  glasses
die Hosennaht, ¨e seams of trousers
der Hubraum, ¨e cylinder capacity

hübsch pretty
der Hubschrauber, - helicopter
die Hüfte, -n hip
das Huhn, ¨er fowl
die Hühnerbrühe, -n chicken
  broth
der Hühnerhof, ¨e poultry yard
die Hundehütte, -n kennel
Hunde: vor die — gehen
  (coll.) to go to the dogs
der Hunger hunger; — haben
  to be hungry
die Hungersnot, ¨e famine

die Huperei blowing of horns
huschen to whisk
husten to cough
Hut: auf der — sein to
  beware of
die Hütte, -n cabin

I

ihrerseits for their part
immerhin all the same, but
imstande sein to be able to
indessen meanwhile
der Ingenieur, -e engineer
der Inhaber, - holder, owner
der Inhalt, -e content
das Inland = Gegenteil von Ausland
  native country, homeland
inne-haben, hatte inne, inne-
  gehabt = besitzen to
  possess
inne-halten, hielt inne, inne-
  gehalten to stop
inne werden + Gen. to realize,
  to notice
innig intimate
insektenhaft like an insect
insofern in so far
die Intelligenz intelligence, the in-
  tellectuals (pl.)
die Interpunktion punctuation
irgendwelche, -r, -s any (. . .
  whatsoever)
irgendwo anywhere
irre-führen to misguide
irren to err, to be wrong
der Irrweg = der falsche Weg
der Italienreisende, -n = jemand,
  der nach Italien reist

J

die Jacke, -n jacket
die Jagd, -en hunt
jagen to hunt
das Jahrhundert, -e century
der Jahrmarkt, ¨e fair

das **Jahrzehnt, -e** decade
jähzornig impetuous
je per
jederzeit at all times
jedoch yet
jeglicher = jeder
jeweils = jedesmal
der **Jubel** cheers (of welcome)
der **Jubilar, -e** = jemand, der sein
Jubiläum feiert
das **Jubiläum, -s/läen** jubilee
jugendlich adolescent
der **Jugendliche, -n** youth
der **Junggeselle, -n** bachelor

K

das **Kabriolet, -s** convertible
der **Käfer, -** bug
kahl empty, bleak
kaltblütig cold-blooded
sich **kämmen** to comb
kämpfen um to fight for
die **Kanzlei, -en** office of superin-
tendent
das **Kapital, -e/ien** funds, stock
das **Kapitel, -** chapter
kaputt broken, ruined
die **Karosserie, -n** car body
die **Karriere, -n** career
die **Kartoffel, -n** potato
der **Kartoffelsalat, -e** potato salad
der **Käse, -** cheese
der **Kasernenhof, ¨e** drill field
die **Katze, -n** cat; — im Sack
kaufen to buy a pig in a poke
kaum hardly
die **Kehle, -n** throat
der **Kellner, -** waiter
ur Kenntnis nehmen, nahm . . .
zur Kenntnis, zur Kenntnis
genommen to take notice of
kennzeichnen to characterize
er **Kentaur, -en** = Zentaur cen-
taur
er **Kerker, -** prison, jail
ie **Kerkerstrafe, -n** = die Strafe
im Kerker

der **Kerl, -e** fellow
der **Kern, -e** core, pit, center
die **Kerze, -n** candle
keß fresh, insolent
die **Kette, -n** necklace, chain
keuchen to gasp, to breathe
with difficulty
die **Kiefer, -n** Scotch pine
das **Kindheitserlebnis, -se** child-
hood experience
das **Kinn, -e** chin
die **Kiste, -n** box, chest, case
kitschig trashy, cheaply sentimental
der **Klabautermann** hobgoblin (on
a ship)
die **Kladde, -n** notebook
klaffen to gape, to yawn
die **Klammer, -n** parenthesis;
clamp
die **Klampe, -n** clamp
klappen to flap
klappern to rattle
sich **klar-machen** to explain to oneself
der **Klassenkamerad, -en** classmate
klatschend slapping
das **Klavierkonzert, -e** piano con-
certo
kleben to stick
das **Kleid, -er** dress
die **Kleinigkeit, -en** trifle
kleinlaut shamefaced, subdued
die **Klimaanlage, -n** air condition-
ing
die **Klingel, -n** bell
die **Klinke, -n** latch
die **Klippe, -n** rock
klirren to clank
klopfen to knock
klug smart, intelligent
der **Knabe, -n** = der Junge
knacken to crack
knallen to pop, to crack
knapp hardly, shortly
knarren to creak
der **Knecht, -e** farm hand
die **Kneipe, -n** pub
knien to kneel

knirschen to gnash
knistern to crackle, to rustle
knittern to wrinkle, to crease
die Knitterfreiheit = die Eigenschaft, nicht zu knittern
der Knopf, ⸚e button
knorrig knotty
knurren to snarl, to growl
der Koffer, - suitcase
der Kofferraum, ⸚e trunk compartment
die Kolbenweite, -n width of
steam-piston
komisch funny, strange
es kommt dahin, daß ... things
come to the point at which
die Kompliziertheit, -en com-
plexity
der Komponist, -en composer
der Kompromiß, -sse compromise
der Konjunktiv, -e subjunctive
konkret concrete, real
der Konkurs, -e bankruptcy
das Können ability, (art)
das Konto sperren to stop an account
der Kontrollturm, ⸚e control
tower
das Konzert, -e concert
die Kopfbedeckung, -en cover for
head
Kopf: auf den — gefallen
sein to be stupid
der Kopfhörer, - earphones
die Kopfschmerzen headache
kopfüber head over heels
körperlich physically, bodily
korrigieren to correct
kostbar precious
auf Kosten + Gen. at the expense of
der Kot excrement, mud
krabbeln to crawl
bei Kräften sein to be in possession
of one's full strength
die Kragenweite, -n collar size
krallen to claw
der Kram stuff, rubbish
krampfhaft spasmodic, convul-
sive

der Kran, -e crane
krank sick, ill
das Krankenhaus, ⸚er = das Hos-
pital
die Krankenpflegerin, -nen nurse
der Krankenschein, -e clinic card
die Krankenschwester, -n nurse
die Krawatte, -n tie
die Kreide, -n chalk
kreischen to shriek
kreisen to circle
das Kreuz, -e cross; spine
die Kreuzotter, -n poisonous vipe
die Kreuzung, -en intersection;
cross-breeding
kriechen, kroch, gekroche
to creep, to crawl
der Krieg, -e war
kriegen = bekommen
der Krieger, - warrior
der Kriegsschauplatz, ⸚e theater o
operations, front
die Kriminalgeschichte, -n dete
tive story, history of crimir
ology
die Krücke, -n crutch
der Krümel, - crumb
der Kuchen, - cake
der Kuckuck, -e cuckoo
die Kugel, -n ball, bullet
kühn daring
der Kummer grief, sorrow
sich kümmern um to care about
der Kundendienst, -e customer se
vice
die Kunst, ⸚e art
der Künstler, - artist
künstlich artificial
der Kunstschatz, ⸚e treasure
das Kunstwerk, -e piece of art
kurzerhand briefly, abruptly
kurzfristig short-term
kurzsichtig nearsighted
die Kurzwaren notions
eine Kußhand zuwerfen + Dat.
throw a person a kiss
lächeln to smile
lächerlich ridiculous
das Ladengeschäft, -e store

der **Ladeninhaber, -** storekeeper
die **Ladentür, -en** shop door
die **Lage, -n** position, situation: **in der — sein** to be in the position to
lähmen to paralyze
die **Lampe, -n** lamp
die **Landebahn, -en** runway
landen to land
die **Landschaft, -en** landscape
zur **Landung ansetzen** to approach for landing
der **Länge nach** lengthwise
langweilig boring
der **Lärm** noise
die **Last, -en** burden; **zur — legen + Dat.** to charge a person with a thing
lästig bothersome, annoying
der **Lastwagen, -** truck
das **Lattenwerk, -e** trellis
lau mild
das **Laub** leaves
Lauer: auf der — liegen to be on the lookout
Laufenden: auf dem — halten to keep a person informed
die **Laune, -n** mood
lautlos noiseless, silent
die **Lautlosigkeit, -en** silence
lautmalend onomatopoetic
der **Lautsprecher, -** loudspeaker
lax relaxed
vom **Leben zum Tode bringen = töten** to execute
die **Lebensgefahr, -en** mortal danger
der **Lebenslauf, -e** curriculum vitae
der **Lebensmittelpreis, -e** price of food
die **Lebensstellung, -en** walk of life
leberleidend suffering from a disease of the liver
das **Lebewesen, -** living creature
lebhaft lively
leblos lifeless
der **Leckerbissen, -** delicacy

das **Leder** leather
leer empty
leger easy going
der **Lehnstuhl, -e** arm chair
sich **lehnen an + Akk.** to lean (against)
das **Lehrbuch, -er** schoolbook
lehren to teach
der **Lehrling, -e** apprentice
das **Lehrmädchen, -** girl-apprentice
der **Leib, -er** body
die **Leibeshöhle, -n** thorax
die **Leiche, -n** dead body, corpse
die **Leichtathletik** athletics, track and field
leichter ums Herz sein + Dat. to feel better (more relieved)
leichtfertig careless
der **Leichtsinn** foolhardiness, carelessness
leid tun to feel sorry for; **es tut mir leid** I am sorry
leiden, litt, gelitten to suffer
Leideform = Passiv
leider unfortunately
leisten: sich etw. — to afford
die **Leistung, -en** capacity, accomplishment
die **Leiter, -n** ladder
die **Leitschnur, -en** guiding line
der **Leitstrahl, -en** marker beam (jet)
lenken to direct, to guide
das **Lenkrad, -er** steering wheel
lernen to learn
letztlich finally
der **Lichtschalter, -** light switch
der **Liebhaber, -** lover, amateur
der **Liebling, -e** darling, favorite
die **Lieferung, -en** delivery
lindernd soothing
listig cunning
loben to praise
des **Lobes voll sein über + Akk.** to be full of praise
die **Lokomotive, -n** locomotive
los-lassen, ließ los, losgelassen to let go

die **Lösung, -en** solution
**los-werden, wurde los, losge-
worden** + *Akk.* to get rid
of
das **Lot, -** half an ounce
die **Lücke, -n** gap
der **Luftdruck** atmospheric pressure
das **Luftloch, ̈er** air pocket
lügen, log, gelogen to lie
die **Lunge, -n** lungs
die **Lust, (̈e)** inclination, pleasure
lustig funny; **sich — machen
über** to make fun of
lutschen to suck; **am Daumen
—** to suck one's thumb

M

die **Machart, -en** make
die **Macht der Gewöhnung** power
of habit
etwas **macht mich heiß** something
bothers me
das **macht nichts** that doesn't
matter
das **Machtverhältnis, -se** relations
of power
der **Magen, ̈** stomach
das **Magengeschwür, -e** ulcer
das **Magnetfeld, -er** magnetic field
mahnen to remind, to admon-
ish
der **Makler, -** broker, agent
das **Mal, -e** mark, stigma
die **Malaise** *(frz.)* discomfort
die **Malerei, -en** painting
malerisch picturesque
manchmal sometimes
**Männchen bauen = Männchen
machen = eine einstudierte
Bewegung vorführen**
die **Männerwelt** gentlemen
der **Mantel, ̈** coat
das **Märchen, -** fairy tale
martialisch martial
das **Marzipan** marchpane, marzipan
die **Maske, -n** mask
die **Maßnahme, -n** measure

der **Matrose, -n** sailor, seaman
der **Maurer, -** mason, bricklayer
die **Medaille, -n** medal
die **Medizin = das Medikament**
medication
das **Meer, -e** ocean, sea
die **Meernixe, -n** sea-maid, mer-
maid
mehrmals on several occasions
**meiden, mied, gemieden =
vermeiden** to avoid
die **Meinung, -en** opinion
meistenteils mostly
die **Meldung, -en** notice
die **Melodie, -n** tune
der **Menschenkenner, -** judge of
men
merkantil commercial
merken: sich etw. — to remember
merkwürdig strange, odd
die **Miene, -n** feature
die **Miete, -n** rent
das **Militär** the military
mindest at least
das **Ministerium, -erien** ministry
minniglich *(kaum mehr gebräuchlich)* lovingly
der **Mißbrauch, ̈e** abuse, misuse
mißraten + *Dat., mißriet, mißraten = nicht geraten*
der **Mißstand, ̈e** bad situation,
grievance
der **Mißton, ̈e** disharmony
das **Mißverständnis, -se** misunder-
standing
der **Mißwachs = die Mißernte** bad
harvest
miteinander = zusammen
das **Mitglied, -er** member (of
club)
das **Mitleid** pity, sympathy; **aus —**
out of pity
**mit-nehmen, nahm mit, mit
genommen** to take along
das **Mittagsschläfchen** nap
mit-teilen + *Dat.* to let a person know, to inform
das **Mittel, -** means

mitunter once in a while
die **Möbel** *(pl.)* furniture
das **Möbelstück, -e** piece of furniture
das **Modefachblatt, ⁔er** fashion magazine
der **Modeschöpfer, -** fashion designer
die **Möglichkeit, -en** possibility
der **Mond, -e** moon
das **Mondlicht** moonlight
das **Moped, -s** motorized bicycle
der **Mörder, -** murderer
der **Mordfall, ⁔e** murder case
die **Morgenröte** dawn
das **Motiv, -e** motive
die **Motorhaube, -n** hood
müde + *Gen./* + **von** + *Dat.* to be tired of
die **Mühe, -n** trouble, pain
Munde: in aller — **sein** to be talked about by everybody; **den — halten** to hold one's tongue **den — zu voll nehmen** to talk big, to mouth
munkeln to whisper about
murmeln to murmur
müßig (doing nothing), lazy, disengaged
musterhaft exemplary
der **Mützenrand, ⁔er** brim of a cap

N

nach + *Dat.* according to
nach-ahmen to imitate
der **Nachbar, -n** neighbor
die **Nachbarschaft, -en** neighborhood
nach-denken über + *Akk.*, **dachte nach, nachgedacht** to think about
nachdrücklich emphatically
nach-erzählen to retell a story
nachfolgend listed below, following
nach-geben, gab nach, nachgegeben to give in

nach-gehen + *Dat.*, **ging nach, nachgegangen** to follow
nachkommen: Geschäften — to go about one's business
Nachkriegs- post-war *(Adj.)*
nach-lassen, ließ nach, nachgelassen to abate
nach-laufen + *Dat.*, **lief nach, nachgelaufen** to run after
der **Nachmittag, -e** afternoon
die **Nachricht, -en** news
der **Nachrichtensatellit, -e** communication satellite
nach-sehen, sah nach, nachgesehen to examine, to inspect; to look up
nach-stauen to stow
der **Nächste, -n** fellow man
der **Nachteil, -e** disadvantage
der **Nachtgesang, ⁔e** night song
der **Nachtportier, -e** night clerk
der **Nachweis, -e** proof; **den — erbringen** to prove
nachwirkend producing after-effects
nagen to nibble
nahe close
sich **nähern** to approach
nähren to feed
die **Nahrungssuche, -n** search for food
die **Naht, ⁔e** seam
naß wet
naturgemäß naturally
naturwidrig against nature
die **Naturwissenschaft, -en** science
das **Nebenfach ⁔er** minor subject
der **Nebensatz, ⁔e** dependent clause
neblig hazy, foggy
neigen = beugen to bend, to incline
der **Neigungswinkel, -** angle of inclination
nervös nervous
neuerlich = von neuem, noch einmal
neugierig curious
neulich = kürzlich recently

nieder-brennen, brannte nieder, niedergebrannt to burn down

niedergeschlagen *(Adj.)* dejected, depressed

nieder-schlagen, schlug nieder, niedergeschlagen to put down

nieder-sinken, sank nieder, niedergesunken to sink down

niedrig low

die **Nichtachtung, -en** = **nicht achten**

nicken to nod

nieder-halten, hielt nieder, niedergehalten to keep down

die **Niederschrift, -en** document

nippen an to take a sip of

der **Nobelpreisträger, -** Nobel Prize winner

die **Nonne, -n** night-moth; white nun, nun

die **Nordsee** North Sea

die **Not, ⁝e** need, emergency

die **Notbremse, -n** emergency brakes

notgedrungenerweise from sheer necessity

nötig necessary

nötig sein to be necessary

die **Notlage, -n** distressed condition

notlanden to be forced down

die **Notlandung, -en** emergency landing

die **Notlüge, -n** white lie

not tun, tat not, not getan to be imperative, to be necessary

nunmehr = **jetzt**

nützen to be useful

O

obendrein above that

obenerwähnt above-mentioned

obenstehend = **obenerwähnt**

der **Ober, -** waiter

die **Oberfläche, -n** surface

das **Oberhaus** senate

der **Oberkörper, -** the upper part of the body

das **Oberteil, -e** upper part

obig = **oben stehend**

die **Obrigkeit, -en** authorities

die **Öde, -n** solitude

die **Ofenbank, ⁝e** bench by the stove

offenbar obviously, apparently

offen gestanden frankly speaking

offenkundig notorious

offensichtlich obviously

sich **öffnen** to open

ohnedies anyway

ohne weiteres without more ado

ohne zu + *Infinitiv* without + ... *ing*

ohnmächtig unconscious

die **Ohrfeige, -n** box on the ear

das **Öl, -e** oil

die **Olympischen Spiele** Olympic Games

der **Omnibus, -se** = **der Autobus**

das **Opfer, -** sacrifice

in Ordnung okay

die **Örtlichkeit, -en** locale

der **Ortsname, -n** name of a locale

die **Paarung, -en** coupling

das **Paket, -e** package

die **Panne, -n** breakdown

der **Papierkorb, ⁝e** waste paper basket

die **Papierschere, -n** paper shears

passen to fit

passen + *Dat.* to be convenient to a person

passend suitable

die **Paßkontrolle, -n** examination of passports

der **Patient, -en** patient

die **Patrone, -n** cartridge

die **Pedanterie, -n** pedantry

peinlich embarrassing

die **Perle, -n** pearl

der **Personalausweis, -e** identification card

der **Personenwagen, -** passenger car
die **Persönlichkeit, -en** personality
der **Pfad, -e** path
pfeifen, pfiff, gepfiffen to whistle
das **Pferd, -e** horse
das **Pferderennen, -** horse racing
der **Pfiff, -e** whistle
pflegen to take care of
pflegte zu geschehen to happen usually, used to happen, would happen
die **Pflicht, -en** duty
der **Pflicht nachkommen** to pursue the duty
pflücken to pick
philatelistisch philatelistic
die **Pilotenkanzel, -n** cockpit
der **Pilz, -e** mushroom
das **Plakat, -e** poster
die **Plastik, -en** sculpture
platt flat
einen **Platten haben = einen platten Reifen haben** to have a flat (tire)
der **Platz, ⏝e** square; seat
platzen to burst
plaudern to chatter
pochen to knock; **auf sein Recht —** to insist on one's rights
poliert polished
der **Portier, -s** doorman
das **Porzellan, -e** china
die **Positionsmeldung, -en** report of position
die **Post** mail
der **Postbote, -n** mailman
die **Postleitzahl, -en** zip code
die **Pracht** splendor, pomp
prächtig magnificent
prasseln to crackle, to rattle
preisen, pries, gepriesen to praise
preis-geben, gab preis, preisgeben to give up, to abandon
die **Presse, -n** press

das **Presseamt, ⏝er** information service, news center
pressen to squeeze
der **Prokurist, -en** confidential clerk
die **Promotion, -en** granting of a Ph.D. degree
die **Prosa** prose
die **Prüfung, -en** examination
der **Pudel, -,** poodle
der **Punkt, -e** point, period
die **Puppe, -n** doll
die **Putzfrau, -en** cleaning woman

Q

der **Quadratmeter, -** square meter
quaken to squeak
quälerisch tormenting
die **Quelle, -n** source
quer cross, across
quieken to squeak
quietschen to creak, to squawk

R

der **Rabe, -n** raven
Rache nehmen to take revenge
das **Rad, ⏝er** wheel
rad-fahren, fuhr Rad, radgefahren to bicycle, to bike
das **Radrennen, -** bicycle race
die **Rakete, -n** rocket
der **Rand, ⏝er** edge
der **Rang, ⏝e** rank
rangieren to shunt, to switch
rasch = schnell
rascheln mit to rustle
der **Rasen, -** lawn
rasen to rave, to rage
der **Rasende** raving maniac
sich **rasieren** to shave
raspeln to rasp
rasseln to clatter, to rattle
die **Rastpause, -n** repose
Rate: jdn. zu — ziehen to consult

das **Rätsel, -** riddle
rätselhaft mysterious
rattern to rattle, to rumble
rauben to take by force, to rob
der **Raubüberfall, ¨e** robbery
der **Rauch** smoke
rauchen to smoke
die **Raumfahrt, -en = Astronautik**
die **Raupe, -n** caterpillar, worm
rauschen to rustle
Rechenschaft ablegen über +
Akk. to give account of
rechnen to do arithmetic; **mit**
etwas — to count on something
die **Rechnung, -en** bill
recht haben to be right
recht: es jdm. — machen to
do right by . . .
die **Rechte = die rechte Hand**
rechtfertigen to justify
rechtmäßig lawful, legitimate
der **Rechtsanwalt, ¨e** lawyer,
attorney
rechtzeitig in time
der **Redner, -** speaker
reell honest, respectable
Regel: in der — as a rule
regelmäßig regularly
der **Regen, -** rain (storm)
regieren to govern, to rule
die **Regierung, -en** government
das **Reh, -e** deer
die **Rehabilitierung, -en** rehabili-
tation
der **Reichtum, ¨er** riches, wealth
der **Reifen, -** tire
der **Reigen, -** (round) dance
die **Reihe, -n** row
eine **Reihe von = einige** some
die **Reihenfolge, -n** sequence
rein pure
die **Reinigung, -en** cleaning up
die **Reise, -n** trip, journey
das **Reisebüro, -s** travel agency
der **Reisende, -n** traveller
reißen, riß, gerissen to drag
reißend tearing
reizend charming

die **Reklame, -n** advertisement
die **Reklamefirma, -firmen** ad-
vertising agency
der **Rekord, -e** record
die **Rekordzeit, -en** record time
der **Rekrut, -en** recruit
der **Rennfahrer, -** racing driver
restlich remaining
retten to save
die **Rettung, -en** rescue, salvation
richten: sich nach etwas — to
be guided by
der **Richter, -** judge
Richtigkeit: es hat seine — mit
to be correct
die **Richtung, -en** direction
richtunggebend a directive
der **Riegel, -** lock
rieseln to trickle
riesig = sehr groß
die **Rinde, -n** bark
das **Rindfleisch** beef
ringsumher all around
die **Rinne, -n** trench
rinnen, rann, geronnen to run,
to flow
Rippchen: geräucherte —
smoked pork chops
die **Rippe, -n** rib
der **Ritter, -** knight
die **Robe, -n** (evening) robe, gown
röcheln to rattle
der **Rock, ¨e** skirt
eine **Rolle spielen** to play a role
rollen to roll
die **Rollerei** the rolling
der **Roman, -e** novel
rosig rosy, pink
die **Rosine, -n** raisin
der **Rotkohl** red cabbage
rotköpfig redheaded
das **Rotwild** red deer
ruckartig jerky
der **Rücken, -** back
rucken = rücken to jerk, to
pull
rückwärts backwards
der **Rückweg, -e** the way back
der **Ruf, -e** shout, reputation

Ruhe: aus der — bringen to
upset, to disturb
ruhen to rest
sich **rühmen** + *Gen.* to boast of
sich **rühren** to move
der **Rumpf, ⁻e** body

S

der **Saal, Säle** hall
die **Sache, -n: sich einer — anneh-men** to take a thing up; **sich einer — bewußt sein** to be conscious of a thing; **mit hundert — fahren** *(coll.)* to drive 100 km per hour
sachlich objective, non-personal
die **Sage, -n** fable, myth
sammeln to collect
die **Sammlung, -en** collection
sämtliche = alle
die **Sandheide = die Heide** heath
etw. **satt haben** to have enough
satt sein + *Gen./Akk.* to have enough of something
der **Satz, ⁻** sentence; phrase
die **Satzstellung, -en** word order
der **Sauerstoff** oxygen
sausen to whistle
schäbig shabby
der **Schacht, ⁻e** shaft
schaden to do damage
die **Schadenfreude** malignity
schadhaft damaged
schädlich damaging
schaffen to accomplish
der **Schaffner, -** conductor
die **Schallplatte, -n** record
sich **schämen** to be ashamed
scharf sharp
schärfen to sharpen
der **Scharfsinn** sagacity, ingenuity
der **Schatten, -** shadow
die **Schattenseite, -n** the dark side
schätzen to appreciate
schätzungsweise according to estimation
die **Schaukel, -n** swings

der **Schaum** foam
schäumen to foam
das **Schauspiel, -e** play
die **Scheibe, -n** slice
scheinen, schien, geschienen to seem
scheitern to fail
das **Schema, Schemen = das Mus-ter** scheme, system, pattern
der **Schenkel, -** thigh
scheu shy
schick stylish, smart
schicken = senden
schieben, schob, geschoben to shove, to slide
schielen nach to leer at
der **Schiffsraum, ⁻e** shipping space
die **Schikane, -n** bullying
das **Schild, -er** sign
schildern + *Dat.* = **beschreiben** to describe
die **Schilderung, -en** description
das **Schilf** reeds
der **Schimmer** glitter, shine
das **Schimpfwort, ⁻er** swearword
das **Schlafpulver, -** sleeping pill
schlagartig suddenly
schlagen: eine Brücke to build a bridge
der **Schlagschatten, -** cast shadow
die **Schlagzeile, -n** headline
schlampig sloppy
die **Schlange, -n** snake, line
schlank slender
schlapp limp, tired
schlau sly, crafty
schlechterdings simply
die **Schleife, -n** turn, bow
schlenkern to swing, to dangle
das **Schlepptau, -e** tow-rope; **ins — geraten** to be taken in tow
schleudern to throw, to skid
schlicht simple, plain
schließen, schloß, geschlossen to close, to shut; **zu — nach** + *(Dat.)* to judge from
schlimm bad, terrible
schlingen, schlang, geschlun-gen to swallow greedily

der **Schlitten, -** sleigh
das **Schloß, ⸚sser** castle
der **Schluck, -e** draught, sip
  schlucken to swallow
  schlüpfen to slide, to glide
das **Schlüsselbein, -e** collar bone
das **Schlüsselloch, ⸚er** keyhole
das **Schlüsselwort, ⸚er** key word
  schmecken nach to taste like
sich **schmeicheln mit** + *Dat.* to
  flatter oneself with
das **Schmerzensgeld, ⸚er** money
  for compensation
der **Schmetterling, -e** butterfly
der **Schmuck** jewelry, ornamenta-
  tion, decoration
der **Schmutz** dirt
der **Schnaps, ⸚e** brandy
  schnarchen to snore
  schneiden, schnitt, geschnitten
  to cut
der **Schneidersalon** tailor's shop
die **Schneise, -n** straight narrow
  path, chute
der **Schnellzug, ⸚e** express (train)
  schnöde contemptuous
der **Schnurrbart, ⸚e** moustache
der **Schnürsenkel, -** shoe laces
  schonen to spare, to save
  schonend considerate
der **Schoß, ⸚sse** lap
der **Schrank, ⸚e** closet, armoire,
  wardrobe
die **Schranke, -n** gate
der **Schraubenschlüssel, -** wrench
einen **Schrei aus-stoßen, stieß aus,
  ausgestoßen** to give off a
  scream
die **Schreibmaschine, -n** type-
  writer
  schreien, schrie, geschrien to
  scream, to cry
der **Schreibfehler, - = Fehler beim
  Schreiben**
der **Schreibtisch, -e** desk
  Schriftdeutsch standard (writ-
  ten) German
der **Schriftsteller, -** author, writer
der **Schritt, -e** step

die **Schublade, -n** drawer
  schüchtern timid
die **Schuhnummer, -n** shoe size
die **Schularbeiten** homework
  schuldig + *Gen.*/**an** + *Dat.*
  guilty of
das **Schulfach, ⸚er** subject (in school)
  **schulterklopfend = auf die
  Schulter klopfend**
die **Schuppe, -n** scale
der **Schuppen, -** barn
die **Schürze, -n** apron
die **Schüssel, -n** bowl
der **Schutt** rubbish, ruins
  schützen to protect
  schutzimpfen to vaccinate
der **Schutzmann, -leute = der Poli-
  zist**
der **Schutzpatron, -e** patron saint
der **Schutzwall, ⸚e** dike, trench
  schwach weak
der **Schwager, -** brother-in-law
der **Schwamm, ⸚e** sponge
  schwanken to sway
der **Schwarzhändler, -** black market agent
  schwatzen to chatter
  schweben to hover
der **Schwefel, -** sulphur
  schweflig sulphurous
  **schweigen, schwieg, ge-
  schwiegen** to remain silent
der **Schweiß** sweat
  **schwellen, schwol, geschwol-
  len** to swell
  schwerfällig clumsy
die **Schwermut** melancholy
das **Schwert, -er** sword
  schwerverletzt badly hurt
  schwierig difficult
der **Schwimmreifen, -** inner tube
die **Schwimmweste, -n** life jacke
  schwitzen to sweat, to pers-
  pire
die **Schwüle** sultriness
der **See, -n** lake
  seelisch mental
der **Seeman** (*pl.*) **die Seeleute**
  sailor, seaman

die **Seepolitik** maritime policy
die **Seerose, -n** water lily
der **Segelflieger, -** glider
der **Segelkamerad, -en** sailing partner
der **Segen, -** blessings
    segnen + *Akk.* to bless
die **Seife, -n** soap
das **Sein** existence
    seinerzeit formerly
    seit + *Dat.* since
    seitdem since
    seitwärts sideways, aside
der **Selbstmord, -e** suicide; — **begehen** to commit suicide
    selbständig independent
    selbstverständlich of course
die **Selbstverständlichkeit, -en** matter-of-factness
    seltsamerweise strangely
    senkrecht vertical
der **Sessel, -** armchair
das **Seufzerchen, -** **(der Seufzer)** (little) sigh
das **Sicheinmischen** involvement
die **Sicherheit, -en** security, safety
der **Sicherheitsgurt, -e** safety belt
die **Sicht, -en** view
    sichten to look through, to assort
die **Siedlung, -en** settlement, development
    Siegel: unter dem — der Verschwiegenheit under the seal of secrecy
die **Silbe, -n** syllable
der **Silberdraht, ⁓e** silver wire
der **Sinn, -e** sense, mind
das **Sinnbild, -er** emblem, symbol
    sinngemäß according to its meaning
    sinnvoll meaningful
    sinnwidrig doesn't make sense
die **Sirene, -n** siren, buzzer
die **Sitte, -n = der Gebrauch** custom
das **Skelett, -e** skeleton
    sogenannt so-called
    Sohlen: auf leisen — softly

der **Solawechsel** sole bill, promissory note
    somit consequently
der **Sonderplatz, ⁓e** special position
die **Sonderregel, -n** special rule
die **Sonnenblume, -n** sunflower
die **Sonnenbrille, -n** sun glasses
die **Sonnenschutzcreme** suntan lotion
sich **sorgen um** to worry (about)
die **Sorgfalt** care(fulness), precision
    sonst otherwise, besides
    sowohl . . . als auch as well . . . as, not only . . . but also
    sozusagen as it were, kind of
    spähen to scout
    spannen to stretch
die **Spannung, -e** tension
    sparsam sparing
    spät late
die **Speise, -n** food
    spielen to play
die **Spielart, -en** variety
das **Spielzeug** toys
die **Spindel, -n** spindle
    spitzen to sharpen
    spitzfindig shrewd
der **Sportler, -** athlete
der **Spott** mockery, irony
das **spottet jeder Beschreibung** it defies description
das **Sprachgefühl, -e** feeling for language
die **Sprachkenntnis, -se** knowledge of a language
der **Sprachenkundige = der eine Sprache kennt**
die **Sprengung, -en** explosion
    spuken to haunt
    spülen to rinse, to wash (dishes)
die **Spur, -en** trace
    spüren = fühlen
der **Staat, -en** state, country
    staatlich governmental, public
der **Städter, -** city dweller
die **Stadtverwaltung, -en** municipal government, city administration

der **Stamm, ⸚e** trunk

der **Stammtisch, -e** restaurant table regularly reserved for club meetings

der **Stand, ⸚e** level; **der — der Dinge** the state of affairs

stand-halten, hielt stand, standgehalten to stand (a test), to hold out

ständig constant

der **Standpunkt, -e** point of view; **einen — vertreten** to take a stand

stapfen to trudge

sich **stärken** to take some refreshment

starr rigid

starren to stare

die **Startbahn, -en** runway

die **Stätte, -n** site

statt-finden, fand statt, stattgefunden to take place

stattgehabt = stattgefunden

stattlich stately

der **Staub** dust

stauben to give off dust

der **Steg, -e** footpath, small bridge

der **Stehbauch, -e** potbelly

die **Stehbierhalle, -n** (beer) bar (without seats)

stehen für, stand, gestanden to stand for

stehen-bleiben, blieb stehen, stehengeblieben to stop, to arrest

steigen, stieg, gestiegen to climb

steigern to raise; to strengthen; *(gram.):* to compare

steil steep

der **Steinpilz, -e** mushroom (yellow boletus)

die **Stellung, -en** position

stempeln to stamp

Stenogramme aufnehmen to take in shorthand

sterben, starb, gestorben to die

die **Steuer, -n** tax

der **Steuermann** helmsman, mate

die **Stewardess, -en** hostess

stichhaltig solid; plausible

stieben (Funken), stob, gestoben to fly about like dust

die **Stichprobe, -n** arbitrarily chosen sample, random choice

der **Stiefel, -** boots

der **Stiefelknecht, -e** bootjack

das **Stiegenhaus, ⸚er** hall, stairwell

der **Stift, -e = der Bleistift, -** pencil

die **Stille** silence

der **Stimmberechtigte, -n** voter

die **Stimme, -n** voice

stimmen to be correct

die **Stirn, -en** forehead

die **Stirnseite, -n** front

stocken to get stuck, run slowly (motor)

die **Stockung, -en** congestion

das **Stockwerk, -e** floor

der **Stoff, -e** fabric, material

stöhnen to moan, to groan

stolpern to stumble

der **Stolz** pride, arrogance

der **Storch, ⸚e** stork

der **Stoßverkehr** rush hour

die **Strafe, -n** punishment

das **Strafgesetzbuch, -e** penal code

strahlen to radiate

strahlend gleeful

der **Strahlungsgürtel, -** radiation belt

stramm rigid; **— stehen** to stand at attention

der **Strand, ⸚e** beach

die **Straßenbahn, -en** streetcar

der **Straßenbahnschaffner, -** streetcar conductor

sträuben to ruffle up; **das Haar — sich** the hair stands on end

der **Strauch, ⸚er = der Busch** bush

strebsam industrious

die **Strecke, -n** distance

strecken to stretch

der **Streifen, -** streak, strip, stripe

der **Streit, -e** fight, quarrel; **im —
liegen mit** to be at variance
with
streng strict
der **Strich, -e** stroke, line
das **Strickzeug, -e** knitting things
das **Stroh** straw
die **Stromversorgung, -en** supply
of electricity
die **Strophe, -n** verse
struppig rugged, rough
das **Stück, -e** piece
die **Stufe, -n** step
stumm silent
stürzen aus to storm out of
die **Substanz, -en** substance, material, ingredient
suchen to seek
die **Sucht, -en** mania
der **Sünder, -** sinner
die **Süßigkeit, -en** sweets

T

täfeln to panel
der **Tagesablauf, ⸚e** course of the
day
die **Tagesgeschäfte** daily business
die **Tagespresse, -n** daily press
die **Tageszeitung, -en** daily newspaper
die **Taille, -n** waist; **jdn. um die
— fassen** to put one's arm
round a person's waist
die **Tankstelle, -n** gas station
der **Tannenbaum, ⸚e** fir tree
die **Tante, -n** aunt
tanzen to dance
die **Tapete, -n** wallpaper
tappen to grope
das **Täschchen (die Tasche, -n)**
handbag
das **Taschentuch, ⸚er** handkerchief
tasten to feel, to touch
in **der Tat** indeed
die **Tätigkeit, -en** occupation
die **Tatsache, -en** fact
tatsächlich actually

der **Tau** dew
taugen to be worth; **wenig —**
to be worth little
tauglich useful
taumeln to reel
technisch technical
die **Teerose, -n** tea rose
der **Teil, -e** part; **ich für mein —**
I personally, I for my part
**teil-nehmen, nahm teil, teil-
genommen** to participate
teilweise partly
das **Tempo halten** to maintain
speed
der **Tennisplatz, ⸚e** tennis court
der **Terminus = der Ausdruck**
teuer expensive
die **Textilien** textiles
die **Theke, -n** counter
das **Ticken** ticking
das **Tier, -e** animal
der **Tierschutzverein, -e** society
for the prevention of cruelty to
animals
die **Tinte, -n** ink
tippen to tap; to type
den **Tisch decken** to set the table
der **Titelträger, -** holder of a title
die **Todesgefahr, -en** mortal danger
die **Todesstrafe, -en** capital punishment
der **Ton, ⸚e** sound
der **Topf, ⸚e** pot
der **Tote, -n** the dead
tragen, trug, getragen to wear
die **Tragfläche, -n** wings of an
airplane
die **Traktoristin, -nen** female trac-
tor driver
traulich homely, cosy
der **Traum, ⸚e** dream
traumlos dreamless
traurig sad
**treffen (Entscheidung, Wahl),
traf, getroffen** to make (a
decision, a choice, etc.)
eine **treffende Antwort = eine
passende Antwort**

trifft: wie gut es sich — how lucky!

treiben, trieb, getrieben to occupy oneself with

trennbar separable

trennen to separate

die **Treppe, -n** staircase

das **Treppenhaus, -̈er** stairway

die **Treue** faithfulness

treuherzig trusting, guileless

der **Trichter, -** funnel

das **Triebwerk, -e** transmission

triefen, troff, getroffen to drip

trillern to trill

das **Trinkgeld, -er** tip

der **Tritt, -e** step, tramp

die **Trockenperiode, -n** dry season

der **Tropfen, -** drop

der **Trost** consolation

trotz allem = trotzdem

sich **trösten** to take comfort

trüb muddy

die **Trümmer** ruins

trunken = betrunken drunk

die **Truppe, -n** troop, forces

das **Tuch, -̈er** cloth

der **Tumult, -e** tumult, disturbance

zu tun haben mit to deal with

turnen to do calisthenics

U

das **Übel, -** evil; grievance

übel miserable

die **Übelkeit, -en** sickness

der **Übeltäter, -** malefactor

überantworten to hand over

überaus extremely

überbrücken to bridge

überdecken to cover over

überdies in addition, apart from that

der **Überdruck** excess pressure

überdrüssig + Gen./Akk. to be disgusted with

übereilt overly hasty

überein-stimmen to agree

die **Übereinstimmung, -en** agreement, accord

überfallen, überfiel, überfallen to attack

überführen + Akk. + Gen. to convict (a person of a crime, etc.)

übergeben, übergab, übergeben to hand over

über-gehen, ging über, übergegangen to convert, to switch

übergehen, überging, übergangen to omit, to overlook, to slight

überhaupt after all

die **Überheblichkeit, -en** presumptuousness

die **Überlänge, -n** excess length

über-laufen, lief über, übergelaufen to run over, to flow

überleben + Akk. to survive

sich **überlegen** to reflect, to think about

übernächste Woche the week after next

übernachten to stay overnight

übernehmen, übernahm, übernommen to take over

überqueren to cross

überreden to persuade

überreizen to over-excite; to over-strain

überschneiden, überschnitt, überschnitten to overlap

die **Überschrift, -en** title

überschritten exceeded

überseeisch from overseas

übersehen, übersah, übersehen to overlook, to disregard

übersetzen to translate

übersiedeln, übersiedelte od siedelte über, übersiedelt od übergesiedelt to emigrate

die **übertragene Bedeutung** figurative meaning

übertreiben, übertrieb, übertrieben to exaggerate

übertreten, übertrat, übertreten to violate, to contravene (a law)

über-treten, trat über, übergetreten to overflow (a river); convert (religion); to change sides (politics)

überwiegend preponderant

überwölbt vaulted

überzeugen to convince

die **Überzeugung, -en** conviction

üblich customary

übrig left over

übrigens by the way, actually

die **Übung, -en** exercise

das **Ufer, -** shore

die **Uhr, -en** watch, clock

um + Akk. around, at

der **Umfang, "e** size

um-fassen to clasp

umfassen to take in, to comprehend

umflattern to flutter about

um-formen to transform

die **Umfrage, -n** inquiry

umfunktionieren = umformen to transform contact, association, dealing (with)

die **Umgangssprache** colloquial speech

umgeben, umgab, umgeben to surround

die **Umgebung, -en** surroundings

die **Umgegend, -en** neighborhood

umgehen, umging, umgangen to avoid

um-gehen, ging um, umgegangen to walk around; to haunt the place; — mit + Dat. to handle

sich **umher-treiben, = sich herum-treiben, trieb herum, herumgetrieben** to knock about

um-kommen, kam um, umgekommen = sterben

die **Umlaufbahn, -en** orbit

der **Umriß, -sse** shape

der **Umsatz, "e** turn over

umschlingen, umschlang, umschlungen to embrace

umschreiben, umschrieb, umschrieben to paraphrase

die **Umschweife** circumlocution

um-sehen, sah um, umgesehen to look around

die **Umsicht** caution

der **Umstand, "e** circumstance, condition; **den — nützen** to take advantage of the fact; **unter solchen Umständen** under such conditions

umständlich complicated, fussy

der **Umsturz, "e** overthrow, revolution

die **Umwandlung, -en** transformation, change

um-wechseln to change to

um zu in order to

der **Umzug, "e** moving

unablässig without interruption

unabweisbar inevitable

die **Unart, -en** bad conduct

unauffällig inconspicuously

unaufhörlich interminable

unausgezogen dressed

unaussprechlich inexpressible

unausstehlich insufferable

unbedacht inconsiderate, thoughtless

unbedingt absolutely

unbefugt unauthorized

unbegreiflich incomprehensible

unbelastet unburdened

unbestellt not cultivated

unbescholten reputable

unbestimmt undetermined

unbewohnt uninhabited, deserted

die **Unbotmäßigkeit, -en** adversity

uneingeschränkt unrestrained, unlimited

unentbehrlich indispensable

unerforscht undiscovered

unerkannt unrecognized

unermeßlich immense
unerträglich = nicht zu ertragen unbearable
unerwartet unexpected
der Unfall, ‥e accident
unfolgsam = ungehorsam
disobedient
ungebührlich unseemly
ungeduldig impatient
ungefähr approximate
ungeheuer enormous, mon-
strous, atrocious
ungekürzt unabbreviated
ungelesen unread
ungeraten spoilt, ill-bred
ungereift = unreif immature
ungesäumt = sofort
ungestüm impetuous
ungewohnt unusal
ungezogen ill-mannered,
naughty
unglaublich unbelievable
die Unglücksbotschaft, -en bad
news
das Unheil disaster
das Universitätsgelände, - campus
die Unklarheit, -en misunder-
standing
das Unkostenkonto, -en expense
account
das Unkraut, ‥er weed(s)
unlängst = vor kurzem
unlauter = unehrlich
unmittelbar immediately
unpassend inconvenient, inap-
propriate
ins Unrecht setzen to prove
wrong
die Unregelmäßigkeit, -en irreg-
ularity
unruhig restless
unsachlich not matter-of-fact,
subjective
unsäglich = unsagbar
unschädlich harmless
unscheinbar insignificant, plain
die Unschuld innocence
unsichtbar invisible
die Untat, -en misdeed

unterbrechen, unterbrach,
unterbrochen to interrupt
unter-bringen, brachte unter,
untergebracht to house, to
lodge
unterdrücken to suppress
untergeben (Adj.) inferior (to)
unter-gehen, ging unter,
untergegangen to set (sun)
der Untergrund, ‥e underground
die Untergrundbahn, -en sub-
way
unterhalten + Akk., unterhielt,
unterhalten to entertain; to
support
das Unterholz brushwood
unternehmen, unternahm,
unternommen to undertake
die Unternehmung, -en enter-
prise
der Unteroffizier, -e non-commis-
sioned officer
der Unterricht instruction
unterscheiden, unterschied,
unterschieden to distinguish,
to differentiate
unter-schieben + Dat., schob
unter, untergeschoben to in-
terpolate; to insinuate
der Unterschied, -e difference
die Unterschlagung, -en embez-
zlement
unterschreiben, unterschrieb,
unterschrieben to sign
unter-schütten to throw down
unterstellen to put under a
person's command, to subor-
dinate
unter-stellen to put under, to
take shelter
unterstreichen, unterstrich,
unterstrichen to underline,
to emphasize
unterstützen to support
die Unterstützung, -en support
untersuchen to examine, to in-
vestigate
die Untersuchung the investigation
der Untertitel, - subtitle

unterwegs sein   to be on the go,
to make a trip

die **Unterwelt**   underworld, gang-
sters

**unterwerfen, unterwarf, unter-
worfen**   to subject

sich **unterziehen** + *Dat.*, **unterzog,
unterzogen**   to submit to

untrennbar   inseparable

unüberbrückbar   unbridgeable

unumgänglich   indispensable

unumstößlich   irrevocably

ununterbrochen   uninterrupted

unverändert   the same as before

unverbindlich = **ohne Bin-
dung**   without obligation

unverfroren   impudent, sassy

unvergleichlich   incomparable,
unique

unverhüllt   unconcealed

unversehens   unintentionally, all
of a sudden

unverzüglich = **sofort**   without delay

unvollständig   incomplete

der **Unwert, -e**   non-value

das **Unwetter, -**   storm

unwiderleglich   irreputable

unwillig   disgruntled, indignant

unzureichend   insufficient

unzweideutig   unambiguously

unzweifelhaft   undoubtedly

urkräftig   most powerfully

die **Urkunde, -n**   document

der **Urlaub**   vacation

die **Ursache, -n**   cause

ursprünglich   original

das **Urteil, -e**   judgment, verdict

urteilen   to judge

urtümlich   original, genuine

der **Urwald, ⸚er**   virgin forest

usurpatorisch = **wie ein Usur-
pator**

V

vage   vague

das **Ventil, -e**   valve

verabschieden   to say good-bye

die **Verachtung, -en**   contempt

verallgemeinernd   generalizing

veraltet   obsolete, old-fashioned

verändern   to change

die **Veranlagung, -en** = **das Talent**
talents

veranlassen   to induce, to cause

veranstalten   to arrange, to or-
ganize

verantwortlich sein   to be res-
ponsible

sich **verbergen, verbarg, verborgen**
= **sich verstecken**

**verbinden, verband, ver-
bunden**   to connect

die **Verbindung, -en**   connection;
in — mit + *Dat.*   in connection with

die **Verbohrtheit**   stubbornness

verbrauchen   to consume

das **Verbrechen, -**   crime

der **Verbrecher, -**   criminal

verbreitet   widespread

**verbrennen, verbrannte, ver-
brannt**   to burn up

**verbringen, verbrachte, ver-
bracht**   to spend

verdächtig   suspicious

verdampfen   to evaporate

verdanken + *Dat.*   to owe

die **Verdauungsbeschwerde, -n**
indigestion

verdienen   to earn, to serve

der **Verdienst, -e**   profit, merit

verdient = **verdienstvoll**
meritorious, distinguished

verdorren   to dry up, to wither

der **Verein, -e**   club

vereinigen   to join, to combine

die **Vereinigung, -en** = **der Verein**

das **Vereinsleben, -**   club life

die **Vereinswarte, -n**   position taken
by one's club's point of view

verengt = **eng;**   narrow

das **Verfahren, -**   procedure, process

der **Verfall**   deterioration, dilapida-
tion

verfallen, verfiel, verfallen to dilapidate
verfassen to write, to compose
verfolgen to pursue
sich **verfügen** to take oneself to
zur **Verfügung stellen** + *Dat.* to offer, to place at disposal
vergangen = **vorig** past
der **Vergaser, -** carburetor
vergebens in vain
vergeblich vain, useless
vergegenwärtigen to realize
das **Vergehen, -** trespass
sich **vergewissern** + *Gen.* to make sure (of)
vergleichen, verglich, verglichen to compare
vergleichsweise comparatively
das **Vergnügen, -** pleasure, enjoyment
verhallen to die away, to fade away
das **Verhalten, -** behavior
sich **verhalten zu** + *Dat.*, **verhielt, verhalten** to relate to
das **Verhältnis, -se** relation, relationship; **ein — haben** to have an affair
verhangen overcast, triste
sich **verhaspeln** to stutter, to mispronounce
das **Verheeren** = **die Verheerung, -en** devastation
verheiratet married
verhetzen to instigate, to incite
verhindern to prevent
verhüten = **verhindern**
verkaufen to sell
der **Verkäufer, -** salesman
der **Verkehr** traffic
verkennen, verkannte, verkannt to misjudge, to disregard
verloren-gehen, ging verloren, verlorengegangen to get lost
der **Verlust, -e** loss
vermeiden, vermied, vermieden to avoid
die **Vermeidung, -en** avoidance

vermerken to indicate
der **Vermerk, -e** short statement
vermögen, vermochte, vermocht = **können** to be able to
das **Vermögen, -** wealth, fortune
die **Vermögensumstände** financial conditions
vermutlich supposed
vernehmlich audible, distinct
verneinen to negate
die **Verneinung, -en** negation
vernichtet destroyed
veröffentlichen to publish
verpassen to miss
die **Verkörperung, -en** embodiment, incarnation
verkrampfen to clench
der **Verkünder, -** proclaimer, prophet
verlangen to ask for, to demand
die **Verlängerung, -en** lengthening, prolongation
das **Verlangen, -** longing, desire
verlangsamen to delay
verlassen, verließ, verlassen to desert
sich **verlassen auf** + *Akk.* to rely upon
verläßlich reliable
verlauten lassen to talk about
verlegen sein to be embarrassed
verletzen to hurt
die **Verletzung, -en** injury
verliebt in love
verlieren: den Faden —, verlor, verloren to lose the thread (of conversations, etc.)
verlogen mendacious, lying
die **Verpflichtung, -en** obligation
verpönt frowned upon
verraten, verriet, verraten to disclose, to betray
der **Verräter, -** traitor
sich **verrechnen** to miscalculate, to make a mistake
verriegeln to bolt
verrückt crazy

die **Versandstelle, -n** shipping department

versäumen to miss

verschenken to give away as a present

verschließen: ich kann mich dem Eindruck nicht — I cannot escape the impression

der **Verschluß, ¨sse** plug, fastening

verschwenderisch prodigal, wasteful

verschwinden, verschwand, verschwunden to disappear

das **Versehen** oversight, error; **auf einem — beruhen** to be wrong because of an oversight

versetzen + Akk. to let ... wait; to leave ... in the lurch

versichern + Akk. + Gen. to assure, to insure; **— + Dat.** to assert, to affirm

die **Versicherung, -en** insurance

das **Versmaß, -e** metre (poetry)

die **Versöhnung, -en** reconciliation

versprechen, versprach, versprochen to promise; **ein Versprechen halten** to keep a promise; **sich —** to make a mistake in speaking

verständlich comprehensible

verständnisvoll understanding

verstärken to reinforce

verstauen to pack away

das **Versteck, -e** hiding place

sich **verstecken** to hide

versteinern to petrify

verstopfen to plug up; to obstruct

verstorben = tot

verstört disturbed

der **Versuch, -e** attempt

versuchen to try, to attempt

die **Versuchung, -en** temptation

versunken in + Akk. absorbed

verteidigen to defend

der **Verteidiger, -** defender

vertrackt = verzwickt tricky, complicated

der **Vertrag, ¨e** contract

die **Vertraulichkeit, -en** familiarity, confidences

vertreiben (aus dem Lande), vertrieb, vertrieben to banish

vertun, vertat, vertan to waste

verursachen to cause

vervollständigen = ergänzen to complete

der **Verwalter, -** administrator, manager

die **Verwaltung, -en** administration

der **Verwaltungsrat, ¨e** director

verwandt sein (mit) + Dat. to be related to

der **Verwandte, -n** relative

die **Verwarnung, -en** official warning

die **Verwechslung, -en** mixup

verwenden, verwandte/verwendete, verwandt/verwendet = gebrauchen to use

Verwendung finden = verwendet werden

verwickeln to (en)tangle, to complicate

verwischen to efface, to blur

das **Verzeichnis, -se** listing

verzerrt distorted

verzollen = Zoll bezahlen

verzweifelt desperate

der **Vetter, -n** cousin

vibrieren to vibrate

vielbeschäftigt busy

vieldeutig having many meanings

vielerlei = viele Arten

die **Vielfalt, -en** variety

vielgebraucht much-used

vielmehr rather

die **Vierteldrehung, -en** quarter turn

der **Vogelpfiff, -e** twittering of a bird

die **Vogelwelt, -en** ornithology

die **Volkssage, -n** folk tale

voll + Gen./+ von + Dat. full of

vollbringen, vollbrachte, vollbracht to accomplish, to achieve

vollenden to complete

vollführen to carry out

voll-füllen to fill up

vollfüllen to fulfill

völlig completely

volljährig of age

vollständig complete

vollstrecken to carry out, to execute

sich **vollziehen, vollzog, vollzogen** to be done, to be executed

voluminös voluminous, massive

vonstatten gehen to progress, to proceed

die **Vorahnung, -en** anticipation, premonition

voran-stellen + *Dat.* to put in front of, to put ahead of

im **voraus** in advance

voraus-gehen, ging voraus, vorausgegangen to precede

voraus-sagen, sagte voraus, vorausgesagt to predict

voraus-sehen, sah voraus, vorausgesehen = voraussagen

voraus-setzen to suppose, to take for granted

die **Voraussetzung, -en** prerequisite

voraussichtlich probably

vor-behalten, behielt vor, vorbehalten to reserve

vorbei over

vorbei-ziehen, zog vorbei, vorbeigezogen to pass by

das **Vorbild, -er** example, model

vorbildlich exemplary

die **Vorderfront, -en** (fore)front

voreilig hasty

der **Vorfall, ⸚e** event, accident, incident

vor-fahren, fuhr vor, vorgefahren to draw up, to drive up

xlii

der **Vorgang, ⸚e** occurrence, process

vorgerückt advanced

der **Vorgesetzte, -n** boss, superior

das **Vorhaben, -** intention

vorhanden sein to be at hand, to be present

der **Vorhang, ⸚e** curtain

vorhergehend preceding

vorherig former, last

vorig = vorherig

vor-kommen, kam vor, vorgekommen, to occur; **sich —** to feel; **es kommt mir vor** it seems to me, it appears to me

vorlaut pert

vor-legen to present (documents)

die **Vorlesung, -en** lecture

die **Vorliebe, -n** preference, predilection

vor-liegen, lag vor, vorgelegen to be presented (documents)

der **Vormittag, -e** time before noon

der **Vorname, -n** first name

s. etw. **vornehmen, nahm vor, vorgenommen** to intend to do something

vornüber head foremost, head first

der **Vorrat, ⸚e** supply

der **Vorschlag, ⸚e** proposal

vor-schreiben, schrieb vor, vorgeschrieben to prescribe, to order

die **Vorschrift, -en** direction, instruction

vor-sehen + *Akk.*, **sah vor, vorgesehen** to foresee, to schedule

die **Vorsicht, -en** caution, care

der **Vorsitzende, -n** chairman, president

die **Vorstadt, ⸚e** suburb

sich **vor-stellen** to introduce oneself; **sich etwas —** to imagine die **Vorstellung, -en** performance, imagination

die **Vorstellungswelt, -en** world of imagination

der **Vorteil, -e** advantage

der **Vortrag, ⸚e** lecture; **einen — halten** to give a lecture

vor-tragen, trug vor, vorgetragen to recite, to express, to state

vorüber over

vorüber-gleiten, glitt vorüber, vorübergeglitten to glide by, to pass by

der **Vorwurf, ⸚e** reproach

vor-ziehen, zog vor, vorgezogen to prefer

das **Vorzimmer, -** anteroom

den **Vorzug geben = bevorzugen** to prefer

vorzüglich excellent, superb

vor-zwängeln to squeeze through

vulgär vulgar

W

die **Waagschale, -n** scale

der **Wachholder, -** juniper

wacker = tüchtig

das **Waffenhandwerk, -e** *(nicht mehr gebräuchlich)* military trade

der **Wagemut** courage

wagen to dare

der **Wagen, - = das Auto**

die **Wagendeichsel, -n** shaft (of a cart)

der **Wagenheber, -** jack

die **Wagenlänge, -n** length of a car

der **Wagenpark, -s** parking lot

die **Wahl, -en** choice, election

die **Wahl haben** to have the choice

wählen to choose

der **Wähler, -** voter

der **Wahnsinn** madness

wahnsinnig mad, insane

währen = dauern

während while, during

wahrhaben *(nur im Infinitiv gebräuchlich)*; **er will es nicht — ** he will not admit it

die **Wahrheit, -en** truth

die **Wahrnehmung, -en** perception, observation

wahrscheinlich likely

das **Waisenkind, -er** orphan (child)

der **Wald, ⸚er** woods, forest

der **Waldrand, ⸚er** border of a forest

der **Walzer, -** waltz

die **Wand, ⸚e** wall

wandeln to amble

die **Wange, -n** cheek

der **Wärter, -** guard

das **Waschbecken, -** washbowl

die **Wäschestange, -n** clothesline, laundry pole

das **Waschmittel, -** detergent

der **Wassereimer, -** *siehe:* **Eimer**

die **Wasserleitung, -en** plumbing, pipes

wechselhaft variable

wechseln to change

wecken to awake

der **Weg, -e** path

im **Weg stehen + Dat.** to be in one's way

weg away

weg-bleiben, blieb weg, weggeblieben to stay away

wegen + Gen. because of

weg-fallen, fiel weg, weggefallen to omit

weg-fließen, floß weg, weggeflossen to flow away

weg-lassen, ließ weg, weggelassen = wegfallen

weg-werfen, warf weg, weggeworfen to throw away

weg-wischen to wipe away

wehen to blow along, to drift

weh tun, tat weh, wehgetan to hurt

weich soft

weichen vor + Dat., **wich, gewichen** to withdraw from

sich **weigern** to refuse

die **Weise, -n** = die **Art**
die **Weisheit, -en** wisdom
die **Weisung, -en** order, direction
weitere(r/s) further
weitläufig spacious
die **Weißtanne, -n** fir
weiter-gehen, ging weiter, weitergegangen to continue
von **weither** from faraway
welk withered
die **Welle, -n** wave
die **Weltanschauung, -en** philosophy of life, view of life
welterschütternd world-shaking
der **Weltraum** outer space
der **Weltschmerz** mood of sentimental sadness, Wertherism
sich **wenden, wandte/wendete, gewandt/gewendet** to turn
die **Wendung, -en** turn
wenigstens at least
die **Werkstatt, ̈en** workshop
das **Werkzeug** tool
der **Wert, -e** value
Wert legen auf + *Akk.* to attach importance to
wert sein = *Gen.* to be worth
das **Wesen, -** being, creature;
ihrem — nach in their nature
wesen = **verwesen** to rot, to decay
wesentlich essential, considerable
die **Wette, -n** bet; **um die —** in rivalry
das **Wetter, -** weather
wickeln to wrap up
widersprechen + *Dat.*, **widersprach, widersprochen** to contradict, to argue
widerstehen + *Dat.*, **widerstand, widerstanden** to resist
widmen to dedicate
wieder-geben, gab wieder, wiedergegeben to return, to render
wiederholen to repeat

die **Wiederholung, -en** repetition
wieder-kehren to return
sich **wiegen** to sway
die **Wiese, -n** meadow
das **Wiesel, -** weasel
willen: um ... (*Gen.* **) ... —** for the sake of
der **Willensanteil, -e** *siehe:* **der Anteil**
die **Wimper, -n** eyelash
die **Windschutzscheibe, -n** windshield
der **Windstoß, ̈sse** gust of wind
der **Windzug, ̈e** draft
der **Winkel, -** corner
winken to wave
winseln to whine
winzig tiny
wippen to rock, to move up and down
wirken to have an effect
wirklich really, actually
wirksam effective
die **Wirkung, -en** effect
wissen, wußte, gewußt to know
das **Wissen** knowledge
der **Wissenschaftler, -** scientist
der **Witz, -e** joke
das **Witzblatt, ̈er** satirical journal
die **Wißbegier** curiosity, desire to know
die **Wochenzeitung, -en** weekly
wohlgeformt well-shaped
wohlgeordnet well-organized
wohlhabend = **reich**
der **Wohltäter, -** benefactor
wohltönend melodious
die **Wohnung, -en** apartment
die **Wolke, -n** cloud
das **Wörterbuch, ̈er** dictionary
das **Wortgebräu** word-brewage
wörtlich literal
wortlos without a word
der **Wortschatz** vocabulary
die **Wortstellung, -en** word order
wortwörtlich word for word
wuchern to grow exuberantly, to luxuriate

die **Wucht** weight, force
wunderlich = merkwürdig
sich **wundern über + *Akk.*** to be surprised at
würdelos undignified
würdigen + *Akk.* + *Gen.* to appreciate
würgen to strangle, to gulp
die **Wurststulle, -n** sausage sandwich
die **Wut** rage

Z

zaghaft timid
die **Zahl, -en** number
zählen to count
zahlreich numerous
die **Zählung, -en** counting
der **Zahn, ¨e** tooth; **sich die ¨e ausbeißen an** to rack your brains over
zart delicate, slender
zärtlich affectionate, tender
zauberhaft enchanting, charming
das **Zeichen, -** sign, token
zeichnen to draw, to sign
die **Zeile, -n** line
die **Zeit, -en** time, tense; **mit der —** in (the course of) time; **— seines Lebens** in the course of his life; **von — zu —** from time to time, (every) now and then
das **Zeitalter, -** age
die **Zeitangabe, -n** indication of time, date
die **Zeitenfolge, -n** sequence of tenses
der **Zeitgenosse, -n** contemporary
der **Zeitpunkt, -e** exact (point in) time
die **Zeitspanne, -n** lapse of time
die **Zeitung, -en** newspaper
der **Zeitungsstil, -e** journalistic style

die **Zeitversäumnis, -se** loss of time, waste of time
zerbrechen, zerbrach, zerbrochen to break
zerdrücken to squash
zerfallen, zerfiel, zerfallen to fall to pieces
zerfasern to shred
zerlegen to take to pieces, to disjoin
zerren to tear
zerrend tearing, tugging
zerrinnen, zerrann, zerronnen to melt away
zerschlagen, zerschlug, zerschlagen to break
zerschliessen worn off, tattered
zerstören to destroy
zertreten, zertrat, zertreten to stamp out, to crush
zerstreut absent-minded
der **Zettel, -** slip of paper
der **Zeuge, -n** witness
zeugen to prove, to be evidence of
das **Ziel, -e** goal, destination
ziemlich rather
die **Zierlichkeit** grace(fulness), elegance
der **Zimmerman, -leute** carpenter
der **Zinnteller, -** pewter plate
zischen to hiss
zittern to tremble
zögern to hesitate
der **Zoll** duty
zollfrei duty free
zornig enraged
zu sich kommen to gain consciousness, to come to
zubringen = verbringen
züchten to breed, to cultivate
zucken to jerk, to quiver
der **Zucker** sugar
zuckersüß very sweet
zudem apart from that, in addition
der **Zufall, ¨e** accident
zu-fallen + *Dat.*, fiel zu, zugefallen to fall to one's lot

zufällig accidentally

der **Zug, ∸e** train, draft

der **Zug, ∸e (Gesicht)** feature

die **Zugabe, -n** addition

zugänglich accessible

die **Zugänglichkeit, -en** accessibility

zu-geben, gab zu, zugegeben to admit

zu-gehen, ging zu, zugegangen to proceed

zugemessen allotted

zu-kommen + Dat., kam zu, zugekommen to be due to, to fall to someone's share

zukommen auf + Akk. to go towards

zukünftig future

zu-lassen, ließ zu, zugelassen = gestatten, erlauben

zumindest at least

das **Zündholz, ∸er** match

die **Zündkerze, -n** spark plug

zu-nehmen, nahm zu, zugenommen to grow (larger etc.), to increase

die **Zunge, -n** tongue

der **Zungenbrecher, -** jaw-breaker, tongue twister

die **Zuordnung, -en** coordination, assignation

zu-packen to set to work

zurückhaltend reserved, discreet

zurück-kehren to come back

zurück-prellen to rebound, to start back (with fright)

zurück-reichen = zurück-geben

zurück-treten, trat zurück, zurückgetreten to withdraw

zurück-weisen, wies zurück, zurückgewiesen to refuse, to reject

zusammen-ballen to conglomerate

zusammen-fügen to join, to unite

der **Zusammenhang, ∸e** connection

zusammen-hängen, hing zusammen, zusammengehangen to connect, to cohere

zusammen-kauern to curl up

zusammen-kneifen, kniff zusammen, zusammengekniffen to squeeze, to blink

zusammen-raffen to gather up hastily

zusammen-schmelzen, schmolz zusammen, zusammengeschmolzen to melt

zusammen-setzen to put together, to compound

zusammen-stellen to combine, to put together

der **Zustand, ∸e** condition

zustande-kommen, kam zustande, zustandegekommen to come about, to take place

zu-trauen + Dat. to trust a person for something

zu-treffen, traf zu, zugetroffen to apply to

zuverlässig reliable

zu-wenden, wandte/wendete zu, zugewandt/zugewendet to turn to

zuwider-handeln + Dat. to act contrary to, to contravene

der **Zwang** coercion; **des Zwanges entbunden sein** to be relieved of the duty

zwanglos informal

einen **Zweck verfolgen** to pursue a goal

zweideutig ambiguous, equivocal

der **Zweig, -e** twig

die **Zwillinge (pl.)** twins

zwingen, zwang, gezwungen to force

der **Zwischenfall, ∸e** incident

das **Zwischenstück, -e** insertion, intermezzo

der **Zyklus, -len** cycle

Autorenverzeichnis

Sachverzeichnis

I

li